BEGEGNUNG
KONFRONTATION

Vorwort | Alexandra König	Seite	2
Bild und Bilderrahmen - Beziehungsgeschichten | Hans Körner	Seite	4
Thomas W. Kuhn	Seite	14
Miriam Schwedt	Seite	36
Katja Stuke	Seite	58
Birgitta Thaysen	Seite	78
Ingolf Timpner	Seite	100
Annet van der Voort	Seite	124
Glossar der Rahmenstilkunde	Seite	146
Projektbeschreibung Institut für Kunstgeschichte der Heinrich-Heine-Universität	Seite	149
Geschichte der Firma F. G. Conzen	Seite	150
Literaturverzeichnis	Seite	152
Impressum	Seite	156

Vorwort

Die Präsentation von gerahmten Bildern in einem Museum klingt zunächst nicht überraschend. Trotzdem steht dieser Umstand im Mittelpunkt der Ausstellung. Denn in diesem, für das Museum Ratingen einmaligen Projekt werden Fotografien heute tätiger Künstler in Rahmen präsentiert, die zum Teil vor hunderten von Jahren gefertigt wurden. Durch diese Zusammenstellung wird die wechselseitige Wirkung und Beeinflussung von Rahmung und gerahmtem Bild in besonderem Maße deutlich und überprüfbar. Schon dieses Konzept verlangt ein hohes Maß an Experimentierfreude, wurden die Fotografien in den meisten Fällen doch gar nicht für eine Leistenrahmung vorgesehen und wurden die Rahmen, die aus der Zeit der Gotik bis zur Epoche des Jugendstils stammen, doch eigentlich für die Aufnahme von Ölgemälden geschaffen. Sicher war es ein Wagnis, diese Elemente, die aus so unterschiedlichen Sphären der Kunstgeschichte stammen, zusammen zu bringen. Von den beteiligten Künstlern verlangte es eine starke Überzeugung von der Wirkkraft der eigenen Arbeit. Denn die Versuchsanordnung sah ausdrücklich nicht vor, dem jeweiligen Bild den angemessenen und ästhetisch passenden Rahmen zuzuweisen, sondern rechnete mit durchaus auch konflikthaften Kombination, die aus der Interaktion von zentralem Bild und Umrahmung entstehen könnten.

Durch die nur für diese Ausstellung zusammengefundenen Paare entdeckt man etwa ein Stillleben von Thomas W. Kuhn, bei dem sich das Motiv aus dem Bild heraus im Rahmen fortzusetzen und sich beides zu einer unlösbaren Einheit zu verbinden scheint. Eine der stillen, erkennbar analog gearbeiteten Landschaften von Miriam Schwedt, der jüngsten der beteiligten Künstler, wird durch den historischen Rahmen vollends einer anderen Epoche zugeordnet, nur um dem betrachtenden Blick im nächsten Moment zu offenbaren, dass das poetische Arrangement von ganz heutigen, einfachen Plastikstühlen gebildet wird. Katja Stukes Sportlerinnen, festgehalten im Moment höchster Konzentration, erfahren in ihren Rahmen eine unvermutete Sakralität. Formale Analogien zwischen Rahmen und Motiv entlocken den Porträts von Birgitta Thaysen neue Aspekte. Die Rahmen offenbaren das Spiel mit kunstgeschichtlichen Bezügen in Arbeiten von Ingolf Timpner und können schließlich zum Schrein werden, der wie ein Reliquiar den Blick auf seinen kostbaren Inhalt offenbart, ein Phänomen, dass bei den Kombinationen mit Fotografien von Annet van der Voort zu beobachten ist. Die Rahmen werden in diesen Konstellationen zu einem aktiven Mitspieler und sie nehmen eine ungewohnt gewichtige Rolle ein, die ihnen sonst nur selten zugestanden wird. Denn der Zweck eines Rahmens ist zunächst ein funktionaler. Er schützt das Bild gegen Bestoßung und Verzerrung oder dient seiner Befestigung an einem vorgesehenen Ort, vor allem wenn sich dieser, wie bei historisch frühen gerahmten Bildern in einem Altaraufbau, einer Wandvertäfelung oder einem Möbel befindet und somit das Bild durch den Rahmen in einen größeren Zusammenhang eingebunden wird. Zugleich spielt bereits bei den frühesten Rahmungen von Gemälden auch die dekorative Qualität des Rahmens eine Rolle. So wurden Bilder etwa zur Zeit der Gotik auch dann gerahmt, wenn sie als Wandmalerei direkt mit der Architektur - vornehmlich eines Kirchenraums - verbunden waren. Der Rahmen konnte plastisch geschnitzt oder gemeißelt, er konnte aber ebenso mit dem Bild auf die Wand gemalt worden sein und vermittelte zwischen der Darstellung und dem realen Umraum.

Mit der Entstehung des Tafelbildes als selbstbezügliches Kunstwerk im profanen und privaten Bereich etablierte sich der Bilderrahmen als sein ständiger Begleiter. Dieser wiederum konnte sich in seiner Formensprachen nach dem jeweiligen Zeitgeschmack von überbordender Fülle bis zu strenger Zurückgenommenheit entwickeln. Die materielle Trennung von Bild und Rahmen bringt es mit sich, dass über die erste, von Künstler oder Auftraggeber gewünschte Kombination vom Bild und „seinem" Rahmen im Laufe der Zeit andere Paarungen entstehen, sei es aus akzidentiellem Verlust des Originalrahmens, sei es aus mutwilligem Verzicht aufgrund veränderten ästhetischen Empfindens. Letzteres hängt wiederum mit dem sich wandelnden Blick auf das Bild zusammen, das als Teil einer stilistischen Einheit zusammen mit Rahmen und Möblierung in einem Gesamtensemble aufgehen konnte, wie etwa von dem Direktor der Berliner Gemäldegalerie Wilhelm von Bode um 1900 postuliert, bis hin zu den Entwicklungen der Moderne, die dem Bild eine eigene Autonomie einräumt, die eine abgrenzende Rahmung obsolet machte. Die materielle Trennung von Bild und Rahmen eröffnet aber nicht nur die Möglichkeit von wechselnden Kombinationen, sondern setzt auch die Rahmen frei. So existieren historische Bilderrahmen, die nicht nur vom jeweiligen Zeitgeschmack zeugen sondern auch von der Kunstfertigkeit ihres Herstellers. Die in Düsseldorf beheimatete Sammlung Conzen vereint solche Meisterwerke des Kunsthandwerks aus der Zeit von ca. 1480 bis 1900 und eröffnet ebenso einen Blick auf gängige Modelle unterschiedlicher Epochen. Eine Ausstellung der Anhaltinischen Gemäldegalerie Dessau widmete 1997 den historischen Rahmen dieser Sammlung eine eigene Ausstellung. Der von Norbert Michels herausgegebene begleitende Katalog mit seiner kunsthistorischen Einordnung der Bilderrahmen der Sammlung Conzen war ein gern konsultierter Band auch für unsere Autoren. Anders als in Dessau müssen sich die Rahmen in der aktuellen Ausstellung aber die Aufmerksamkeit des Besuchers wieder mit eingefügten Bildern teilen.

Die Auswahl der Kombinationen und damit ein wesentlicher kuratorischer Aspekt oblag Studenten des Instituts für Kunstgeschichte der Heinrich-Heine-Universität, Düsseldorf. Unterstützt wurden sie von dem Lehrstuhlinhaber Prof. Dr. Hans Körner, der letztlich auch die Grundidee zur Ausstellung von einer Reise nach Paris mitbrachte, wo vor Jahren ein ähnliches Ausstellungskonzept für Aufsehen sorgte. Dem Museum Ratingen ist es ein besonders Anliegen, das institutionelle Museum zu öffnen und die Jugend zu fördern. So war es uns eine besondere Freude, angehenden Kunsthistorikern und zukünftigen Kollegen in diesem Projekt die Möglichkeit zu bieten, konkrete praktische Erfahrungen zu sammeln.

Die gelungene Umsetzung dieses Projekts war nur durch die Bereitschaft aller Beteiligter möglich, sich uneingeschränkt auf das Experiment einzulassen.

Unser Dank gebührt an erster Stellen den Künstlern. Thomas W. Kuhn, Miriam Schwedt, Katja Stuke, Birgitta Thaysen, Ingolf Timpner und Annet van der Voort haben nicht nur ihre Werke zur Verfügung gestellt, sie haben sich auf den Dialog mit den Studenten eingelassen und während der gesamten Vorbereitungszeit unermüdlich an der Verwirklichung des Projekts mitgewirkt. Besonderer Dank gilt dem Hause Conzen, vertreten durch Herrn Friedrich G. Conzen, dem nicht nur die generösen Leihgaben der Rahmen und die Begleitung der Studierenden in der Sammlung Conzen zu verdanken sind, sondern auch die Unterstützung der Realisierung der Ausstellung. Herzlich danken wir Herrn Prof. Dr. Hans Körner für die gute Zusammenarbeit und natürlich seinen Studierenden, die sich mit großem Elan der Aufgabe widmeten, spannende Zusammenstellungen fanden und die informativen Katalogbeiträge verfassten. Die Last der Koordination und redaktionelle Aufgaben übernahm auf Seiten des Instituts für Kunstgeschichte Herr Björn Meiworm, einen herzlichen Dank dafür. Unser Dank gilt weiterhin Simone Reusch und Andreas Wünkhaus für die überzeugende Gestaltung des Katalogs, sowie Herrn Klaus Thelen, der die Redaktion verantwortete und allen Mitarbeitern von Museum und Stadt Ratingen, die zur Realisierung beitrugen.

Für die großzügige Unterstützung danken wir dem Ministerium für Familie, Kinder, Jugend, Kultur und Sport des Landes Nordrhein-Westfalen und dem Kreis der Freunde des Instituts für Kunstgeschichte der Heinrich-Heine-Universität Düsseldorf e.V. Ohne sie hätte das Projekt nicht in dieser Form realisiert werden können.

Dr. Alexandra König
Museum Ratingen

Bild und Bilderrahmen - Beziehungsgeschichten

Bilderrahmen zum Gegenstand einer Ausstellung zu machen, ist nicht selbstverständlich, weil Rahmen im alltäglichen Umgang mit Bildern kaum mehr vorhanden sind. Die Mehrzahl der Abbildungen in den wissenschaftlichen oder populären Kunstbüchern ist ohne Rahmen aufgenommen. Ruft man im Internet die für Kunsthistoriker inzwischen unverzichtbare Bilddatenbank *Prometheus* auf, oder sucht man in *Google Bilder*, dann wird man – auch da gibt es Ausnahmen – rahmenlose Bilder auf den Schirm bekommen. Benötigen Bilder also vielleicht gar keinen Rahmen, zumal wir bei den Bildern im Kunstbuch oder im Netz gewöhnlich keine Verlustgefühle empfinden? Und wenn dem so ist, warum sollte man Bilderrahmen dann nicht auch dort entfernen, wo wir sie noch um das Bild herumgelegt finden – in Ausstellungen, in den Museen? Es gab durchaus Museumsdirektoren und Ausstellungsmacher, die diese Frage bejaht haben.

Ein frühes Beispiel: Der avantgardistische, für naturalistische Tendenzen aufgeschlossene Theaterleiter und spätere Theaterkritiker André Antoine hatte 1887 im Paris der *Belle Epoque* in der Rue Pigalle das *Theâtre libre* gegründet. Ihm kam die Idee, das Foyer seines neuen Theaters zum Ausstellungsraum zu machen, um jungen Künstlern die Gelegenheit zu geben, begüterten Theaterbesuchern aufzufallen. Unter den Malern, die sich darauf einließen, waren Georges Seurat, Paul Signac und Vincent van Gogh. 60 bis 80 Quadratmeter Wandfläche könne er für die ausgestellten Bilder zur Verfügung stellen.[1] Gerahmt sollten diese Bilder nicht sein: „Rahmen sind überflüssig, ich möchte das Foyer des Theaters so künstlerisch wie möglich und keineswegs spießbürgerlich halten."[2] Rahmen sind also überflüssig und spießig.

So dachte wohl auch der Museumsmann und Ausstellungsmacher Jean-Christoph Ammann. Als Leiter des Kunstmuseums in Luzern holte Ammann die Landschaftsgemälde aus ihren aufwendigen Rahmen. Die von den Rahmen ‚befreiten', nur noch von einheitlichen schlichten Leisten gefassten Bilder schienen, so Ammann, „wieder aufzublühen, als könnten sie von neuem frei atmen."[3] Nach seinem Wechsel an die Basler Kunsthalle (1978) nahm er schon im ersten Jahr eine entsprechende Änderung in der Präsentation der Werke vor.[4] Ammann stellte sich mit seinen Entrahmungsaktionen in die Nachfolge des bedeutenden italienischen Architekten Carlo Scarpa, dem man ab 1953 die Neupräsentation mehrerer wichtiger Sammlungen anvertraute. Inzwischen wird Scarpas radikale Rahmenfeindschaft auch kritisch kommentiert: „Riesige Altarbilder wurden hier aus ihrem historischen Kontext gerissen,

Abb.1

kleine Täfelchen in oft grob fahrlässiger Weise einfach einer perfekt gestalteten Staffelei überlassen. (...) Tausende von Rahmen wurden in dieser Zeit von den Bildern getrennt." (Kräftner)[5]

Scarpas und Ammanns Präsentationsform hat sich in vielen Museen durchgesetzt. In Sammlungen mit neuerer Kunst findet man so gut wie keine aufwendigen Rahmen mehr. Die Bilder werden entweder rahmenlos gehängt, oder es werden sehr schmale Rahmenleisten herumgelegt, um wenigstens die Kanten gegen Stoßschäden zu schützen. Die meisten Museen mit alter Kunst halten dagegen weiterhin am gerahmten Bild fest. Erwarten Sie von mir kein Plädoyer für oder gegen André Antoine, für oder gegen Jean-Christoph Ammann. Die Entscheidung gegen einen Bilderrahmen ist ebenso ein relevantes bildgeschichtliches Phänomen wie die Entscheidung für einen Rahmen. Über eines muss man sich jedoch klar sein: Löst man ein Bild aus seinem Rahmen, dann verändert man das Bild. Das kann zum Vorteil des Bildes sein, das kann zum Nachteil des Bildes sein; wie auch immer: Gerahmtsein oder Nichtgerahmtsein ist für ein Bild nie gleichgültig.

Eine Beziehungsgeschichte:

Eines der schönsten Rundbilder Sandro Botticellis, überhaupt eines der schönsten Bilder des 15. Jahrhunderts im Tondoformat ist die *Madonna della Melagrana* der Florentiner Uffizien.(Abb.1,2) Benannt ist das Bild nach dem Granatapfel (*Melagrana*), den Maria hält und an den das Jesuskind greift. Zur Kostbarkeit des Bildes tritt die Kostbarkeit des Rahmens. Der erhaltene Originalrahmen der *Madonna della Melagrana* verrät mit dem Motiv der Lilien auf blauem Grund die Bestimmung des Bildes für einen offiziellen Raum der Florentiner Republik. Mit großer Wahrscheinlichkeit handelt es sich um den Audienzsaal des *Magistrato de' Massai della Camera* im Palazzo Vecchio, für den Botticelli gemäß einem Zahlungsdokument vom 18. Februar 1487 ein Marientondo schuf.[6]

Vergleichen wir eine Abbildung des Bildes in seinem Rahmen mit einer der üblichen rahmenlosen Reproduktionen. Es

Abb.2

macht keinen geringen Unterschied. Nur von der sehr unterschiedlichen räumlichen Wirkung des Bildes sei die Rede: Über Maria ergießt sich göttliches Licht aus einer perspektivisch verkürzten, als rund vorzustellenden goldenen Lichtquelle. Die Lichtquelle wird vom Bilderrahmen überschnitten. Wir nehmen sie also so wahr, als ob sie teilweise hinter dem Rahmen verborgen sei. In der rahmenlosen Reproduktion stößt die Lichtquelle unmittelbar an das Weiß der Buchseite, was ihr eine fast aufdringliche Nähe, ja Distanzlosigkeit gibt. Und das gilt für alle Überschneidungen: für die Flügel des linken und rechten Engels, für die Füße der Bildfiguren.

Auf das gerahmte Bild blicken wir wie in einen intimen Raum hinein, zu dem der Rahmen dem Bildbetrachter Zugang gewährt, aber auch Abstand halten lässt. Das ungerahmte Bild erscheint insgesamt vordergründig, drängt seine Konturen und seine Farben in die Bildfläche. Nun kann das aber auch ein positiver, ein gewünschter Effekt sein. Die Glorie über der Madonna verliert in der rahmenlosen Reproduktion zwar Einiges von ihrer Sakralität, weil sie platt in den Vordergrund rückt, aber dafür wird offensichtlicher, dass auch Goldmalerei Malerei ist. So wird auch die Malerei dieses Bildes insgesamt, ohne vom Rahmen in Distanz gehalten zu werden, vordergründiger, flacher und damit als Malerei ausdrücklicher.[7] „(D)aß ein Gemälde – bevor es ein Schlachtroß, eine nackte Frau oder irgendeine Anekdote ist – wesentlich zuerst eine ebene Oberfläche ist, bedeckt mit Farben in einer bestimmten Anordnung",[8] so die 1890 von dem jungen Maler und Kunsttheoretiker Maurice Denis gegebene Grundsatzerklärung,[9] entspricht einer modernen Konzeption des Bildes. Vielleicht stören beim Blättern in kunsthistorischen Büchern oder beim Surfen im Netz deshalb rahmenlose Bilder nicht, vielleicht gefallen sie sogar besser als gerahmte, weil sie näher sind, als Kunst ‚greifbarer'.

Doch möglicherweise lässt sich das umkehren. Wenn rahmenlos reproduzierte Bilder in Kunstbüchern flacher, damit deutlicher als selbstbezügliche Kunstwerke sich zeigen, dann könnte es sein, dass umgekehrt Bilder, die rahmenlos oder nur mit dünnen Leisten im Museum gezeigt werden, eben deshalb wie Reproduktionen wirken. Werner Schmalenbach, der Gründungsdirektor der Kunstsammlung Nordrhein-Westfalen in Düsseldorf, riskierte diesen Schluss: „Denken Sie an die vielen van Goghs im Van-Gogh-Museum in Amsterdam, die in ihren kargen Rahmungen eher wie Reproduktionen als wie Originale aussehen."[10]

Der Rahmen beeinflusst also die Wirkung des Bildes, zumal wenn er so aufwendig gestaltet ist, wie der Frührenaissance-Rahmen der *Madonna della Melagrana*. Doch auch das Fehlen des Rahmens beeinflusst die Wirkung des Bildes, weil jetzt (in einer Publikation) statt des Bilderrahmens das Weiß der Buchseite auf das Bild einwirkt – nicht zuletzt, aber nicht nur wegen des bekannten farbphysiologischen Effektes des Simultankontrasts. Der (abgebildete) Rahmen trennt dem gegenüber Bild und Buchseite und vermittelt beide; im Museum, in der Sammlung, in der Ausstellung trennt der Rahmen Bild und Wand, doch zugleich interagiert er mit dem Bild und mit der Wand. Jacques Derrida thematisierte diese doppelte Interaktion in seiner Auseinandersetzung mit Immanuel Kants Begriff des *Parergon* in § 14 der *Kritik der Urteilskraft*.[11]

Im Widerspruch zu Kants Herabwürdigung des zur Schönheit nur Hinzukommenden, als bloßer Schmuck die Schönheit des Bildes sogar mindernden „Zierrats" Rahmen unterstrich Derrida die Bedeutsamkeit des Rahmens in Hinblick auf einen grundsätzlichen „Mangel" des Werkes, den nämlich, sich selbst als Werk („ergon") ausweisen zu können.[12] Indem der Rahmen (als „Parergon") Eigentliches und Uneigentliches, Innen und Außen voneinander abgrenze, konstituiere er erst den Status des Eigentlichen und des Innen. Das ‚eigentliche' Werk ist, Derrida zufolge, ein Effekt der Rahmung; die „Arbeit des Rahmens" produziert das Kunstwerk.[13]

Die phänomenologische Festlegung und die qualitative Gewichtung des Verhältnisses von Werk und Beiwerk, von „*Ergon*" und „*Parergon*", selbst die Unterscheidung von „*Ergon*" und „*Parergon*" verweigerte Derrida: „Ich weiß nicht, was an einem Werk wesentlich und was nebensächlich ist. Und vor allem weiß ich nicht, was dieses Ding ist – weder nebensächlich, weder rein noch unrein –, was Kant Parergon nennt, zum Beispiel den Rahmen. Wo hat der Rahmen seinen Ort. Hat er einen Ort. Wo beginnt er. Wo endet er. Was ist seine innere Grenze? Seine äußere Grenze? Und seine Oberfläche zwischen den beiden Grenzen?"[14] Derridas Rede über den Rahmen entzieht sich der Festlegung – wie könnte es anders sein. Gänzlich unbestimmt bleibt der Rahmen freilich nicht. Zwar weiß Derrida

Abb.3

nach eigenem Bekunden nicht, was der Rahmen „ist", wohl aber was der Rahmen hat, „Dichte" nämlich,[15] die sich in anderer Weise mitteilt als die Materialität des Bildes und die eben deshalb mithilft, das Bild als das materielle Ding sichtbar zu machen, das es als Kunstwerk auch ist. Darin besteht Derrida zufolge die Produktivität des Rahmens, die eben auch ein Arbeiten des Materials im Material impliziert: „Der Rahmen arbeitet in der Tat. (...) Wie das Holz. Er knackt, verzieht sich, fällt auseinander."[16]

Bei der „Produktion des Produkts", die dem Mangel des „ergon", sich von sich her als „ergon" zeigen zu können, Abhilfe schafft, „überbordet" der Rahmen das Bild, so wie das Bild ihn „überbordet".[17] Derrida dachte das Phänomen der Rahmenbegrenzung als ein dynamisches Wechselverhältnis von Umfeld, Rahmen und Bild, bei dem der Rahmen sich nach beiden Seiten hin in seiner Realität nicht nur abgrenzt, sondern auch mitteilt und zugleich vom Bild (aber eben auch vom Umfeld um Bild und Rahmen) Realität mitgeteilt bekommt.

Die Geschichte des Bilderrahmens muss, wenn das von Derrida benannte Phänomen des wechselseitigen „Überbordens" von Rahmen und Bild ernst genommen wird, die Geschichte des Bildes einschließen. Unter dieser Prämisse Rahmengeschichte und Bildgeschichte zu betreiben, bringt allerdings das Problem mit sich, dass wir neuzeitlichen und modernen Bildern selten mehr in ihrem originalen Rahmen begegnen.

Rahmen und Bild waren vor dem 15. Jahrhundert (und nördlich der Alpen bis ins 16. Jahrhundert hinein) einander eng verbunden. Wechselrahmen blieben außerhalb der Vorstellung. Die enge Verbindung von Bild und Rahmen ging bis zur materiellen Identität – Rahmen und Bild konnten, wie beim antiken Schreibtäfelchen, aus einem Stück Holz bestehen. Die Malfläche ist eingetieft; der Rahmen bleibt als erhöhter Rest der Holztafel stehen.[18] Dass man diese schlichteste Form der Rahmung für größere Objekte selten wählte, ist nicht schwer einzusehen. Eine größere Bildtafel auszuhöhlen, sodass der Rahmen als erhabener Rand bleibt, ist eine mühselige Arbeit. Es ist Materialverschwendung.

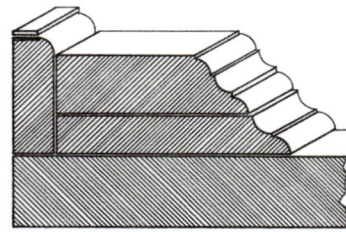

Abb.4

Aus diesen Gründen sind bereits in der frühchristlichen Kunst und in der byzantinischen Ikonenmalerei die folgenden Techniken der Rahmung die üblichen: In den Rahmen konnte eine Nut eingeschnitten werden, in die die Bildtafel eingeschoben wurde.[19] Bild und Rahmen sind bei dieser Weise der Rahmung zwar zunächst unabhängig voneinander. Aber sie sind füreinander bestimmt. Und wenn der Rahmen sich erst einmal um die Bildtafel geschlossen hat, dann bilden Bildtafel und Rahmen eine Einheit. Auch der genutete Rahmen ist eine integrierte Rahmung. Anders als bei einem Wechselrahmen lässt sich der enge Zusammenhang von Bild und Rahmen nur gewaltsam aufbrechen.

Häufiger wurden zum Zweck der Rahmung Leisten separat geschnitzt und auf den Bildträger aufgeleimt und / oder aufgenagelt. Diese Variante ist bis zur Renaissance die häufigste. Der aufwendige Rahmen von Duccios *Madonna Rucellai* von 1285 (Abb.3,4), um dieses eine Beispiel zu nennen, ist auf die Holztafel aufgeleimt und aufgenagelt. Außen ist eine Verkleidungsleiste angebracht, die an zwei Leisten stößt, die zum Bild hin abfallend ein Profil aus Wulsten und Kehlen ausbilden. Rahmen und Bild gehören zusammen. Diese große Madonnentafel wurde denn auch nicht erst gerahmt, als Duccio seine große und großartige Madonna darauf gemalt hatte. Duccio malte in die gerahmte Tafel hinein; er bemalte auch den Rahmen – mit schwarzen ornamentierten Streifen, mit Heiligen- und Prophetenköpfen in Medaillons –, und er vergoldete ihn.[20] Der

Rahmen gehört untrennbar zum Bild oder, was ebenso richtig ist, das Bild gehört untrennbar zum Rahmen. Beide haben Anteil an einer gleichermaßen spirituellen wie dinglichen Realität.

Ab dem 3. Jahrzehnt des 15. Jahrhunderts wird es vorläufig zunächst nur in Italien allmählich üblich werden, dass Rahmen und Bild unabhängig voneinander entstehen und erst nachträglich zusammengefügt werden. Erst jetzt wird der Rahmen zum Bilderrahmen, so wie wir ihn verstehen. Er ist nicht mehr Teil des Repräsentationssystems, aber als „Parergon" hebt er das Bild hervor, steigert es in seiner Wirkung, und er fungiert in Hinblick auf die Beziehung des Bildes zu seinem Ort als Grenze und als Schwelle: als Grenze, weil er die Wirklichkeit im Bild von der Betrachterrealität abtrennt, als Schwelle, weil er beide einander vermittelt.

Den Rahmen um Botticellis Tondo der *Madonna della Melagrana* kann man abnehmen. Er wurde zwar für Botticellis Bild gefertigt, aber sicher nicht in der Werkstatt des Malers, sondern parallel zur Arbeit Botticellis in der Werkstatt eines bedeutenden Kunstschreiners, vermutlich in der Werkstatt des auch als Architekt und Bildhauer berühmten Giuliano da Maiano.[21] Dank der materiellen Unabhängigkeit von Bild und Rahmen können beide leicht voneinander separiert werden. Das hat man im Falle von Botticellis *Madonna della Melagrana* glücklicherweise nicht getan. Bei anderen Bildern hat man es getan, man hat es bei der weit überwiegenden Zahl der Bilder getan. Altmodische oder schadhafte Rahmen wurden entfernt, neue Rahmen um die Bilder gelegt. Um zu einem geschlossenen Gesamteindruck zu kommen, rahmten manche Sammler und manche Museen ihre Bilder einheitlich; Rahmen wurden also auch dann entfernt – zerstört, verkauft oder ins Depot gesteckt –, wenn sie durchaus noch intakt und stilistisch aktuell waren. Jedenfalls – es gibt nur mehr sehr wenige Bilder, die noch in ihrem ursprünglichen Rahmen stecken.

In den großen Museen denkt man seit dem Wirken des großen Museumskunsthistorikers Wilhelm Bode in Berlin – 1904 der Gründer des nach ihm benannten Bode-Museums – daran, wie wichtig historische Rahmen für die Wirkung von Gemälden sind. Man ersetzt möglichst die neueren Rahmen gegen solche, die stilistisch zum Bild stimmen sollen. Es werden also historische Rahmen angekauft oder Kopien nach historischen Rahmen in Auftrag gegeben. Das ist der Versuch einer Rekontextualisierung, der jedoch nicht zu verwechseln ist mit der Herstellung eines ursprünglichen Zustandes, denn der stilgeschichtlich passende alte Rahmen um das alte Bild ist in aller Regel doch nicht der originale Rahmen.

Doch selbst ein nicht ursprünglich zugehöriger, selbst ein stilistisch nicht stimmiger Rahmen interagiert mit dem Bild, um das man ihn herumlegt. Zusammenhänge und Wechselwirkungen stellen sich her, auch ohne dass die Schöpfer des Bildes und des Rahmens diese Zusammenhänge und diese Wechselwirkungen geplant hatten oder auch nur imaginieren konnten. Selbstverständlich werden Bildhistoriker und Rahmenhistoriker immer dankbar sein, wenn sie ein Bild in seinem originalen Rahmen sehen dürfen. „Ursprüngliche" Kontexte sind aufschlussreich für die Bilder und für ihre Rahmen, können formale und inhaltliche Konzeptionen erhellen.

Doch Vorsicht ist geboten, wenn vorschnell die inhaltliche und formale Korrespondenz des Bildes mit seinem ‚originalen' Rahmen als gegeben hingenommen wird. Giuliano da Maiano, der mutmaßliche Schöpfer des prächtigen Rahmens um die *Madonna della Melagrana*, hat seinen Rahmen für Botticellis Bild geschnitzt. Er bekam gewiss als Vorgabe den Durchmesser von Botticellis Gemälde. Aber hatte er bei der Arbeit bereits das ausgeführte Tondo vor Augen?

Abb. 5

Das ist unwahrscheinlich! Mehr als die Maße und dass es, wie üblich, ein Marientondo werden sollte, mehr wusste Giuliano da Maiano wohl nicht, als er mit der Schnitzarbeit an dem schönen Rahmen begann.

Noch weniger von dem, was sein Rahmen einmal bergen sollte, wusste der Kunstschreiner Giacomo da Maiano, als er zwischen 1480 und 1482 für die *Confraternità della Concecione* einen für die Ausstattung einer Kapelle der Mailänder Kirche San Francesco Grande bestimmten Altarrahmen fertigte. Erst 1483, im Jahr nach der Fertigstellung des Rahmens, wurde das zugehörige Gemälde bei Leonardo da Vinci bestellt, und Leonardo war vertraglich verpflichtet worden, zuerst den Rahmen des Giacomo da Maiano zu grundieren und zu vergolden, bevor er mit der Arbeit an seinem Gemälde der heute im Pariser Louvre aufbewahrten *Felsengrottenmadonna* beginnen durfte. (Abb.5) Der Rahmen war vorrangig.[22] Und das zunächst sogar in finanzieller Hinsicht: Für Giacomo da Maianos Rahmen wurde ein höherer Preis geboten als für Leonardos Gemälde. Dass schlussendlich doch Leonardo und sein Schüler und Mitarbeiter Ambrogio de Predis (der die beiden Seitentafeln des Kapellenaltars gemalt hatte) etwas besser entlohnt wurden als der Schreiner, war erst das Ergebnis hartnäckiger Verhandlungen.[23] Selbst in solchen Fällen, in denen wir von so genannten originalen Rahmen sprechen, ereignet sich also etwas Neues. Ein Rahmen begegnet einem Bild, ein Bild begegnet einem Rahmen,[24] und für beide hat das Konsequenzen.

Solche unerwarteten Begegnungen kann man forcieren, und wenn man zulässt, dass solche Begegnungen auch schockhaft sein können, dann können sich solche unerwarteten Begegnungen als eminent produktiv erweisen – für das Kunstwerk und für den Rahmen. Ein entsprechendes Experiment wurde 2005 in Paris durchgeführt. Die mit der *Institut néerlandais* in Paris verbundene *Fondation Custodia* war 1947 von Frits Lugt gegründet worden. Um den Gründer zu ehren und um dem Kulturauftrag der Stiftung und des Instituts gerecht zu werden, wurde 2005 eine Ausstellung gezeigt, die Arbeiten aktueller holländischer Fotografen zeigte, eingefasst von historischen Rahmen aus der durchaus beachtlichen Sammlung alter Rahmen, die Frits Lugt zusammengetragen hatte.

Ein vermutlich französischer Ädikularahmen des 16. Jahrhunderts rahmte in der Ausstellung eine Fotografie Lee to Sangs. (Abb. 6) Die Aufnahme gehört zu dem Projekt einer Dokumentation der Bewohner Amsterdams, insbesondere der Migranten, deren kulturelle Selbstvergewisserung Lee to Sang bei Hochzeiten und sonstigen Feierlichkeiten ins

Abb.6

Bild brachte. Daneben entstanden Porträts von Personen, die er auf der Straße angesprochen hatte, Porträts, die forciert traditionell, nach Maßgabe üblicher mitteleuropäischer Fotoatelieraufnahmen mit dem üblichen uniformen Hintergrund und in konventioneller Pose entstanden sind. So ist die aus dem südamerikanischen Land Suriname stammende Frau porträtiert, und so entstehen Spannungen, Spannungen zwischen einer aktuellen multikulturellen Situation und einer traditionellen Repräsentationsform, Spannungen, an denen auch der Pelzmantel als repräsentatives, aber für repräsentative Bilder dann doch nicht ganz stimmiges Accessoire Anteil hat.

Die Fotografie gibt dieser Frau Würde, und gleichzeitig demontiert die Aufnahme die Mittel, die diese Würde inszenieren – die traditionelle Pose, der die Studio-Situation deutlich markierende blaue Hintergrund, der banale, aber teure Pelzmantel. Der Rahmen nun akzentuiert diese Gespanntheit in einer Weise, wie es die ungerahmte Fotografie nie leisten könnte. Solche Ädikularahmen kamen in der italienischen Frührenaissance auf, um Altarbilder zu rahmen; in verkleinerter Form fassten Ädikularahmen ab dem 15. Jahrhundert private Andachtsbilder. Im französischen 16. Jahrhundert wird diese zunächst religiös konnotierte Rahmenform dann für Porträts genutzt. Für höfische Porträts. Solche Rahmen steigerten den repräsentativen Anspruch des Porträtierten. Das tut auch der Rahmen um das Bildnis der Frau aus Suriname und zugleich entlarvt er sich selbst als Repräsentation. Die Frau aus Suriname, gerade weil sie trivial posiert und gerade weil sie sich mit dem Pelzmantel trivial inszeniert, sprengt den Rahmen.

Ich kenne Lee to Sangs Fotografie nur in diesem Rahmen. Wenn sie ohne den Rahmen des 16. Jahrhunderts. nicht funktionieren würde, wäre Lee to Sang ein schlechter Fotograf, doch ich wage zu behaupten, dass diese Fotografie nirgendwo besser funktioniert als in dieser historisch völlig abwegigen Begegnung mit dem alten Rahmen der Sammlung Lugt.

Ein anderes Spiel spielen ein Rahmen und eine Fotografie Diana Monkhorsts, nachdem man ihre Begegnung 2005 erzwungen hat. (Abb.7) Die Fotografin porträtierte einen jungen Mann, der sich die Krawatte bindet. Die Verantwortlichen für die Ausstellung umgaben dieses Foto mit einem schwer zu datierenden Plattenrahmen des 17. oder 18. Jahrhunderts. Auch in diesem Fall macht der Rahmen etwas aus dem Bild, aber es ist im Rückbezug vor allem das Bild, das den Rahmen definiert und problematisiert. Männer, die täglich Krawatte tragen, können ihre Krawatte im Schlaf binden. Andere, wie der Verfasser dieses Beitrags, benötigen einen Spiegel. Und es sieht so aus, als ob auch der junge Mann, den Diane Monkhorst porträtierte, den Spiegel braucht, um seinen Knoten zu flechten. Der alte Bilderrahmen aus der Sammlung von Frits Lugt verwandelt sich in der Begegnung mit der Fotografie von Diana Monkhorst in einen Spiegelrahmen.[25] Das ist eine traditionelle Aussage – Leonardo hatte die Malerei mit dem Spiegel verglichen. Doch die ästhetiktheoretische Spiegelmetapher kollidiert mit einem aktuellen Habitus.

Es kollidieren nicht nur neu und alt. Der alte Rahmen fordert ein repräsentatives Bild; der junge Mann ist nicht repräsentativ genug, da die Krawatte noch nicht geknotet ist. Der Rahmen, der gewöhnlich etwas abschließt, weist hier also auf noch nicht Fertiges, nicht Abgeschlossenes hin. Und das, was der Rahmen erwarten lässt, kann auch die Epidermis des jungen Mannes nicht einlösen. Unreine Haut, die, begegnete man dem jungen Mann in der Anwaltskanzlei, im Unternehmen, in der Mensa, nicht übermäßig auffallen würde, wird im Porträt und noch viel stärker im repräsentativen Rahmen überbetont.

Michael Mattheus arbeitete als Schauspieler und Dichter. 1996 starb er an Aids. Der Fotograf Koos Breukel begleitete den totkranken Mattheus in den Jahren vor seinem Tod und dokumentierte dessen allmählichen körperlichen Verfall. Es war ein Gemeinschaftskunstwerk. Zu den Bildern Breukels verfasste Mattheus die Texte. Seine Rolle als Modell des Fotografen Breukel war Mattheus' letzte Rolle. Daher der Titel *Performer*.[26] Für die abgebildete, im Todesjahr Mattheus' entstandene Aufnahme wählten die Ausstellungsmacher einen kostbaren italienischen Plattenrahmen des 17. Jahrhunderts. (Abb.8) Kostbar ist der Rahmen nicht zuletzt seiner Materialien wegen. Elfenbein und Ebenholz mustern das äußere Rahmenprofil. Auf der breiten Platte schreibt sich ein Kandelaberornament aus dem Schwarz des Ebenholzes in das matte Weiß des Elfenbeins ein. Das Schwarz und Weiß des Rahmens nimmt die Farbigkeit der Schwarz-Weiß-Fotografie auf.

Vielleicht haben die Ausstellungsmacher auch an den berühmten Song von Paul McCartney gedacht, den dieser 1982 mit dem schwarzen Musiker Stevie Wonder aufnahm – *Ebony and Ivory* beschört das friedliche Zusammenleben von Menschen unterschiedlicher Hautfarbe.[27] Jedenfalls lässt das Bild den Rahmen nicht unberührt, so wie der Rahmen das Bild nicht unberührt lässt. Die tödliche Krankheit von Michael Mattheus wird von Koos Breukel scho-

Abb.7

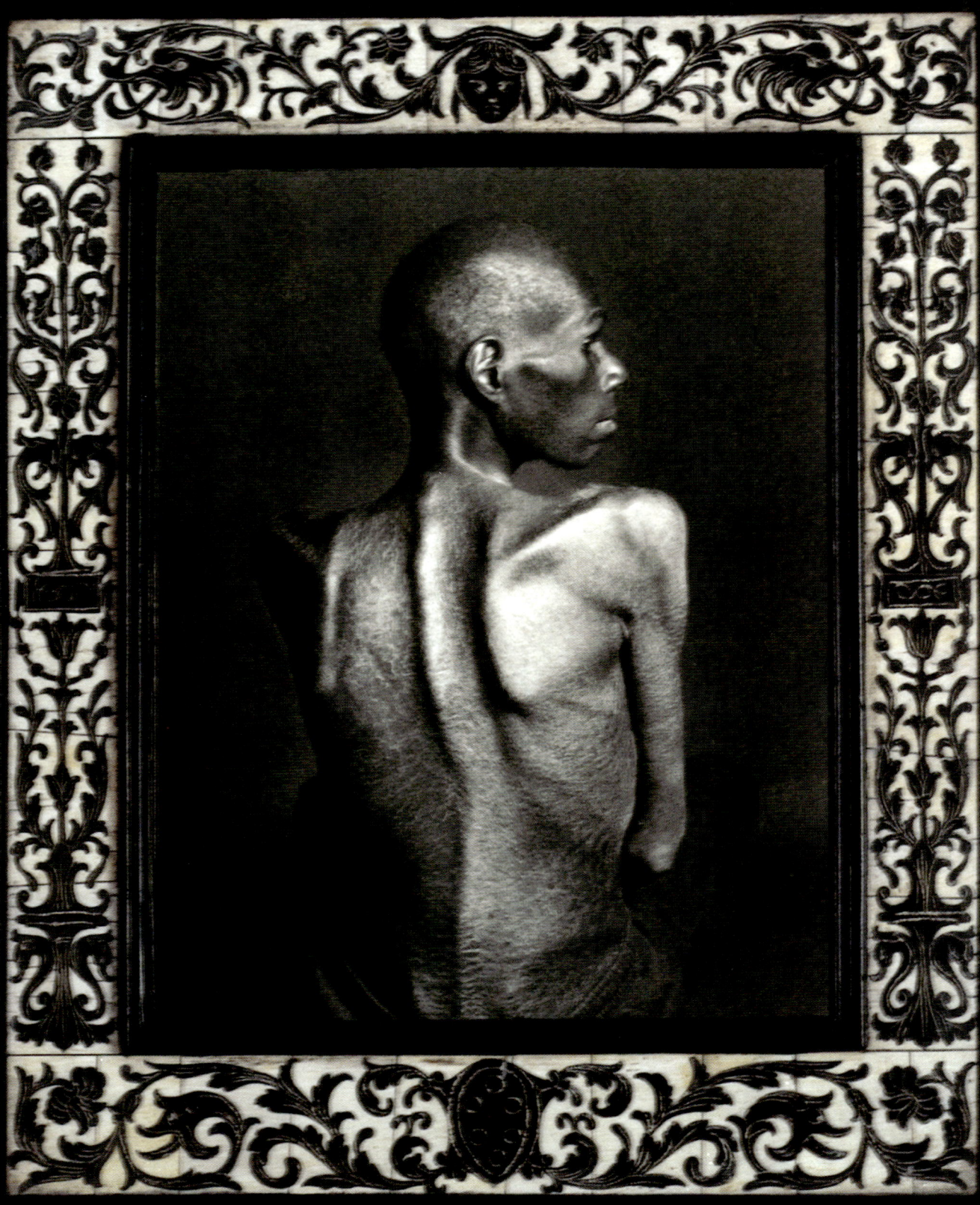

nungslos offengelegt, doch ins Offene kommt dabei eine beeindruckend würdevolle Haltung, Würde, die Mattheus in seiner letzten Rolle wahrt, Würde, die der Fotograf anschaulich macht; diese Würde wird mit Macht vom kostbaren Rahmen unterstrichen. Andererseits wächst diesem kostbaren Rahmen Unheimliches zu. Das dekorative Kanderlaberornament und das kostbare schwarze Ebenholz auf weißem Grund werden jetzt zu Signa des Todes. Der Eindruck stellt sich ein, als ob das Ornament die heraustretenden Knochen des Totkranken nachahmen würde und umgekehrt. Der Rahmen als *Memento Mori*. So hätten wir den Rahmen nie gesehen, wenn er nicht dem Foto Koos Breukels begegnet wäre, aber wir hätten auch Breukels Foto nie so wahrgenommen, wenn es 2005 nicht diesem italienischen Plattenrahmen des 17. Jahrhunderts. begegnet wäre.

Es ist eine aktuelle mediengeschichtliche Aufgabe, solche Begegnungen von Rahmen und Bild zu beschreiben, auch und gerade dann, wenn sie zu einem von Bildmacher und Rahmenmacher unvorhergesehenen Ergebnis führen. Deshalb haben wir in der Ausstellung im Museum Ratingen die Versuchsanordnung der Ausstellung im Pariser *Institut néerlandais* wiederholt. Sie macht die Interaktion von Bild und Rahmen zum Thema, konfrontiert die Arbeit von Fotografen und Fotografinnen mit alten Rahmen und lädt zur Beobachtung ein, was diese alten Rahmen (aus dem Zeitraum von der Renaissance bis zum Jugendstil) mit den neuen Bildern tun. Doch vice versa setzen sich die historischen Rahmen aus der Rahmensammlung Conzen den aktuellen Fotografien aus, und auch die Bilderrahmen verändern sich in dieser Begegnung. Die Ausstellung stellt also nicht die übliche Frage nach dem angemessenen Rahmen für das Bild, sondern stiftet überraschende Begegnungen. Ob diese Begegnungen in harmonische Beziehungen einmünden oder konfliktreich verlaufen, wird sich erweisen, und wie im ‚wirklichen Leben' ist damit zu rechnen, dass auch und gerade konfliktreiche Beziehungen leidenschaftliche Beziehungen sein können.

Hans Körner

Quellenangaben

1. Rewald, 1987, 40.
2. Zit. n. Rewald, 1987, 40. Vgl. Waschek, 1965, 148.
3. Zit. n. Brunke, Bilderrahmen, 1996, 17.
4. Kritisch dazu: Foucart, 1987, 11.
5. Kräftner, 2009, 22.
6. Olson, 1995, 393, 395.
7. Vgl. Savedoff, 1999, 353.
8. Zit. n. Bätschmann, 1984, 24.
9. Zu den Vorraussetzungen für Maurice Denis' Diktum bei Nicolas Poussin und Roger de Piles: Körner, 1988, 56 f.
10. Schmalenbach, o. J., o. S.
11. Das folgende wiederholt eine Passage aus Körner, 2008, 69 f.
12. Derrida, 1992, 80, 93 f., dazu Darmann, 1995, 249 f.
13. Ebd., 97.
14. Ebd., 84.
15. Ebd., 80.
16. Ebd., 97.
17. Ebd.
18. Ehlich, 1954, 54. Ehlich, 1979, 8 f.
19. Hierzu und zum folgenden Ehlich, 1979, 23 ff.
20. Ehlich, 1979, 39 f., 55.
21. Cecchi, 1987, 22.
22. Conzen, 1983, 50 f., Marani, 1989, 55.
23. Kemp, 1997, 74 f.
24. Es ist allerdings nicht abschließend geklärt, ob die *Felsengrottenmadonna* des Louvre jemals im Kapellenaltar Aufstellung gefunden hat. Marani, 1989, 55.
25. Cadres revisités, 2005, 42.
26. Cadres revisités, 2005, Ebd., 43f
27. (http://de.wikipedia.org/wiki/Ebony_and_Ivory)

Abbildungsverzeichnis

Abb.1 Botticelli, Sandro, Madonna della Melagrana, 1486-87, Florenz, Galleria degli Uffizien, aus: Lightbown, Ronald, Sandro Botticelli. Leben und Werk, München 1989, S. 192.

Abb.2 Botticelli, Sandro, Madonna della Melagrana (mit Rahmen), 1486-87, Florenz, Galleria degli Uffizi, aus: Körner, Hans, Botticelli, Köln 2006, S. 164.

Abb.3 Duccio di Buoninsegna, Madonna, Rucellai, 1285, Florenz, Galleria degli Uffizi, aus: Archiv des Autors.

Abb.4 Duccio di Buoninsegna, Madonna, Rucellai (Zeichnung des Rahmenprofils), 1285, Florenz, Galleria degli Uffizi, aus: Ehlich, Werner, Bilder-Rahmen von der Antike bis zur Romantik, Dresden 1979.

Abb.5 Leonardo da Vinci, Die Felsengrottenmadonna, 1483-86, Paris, Musée du Louvre aus: Arasse, Daniel, Leonardo da Vinci, Köln 2002.

Abb.6 To Sang, Lee, Ohne Titel, Fotografie, um 1980 – Ädikula-Rahmen, Fkr. (oder Ital.), 16. Jh. Abb. 6, 7, 8 aus: Cadres revisités. Chefs d'oeuvres de la photographies néerlandaise présentées dans les cadres anciens de la Collection Frits Lugt, aus : Katalog der Ausstellung, Paris, Fondation Custodia, Hôtel Turgot 2005, o. S.

Abb.7 Monkhorst, Diana, Ohne Titel, Fotografie, 2000 – Platten-Rahmen, Ital. (?), 18. Jh. (?)

Abb.8 Breukel, Koos, Performer, Fotografie, 1996, Platten-Rahmen, Ital. (Florenz), 17. Jh.

Thomas W. Kuhn

1969	geboren in Rheydt
1990-92	Studium der Medieninformatik an der Fachhochschule Furtwangen
ab 1992	Studium der Kunstgeschichte, Medienwissenschaften, Modernes Japan an der Heinrich-Heine-Universität Düsseldorf
1996-97	Gasthörer in Berlin: Technische Universität, Humboldt-Universität, Freie Universität
1998	Magisterabschluss an der Heinrich-Heine-Universität Düsseldorf
2002-03	Volontariat am Zentrum für Kunst und Medientechnologie, Karlsruhe
seit 2003	Dozent für Kunstgeschichte und Kunstkritiker
seit 2011	lebt und arbeitet in Berlin

In seiner künstlerischen Arbeit auf dem Gebiet der Fotografie interessieren Thomas W. Kuhn Motive, die kunsthistorisch wie visuell vielschichtig und mehrdeutig erscheinen. Mit einer Poesie von Alltagssituationen, die den vergänglichen Augenblick anhalten lässt, will Thomas W. Kuhn zum Sehen im Verweilen anregen. Künstlerisch sieht er für sich selbst keine Vorbilder im engeren Sinne,[1] aber eine Wahlverwandtschaft zu Werken von Eugène Atget, Aron Siskind und Lee Friedlander. In seiner visuellen Schulung zeigt er sich u. a. den Filmen von David Lynch, Andrej Tarkovskij und Jacques Tati verpflichtet. Als künstlerischen Zeitgenossen in der Fotografie schätzt er die frühen Arbeiten von Wolfgang Tillmans und dessen Bruch mit der elegant stilisierten Fotografie der 1980er Jahre.[2] Kuhn Stil ist geprägt durch Vielschichtigkeit, den mehrdeutigen Verstehensmöglichkeiten und der Augenblicksdarstellung mit der Nähe zum rätselhaft Alltäglichen, aber auch zu bewusst gesuchten kunsthistorischen Assoziationen. Seit 2011 lebt Thomas W. Kuhn in Berlin, wo er als Fotograf und Kunsthistoriker arbeitet.

Es ist die kritische Distanz zu einem Kunstmarkt, der das Werk eines Künstlers als ökonomisiertes Produkt versteht, die den lichtbildnerischen *Gestalter* Thomas W. Kuhn Fotografie nur als eine von vielen Ausdrucksmöglichkeiten nutzen lässt. Nicht nur Fotografie ist Teil seines Werks, sondern ebenso seine Tätigkeit als Kunstvermittler in der Lehre und durch das Schreiben. Dieser multimediale Ansatz ist wohl zum einen auf seine Studienzeit zurückzuführen, andererseits aber auch auf seine partielle Infragestellung des Konzepts eines Autors im Sinne von Roland Barthes' Aufsatz *La mort de l'auteur* (1968).[3] In diesem wird von Barthes die These aufgestellt, dass in der Literatur der Autor, wenn überhaupt, dann nur eine geringe Bedeutung hat, und dass der Sinn eines Werkes auch ganz allein vom Rezipienten her erzeugt werden kann. Die kulturvermittelnden Tätigkeiten Thomas W. Kuhns komplementieren daher seine künstlerische Tätigkeit, in welcher die bildnerischen Ergebnisse nicht eine klare Positionsbestimmung erlauben, dieses auch gar nicht sollen, sondern in dem sein gesamtes Werk ein mehrschichtiges Konstrukt bildet. Die Werke gehen hervor aus einem kunst- und geistesgeschichtlich geschulten Auge und Geist und basieren nicht zuletzt wie bei jedem individuell entwickelten visuellen Repertoire auf dessen biografischen Erfahrungsschatz. Es bleibt also partiell dem Betrachter überlassen, sich dem fotografischen Werk anhand seines eigenen kulturellen und geistesgeschichtlichen Gedächtnisses zu nähern und die Bildfindungen immer wieder auf ein Neues zu betrachten und zu hinterfragen.

Als Ansatz für eine inhaltliche Betrachtung möchte Thomas W. Kuhn nur geringfügige Hinweise geben, welche sich auf Gegensätzlichkeiten und Mehrdeutigkeit beziehen. Begriffspaare wie „Banalität und Vielschichtigkeit" sowie „Anwesenheit und Abwesenheit (des Objekts / des Fotografen)"[4] sollen nur als grundlegende Hinweise dem Betrachter einen Weg in die Bildbetrachtung geben. Erklärungsbedürftig ist daher wohl nur die Benennung der einzelnen Werke. Die Kombination von Buchstabe und Ziffern verweist jeweils auf ein Negativ, gefolgt von einer Angabe zum Ort des Entstehens der Aufnahme und kurzen, erläuternden oder assoziativen Begriffen. Weist eine Fotografie eine zufriedenstellende künstlerische Qualität auf, so wird dieser eine eindeutige Nummer gleich einer Katalognummer vergeben, die auf zumeist chronologisch fortlaufend nummerierte Filme und deren Negativkennzeichnung verweist, die in früheren Ausstellungen ebenfalls Teil der Bildtitel waren. Damit verweisen die Bildtitel auf den Arbeitsprozess des Künstlers. Nicht das eine künstlerische Werk wird in seiner Einmaligkeit betont, sondern die Arbeit eines permanent künstlerisch Denkenden und Sehenden.

Helga Maria Remmen und Raphael Nocken

---

[1] Thomas W. Kuhn am 08.08.2013 in einer E-Mail an Helga Maria Remmen.
[2] Ebd.
[3] Barthes, 2000.
[4] Thomas W. Kuhn am 17.06.2013 in einer E-Mail an Raphael Nocken.

Dieser italienische, schwarz gefasste Plattenrahmen vom Typ *ore e negre* (gold und schwarz)[1], der charakteristisch für die Toskana ist und sich von dort aus in ganz Italien verbreitet hat,[2] weist eine dreiteilige Gliederung auf. Das Innenprofil wird von einer Konstruktion aufeinander folgender Wülste und Kehlen gebildet, die sich im mittleren Teil des Rahmens zu einer tiefer liegenden, ebenen Platte herab schwingt. Die Struktur dieser Platte wird von einer glatten, linear ausgerichteten, gehobelten Leiste bestimmt, die den Großteil der Rahmenbreite einnimmt. Der schwarze Rahmen wird auf dieser Platte durch aufgemalte Blüten- und Blattranken verziert. Diese Ornamentik aus goldenen Blüten und aus goldenen, teils aufgerollten Akanthusblättern akzentuiert punktuell die Seitenmitten und die Ecken des rechteckigen Rahmens. Über diese Platte erhebt sich zum Außenmaß hin wieder eine Wulst-Kehle-Formation, die zum Außenrand des Rahmens hin abfällt.

Das Foto *N 3000 - Philadelphia - Großes Glas* von Thomas W. Kuhn, das sich in diesem Rahmen befindet, ist im Jahr 2007 im *Philadelphia Museum of Art* entstanden. Auf dem Foto ist im Vordergrund Marcel Duchamps Kunstwerk *Das große Glas*[3] von 1915-1923 abgebildet. Der schwarze Balken im Vordergrund des Fotos ist die Seitenansicht einer Vitrine, die zwischen dem Betrachter und dem *Großen Glas* steht und das Foto in zwei gleiche Hälften teilt. Der fotografierte vertikale Seitenrand von Marcel Duchamps Werk *Das große Glas* teilt sowohl den schwarzen Balken als auch den Raum und durch seine minimale Verschiebung in die rechte Bildhälfte ist die Symmetrie aufgehoben. Die gläserne, horizontale Linie der Glasvitrine unterteilt die Fotografie ebenfalls in zwei Flächen, die dem goldenen Schnitt entsprechen und bildet mit dem vertikalen Seitenrand von Duchamps Werk *Das große Glas* ein Kreuz. Thomas W. Kuhn stellte in einem Gespräch[4] die Verbindung dieses Fotos zu Walter Benjamins Werk *Das Kunstwerk im Zeitalter seiner technischen Reproduzierbarkeit* und dem darin verwendeten Begriff der *Aura* her. Ein Bild gemalt auf Glas ist fotografisch und im Druck auf Papier nicht reproduzierbar.

Zwischen Rahmen und Bild ist in diesem Fall eine gelungene Kombination entstanden. Der Rahmen wirkt wie eine offene Tür, die dem Betrachter den Blick in einen neuen Raum freigibt.[5] Der horizontale schwarze Balken in der Mitte der Fotografie verbindet perfekt die gegenüberliegenden Mitten der Seitenleisten des Rahmens. Zwischen dem schwarzen Fotografie-Balken und der schwarzen Platte des Rahmens entsteht eine Korrespondenz, die sich vor dem Betrachter wie eine imaginäre Vergitterung aufbaut, die aus Flächenhaftem und Bildhaftem entsteht.

Anna Schiller

[1] Michels, 1996, 27, 55.
[2] Ebd., 28.
[3] http://www.philamuseum.org/collections/permanent/54149.html, 05.05.2013, 22:44 Uhr.
[4] Thomas W. Kuhn im Gespräch mit Helga Maria Remmen am 12.05.2013.
[5] Brunke, 1996, 14.

Thomas W. Kuhn | N 3000 - Philadelphia - Großes Glas | 2007/2013 | Tintenstrahldruck auf Alu-Dibond

Plattenrahmen | Toskana | 2. Hälfte des 16. Jh.
Außenmaß 122 x 98 cm | Lichtmaß 97,6 x 73 cm | Profilbreite 12,2 cm

Der vergoldete, sorgfältig geschnitzte Profilrahmen[1] zeigt in seinem Aufbau eine Dreiteilung. Das Innenprofil des Rahmens besteht aus einer schmalen Leiste, die sich senkrecht zu einem Wulst hin aufschwingt. Dieser breite, hohe Wulst im mittleren Teil des Rahmens nimmt mehr als zwei Drittel der Rahmenbreite ein und besitzt auf der gesamten Breite dieselbe Profiltiefe. Er ist mit Blüten- und Blattornament verziert, das auf allen vier Rahmenleisten dieselbe Anordnung der Blätter- und Blütenranken zeigt. Eine aufgeblühte Blume besetzt die Mitte jeder Leiste und die Ranken aus Blättern und Knospen winden sich davon ausgehend zu den Rahmenecken hin. In jeder Rahmenecke befindet sich ein voll entfaltetes Akanthusblatt, das mit der äußeren Blattspitze direkt in die Eckspitze zeigt, wodurch diese betont wird. Der hohe, breite, reich verzierte Wulst schwingt sich karniesförmig zu einer äußeren, schmalen Leiste ab. Diese zeigt im Profil eine flache Wulst-Kehle-Wulst-Form auf. Einer Verkaufsbezeichnung zufolge, die rückseitig aufgeklebt ist, umschloss der Rahmen ursprünglich ein Gemälde des Malers Bronzoletto.[2]

Dieser Rahmen schmückt nun eine zeitgenössische Fotografie von Thomas W. Kuhn. Der fotografierte Gegenstand wirft Fragen auf. Es ist nicht primär die Frage nach der Beschaffenheit der abgebildeten Oberfläche, die aus Stoff oder eher aus Papier zu sein scheint, sondern es ist die Überlegung, was darunter verhüllt, verborgen oder versteckt ist. Ist oder war sie zum Schutz eines kleinen oder großen Gegenstandes vorgesehen? Bei einer Wanderung durch Venedig[3] entstand diese Aufnahme. Sie zeigt zerknittertes Papier auf der Innenseite eines Schaufensters, dass den Blick nach Innen versperrt. Die Mittagssonne stand hoch am Himmel, so dass die Struktur des Papiers durch die fast senkrecht fallenden Sonnenstrahlen und deren Lichtreflexionen hervorgehoben wird. Die Aufteilung der Fläche durch die Falten ähnelt einem Kreuz. Die sich daraus ergebenden Flächen entsprechen ungefähr dem goldenen Schnitt. Durch die fehlende Möglichkeit eines Größenvergleiches entziehen sich dem Betrachter die Dimensionen und so wird der Bildgegenstand verfremdet. Bei Beobachtung und Untersuchung der Farbe können verschiedene Abstufungen von Weiß-, Braun-, Schwarz- und Grautönen festgestellt werden, die sich zum Teil auch aus den Lichtreflexionen ergeben. Losgelöst von Funktion, Farbe und Dimension scheint der abgebildete Gegenstand formal autonom und die Fotografie wirkt in ihrer Gesamtheit als abstraktes Werk.

Der abgebildete Gegenstand sprengt das Format des Rahmens und betont das Ausschnitthafte der Fotografie. Die Abstraktion des Bildgegenstandes wird durch das kunsthandwerklich gestaltete Muster des Rahmens unterstrichen. In seiner materiellen Präsenz grenzt sich der Rahmen dadurch entschieden von dem Foto ab. Die Materialität des Rahmens ist für den Betrachter deutlich identifizierbar, während das fotografierte Objekt ohne zusätzliche Erklärung des Künstlers nicht definierbar wäre. Schon der Titel des Werkes *N 2458 - Venedig - Streiflicht* bringt Rahmen und Foto inhaltlich näher und bestätigt das Klischee Venedigs: Neues und Altes, Kostbares und Banales, Offensichtliches und Geheimes. Rahmen und Bild stammen aus unterschiedlichen Wirklichkeiten, doch heben sie gegenseitig die jeweilige Welt des anderen hervor. In respektvoller Begegnung bestätigen sie sich ihre Gegensätzlichkeit. Obwohl der Rahmen das Foto von der Umgebung abgrenzt, entsteht durch den gegenseitigen, würdevollen Umgang miteinander eine Einheit, die als gelungenes, eigenständiges Ganzes wahrzunehmen ist.

Anna Schiller

---

[1] Michels, 1996, 67.
[2] Ebd.
[3] Thomas W. Kuhn im Gespräch mit Helga Maria Remmen am 12.08.2013.

Thomas W. Kuhn | N 2458 - Venedig - Streiflicht | 2005/2013 | Tintenstrahldruck auf Alu-Dibond

Blattrahmen | Norditalien | 17. Jh.
Außenmaß 78,8 x 65 cm | Lichtmaß 65,3 x 51,5 cm | Profilbreite 6,7 cm

Die klare Gliederung ordnet diesen Rahmen dem Typus des norditalienischen Karnies- bzw. Kehle-Wulst-Rahmens[1] zu. Der Plattenrahmen steigt zum Bild hin an. „Auf Grund des hohen Innenprofils kann der Rahmen ins 17. Jahrhundert datiert werden."[2] Nach innen wie nach außen werden die hellen breiten Leisten mit dunkelbraun gebeizten Profilen abgeschlossen.

Im Bild des Fensterausschnitts sieht der Betrachter eine Frauengestalt auf einer schwarzen Sitzbank im New Yorker Museum of Modern Art[3] sitzen, die auf das Hochhaus-Panorama hinausschauen kann. Die hohe Mauer links könnte ein Teil der Außenmauer, aber auch eine Trennwand sein, die den Fensterausschnitt verkleinert und betont. Mitten im Bildraum trennen zwei Fensterbalken mit der Glasfront den Ausblick in drei Bereiche. Unten unterstreicht ein helles, fast weißes Brüstungsgitter mit zwei Querstreben und einer metallenen Abdeckplatte über der flachen Außenmauer die Horizontale. Unter dem unteren Fensterbalken ist rechts ein Teil eines Hauses zu sehen, während links in diffusem Licht alle Gegenstände ungenau bleiben. Zwischen den beiden Fensterbalken sind der höhere Teil eines älteren Hauses mit Dach und Kaminen über dem Balken verschattet wahrzunehmen. In zunehmend hellerem Licht in der Mitte des Bildraumes sieht der Betrachter das kleinere Hochhaus, dessen Skelettbauweise im oberen Teil noch nicht geschlossen wurde. Hinter diesem im Bau befindlichen Hochhaus stehen auf beiden Seiten zwei Wolkenkratzer, wobei vor dem linken ein vorspringendes Fassadenteil steht. Diese Riesengebäude werden vom oberen Bildrand abgeschnitten und lassen zwischen sich und hinter dem Hochhaus einen Abstand, durch den blauer Himmel zu sehen ist. Da der linke Wolkenkratzer von gleißendem Sonnenlicht erhellt ist, muss es Mittag in New York sein. Durch die High-Noon-Verspiegelung der Fassade wird das Licht in den Museumsraum reflektiert und lässt die auf der schwarzen Bank sitzende Gestalt wie eine Schattenfigur vor der modernen New Yorker Hochhausarchitektur erscheinen.

Für Thomas W. Kuhn ist dieses Motiv eine Erinnerung an Caspar David Friedrichs romantische Bilder.[4] Er fotografierte die Rückenfigur mit der sich der Fotograf, aber auch der Betrachter identifizieren kann.[5] Die als Silhouette wahrnehmbare Besucherin des MoMA wird beim Anblick der gewaltigen Architektur der Metropole mit einem Gefühl der Einsamkeit konfrontiert, wie es auch der Fotograf und der Betrachter empfinden können. Der geneigte Kopf lässt ahnen, dass mit dem Blick nach außen der Blick nach innen gewandert ist. Mit dem Dunst der Großstadt, aber auch mit der gewaltigen Lichtspiegelung der riesigen Hochhausfassade verknüpft Thomas W. Kuhn einen modernen Fensterausblick mit einer romantischen Ästhetik. Die Museumsbesucherin erfährt ein doppeltes Spiel: Den Blick auf Architektur und den Blick ins eigene Innere. Zu dieser Bildsprache der Romantik passt die Struktur des italienischen Rahmens aus dem 17. Jahrhundert. Das gekehlte, helle Holz mit der dunklen Fassung innen und außen betont die Waagrechten und Senkrechten der Architektur der Klassischen Moderne. Sie hält die romantische Schatten-Rückenfigur und die moderne Liege im Architekturausschnitt zusammen. Hier stoßen mehrere Epochen ästhetischen Empfindens zusammen: die Romantik und die Darstellung klassischer Moderne des 20. Jahrhunderts, aber auch unterschiedliche Kulturen, deutsche, romantische Kunstgeschichte und amerikanische Baukunst, die der Platten-Profilrahmen zusammenhält.

Helga Maria Remmen

[1] Brunke, 1996, Architektonische Rahmen, 31.
[2] Michels, 1996, Text zu Bild Nr. 8
[3] Gesprächsnotiz, Thomas W. Kuhn und Helga Maria Remmen am 12.05.2013.
[4] Ebd.
[5] http://www.hamburger-kunsthalle.de/friedrich/html/ausstellung.html, 09.06.2013, 21:05 Uhr
Dieses Motiv findet sich bei C. D. Friedrichs Wanderer über dem Nebelmeer.

Thomas W. Kuhn | N 3056 - New York - Kontemplation | 2008/2013 | Tintenstrahldruck auf Alu-Dibond

Platten-Profilrahmen | 17. Jh. | Italien
Außenmaß 65,5 x 55 cm | Lichtmaß 44,5 x 34 cm | Profilbreite 10,3 cm

Schon zu Beginn des 16. Jahrhunderts wurden Ornamentrahmen nach bekannten Stichvorlagen in Europa hergestellt.[1] Der Louis-XV-Rahmen aus der Zeit um 1750 besteht aus einer hinterkehlten Eichengrundplatte, die an der Vorderseite wie die darüber aufgesetzte und geschnitzte Linden-Rahmenplatte vergoldet ist. Letztere wird „durch Eckornamente und Verbindungsstege so stark verformt, (…) dass nicht mehr von einem Leisten gesprochen werden kann."[2] Die innere Abschlussleiste, aus einem Kymation von Blattstäben bestehend, könnte wegen ihrer blasseren Farbe und einem sichtbaren Befestigungsholz auf der Rückseite etwas später angefügt worden sein. Die darauf folgende zweite Kymationsleiste bildet einen Wechsel von drei zusammenhängenden Akanthusblättern und einer einzelnen, stilisierten Palmette, die an den Ecken von einer bandartigen Volute diagonal geschnitten wird. An den schmalen Wulst dieser Kymationsleiste stößt der aufgesetzte, breite, geschnitzte Außenrahmen. Eine langgezogene Kehle wechselt mit der Ornamentik der Eck- und der Mittelkartuschen auf dem oberen und unteren Schenkel. Aus der Kehle wachsen von zwei Seiten geschwungene Stäbe zu den Ecken hin, wo sie durch eine weitere Volutenschleife die Kartusche mit dem Rocaillewerk unterstreichen. An den Ecken wird die Rocaille nach außen stark abgerundet hochgezogen. Die Schwünge der Stäbe sind so herausgearbeitet und gebogen, dass die rückwärtige flache Grundplatte zu sehen ist. Das Poliment[3] über dem Kreidegrund muss innen aus gelblicherem und außen aus rötlicherem Bolus bestehen, weil das darüber aufgebrachte Blattgold unterschiedlich leuchtet.

Die Fotografie, aufgenommen im Berliner Pergamon-Museum, zeigt zwei antike Köpfe mit lockigem Haar, die nahe zusammen auf je einem Sockel stehen. Thomas W. Kuhn sieht das zufällige Nebeneinander als eine durch die museale Aufstellung entstandene Beziehung. Jedes der beiden beleuchteten Marmorgesichter schaut in sich selbst. Die sprunghafte, flüchtige Verbindung des ersten mit dem zweiten Kopf ist nur für kurze Zeit als Schatten des Fensterbalkens präsent, wird aber durch das Foto verewigt. Diese Schattenverbindung ist eine sichtbare Beziehung zweier steinerner, im Licht aber fast lebendig erscheinender Personen, die von der Vertikalen eines Pfeilers, der ebensogut als Vorhang gedeutet werden kann, getrennt worden sind. Die kaum dechiffrierbare Projektionsfläche sowie der angeschnittene rechte Kopf und das verschattete Profil des Linken im schwarzen Raum geben Rätsel auf. Die Paradoxie des Fotos besteht einerseits in der sprunghaften Schattenverbindung der Beziehung der beiden antiken Köpfe für den Augenblick des Lichteinfalls, die durch die Natürlichkeit der Darstellung ein Echo von Lebendigkeit zeigen. Auf der anderen Seite verweigern der rechte durch seinen Blick in sich selbst und der linke Kopf durch seine Orientierung nach links einen Dialog mit dem Betrachter. Einen Zugang zu der antiken Welt der Skulpturen versperrt auch die Vertikale im Bildzentrum. Diese Gegensätze, Öffnen und Verschließen des Einblicks sowie auch die Schattenbeziehung der in eigenen Gedanken versunkenen antiken Köpfe entspricht auch der Rahmenstruktur, denn die Ornamentik des äußeren Rahmens besteht aus zwei gegensätzlichen Strukturelementen: den ornamentalen Kartuschen und den sie verbindenden, schwingenden Stäben mit gerollten, knotigen Enden.

Der formale Kontrast zwischen dem klassizistisch inspirierten Motiv mit einer Rahmung aus der Zeit des Louis XV wird andererseits durch die harmonischen, dunklen Braun- bis Eierschalenfarbtöne des Fotos und den unterschiedlichen Goldtönen des Rahmens wieder aufgehoben. Eine wechselwirkende Harmonie entsteht.

Helga Maria Remmen

[1] Péquègnot-Schwarze, 1976.
[2] Brunke, 1996 Architektonische Rahmen, 44.
[3] Bayrische Staatsgemäldesammlung, 2010, 112.

Thomas W. Kuhn | N 1644 Berlin - Schweigen | 2004/2013 | Tintenstrahldruck auf Alu-Dibond

Louis-XV-Rahmen | um 1750 | Frankreich
Außenmaß 64,5 x 82 cm | Lichtmaß 46,5 x 64 cm | Profilbreite 9 cm

Die Fotografie *N 676 - Düsseldorf - 23.21 IV* wird in einem Jugendstilrahmen aus der Zeit um 1900 präsentiert. Die Fotografie zeigt eine Aussicht aus einer verglasten Tür, durch die im unteren Teil brutalistische Architektur und darüber ein silbergrau schimmernder Wolkenhimmel zu sehen sind. Durch die breiten Einfassungen der Tür, welche sich als tiefschwarze, geometrisch gekreuzt angeordnete Balken zeigen, und die Rohrelemente, welche als Brüstung des vorgelagerten Balkons fungieren, lässt sich kaum ausmachen, wie die einzelnen sichtbaren Elemente, graue Betonquader und weiße, quadratische Fassadenelemente, ein Gesamtes bilden, wodurch ein seltsam entrückter Eindruck entsteht. Zum einen bildet sich durch den verhinderten Blick auf den Außenraum nur ein fragmentiertes Bild, zum anderen liegt die Gewichtung des Raumes vor allem auf dem Himmel, welcher in abstrakter Struktur verschwimmt. Daher kommt es nicht zu einem insgesamt erfassbaren Raum, der dem Innenraum gegenübersteht. Deutlich ist die Abgrenzung zum Innenraum markiert. Die fünf großen Fensterflächen sind in eine Rahmenarchitektur aus dicken, schwarzen Balken eingelassen, welche sich zu einem Quadrat zusammenfügen. Weder die genauen Strukturen, noch die Materialität der Balken sind erfassbar. Sie erscheinen dem Betrachter als unschaubare Orte dieser Fotografie, in denen man nahezu keinen Bezug zu den anderen dort sichtbaren Dingen herstellen kann. Erst durch den Schlagschattenwurf auf dem glänzenden PVC-Boden gelingt die Einbeziehung der Fensterrahmen in den restlichen Bildraum. Silbergrau-weißer Himmel und schwarze Rahmenarchitektur werden wieder aufgenommen durch den ebenfalls silbergrau-weiß gefärbten PVC sowie den dunklen Schlagschatten. Fast meint man, man sähe auf dem Boden den eigentlichen Himmel und nicht umgekehrt. Es kann also zumindest einen Moment lang fragwürdig erscheinen, wie die räumlichen Dimensionen auf dem flachen Fotopapier wiedergegeben werden, ob nicht mehr als nur eine räumliche Dimension in der Fotografie vorhanden ist. „Die Macht der fotografischen Bilder leitet sich ab aus der Tatsache, dass sie unabhängige materielle Realitäten sind..."[1] So wie Susan Sontag in ihrer Essaysammlung *Über Fotografie* dem Lichtbild eine Position abseits der Gegensätze Original – Kopie einräumt, diese als autonomes Objekt definiert, welches die Wirkung der Realität sogar übertreffen kann, so ist auch der spannungsgeladene Kontrast zwischen der formalen Sehempfindung aus dem Fenster heraus und dem formal dazu gehörigen, doch gleichsam gegensätzlich spiegelnden Boden ein Verhältnis von Durchscheinen und Spiegeln und den damit einhergehenden signifikant unterschiedlichen, doch gleichfalls auch optisch so naheliegenden Bildwirkungen aufgezeigt.

In diesem schwankenden Verhältnis von Gegensatz und Gemeinsamkeit steht der Jugendstilrahmen, welcher wohl ursprünglich als Spiegelrahmen diente. So kann der Rahmen nun eine künstlerische Arbeit zeigen, in der die ästhetischen Bezüge zur Spiegelung, der eigentlichen Hauptaufgabe eines Spiegelrahmens, Teil der künstlerischen Arbeit ist. Über solch eine historische Referenz geht die Kombination von Rahmen und Arbeit jedoch hinaus. Auch im Rahmen ist eine Doppeldeutigkeit im Bezug zur künstlerischen Arbeit angelegt. Formal ähnelt der Rahmen der Bildwirkung der Fotografie in seiner Flachheit. Es ist ein dunkelbrauner Rahmen, welcher fast kein plastisches Ornament besitzt. Alle vier Leisten des Plattenrahmens sind von vorne gesehen flach gehalten, allein an den oberen beiden Ecken lassen sich zwei kleine Medaillons mit floralem Ornament erkennen. In der Form der Leisten entsteht jedoch ein deutlicher Kontrast zu der technischen Ornamentalität der Fotografie. Hier sind die Ränder des Rahmens durch Aushöhlen der Hölzer in kurvige, vegetabile Formen geschnitten. Es sind keine klar realistischen Formen, doch erinnern die seitlich beilaufenden Stege an stilisierte Äste oder Blätter und die mittlere Bekrönung auf der Oberseite des Rahmens an Blütenstempel. In dieser gerundeten fast vegetabilen Ornamentik entsteht ein formaler Gegensatz zu der künstlerischen Arbeit, die allerdings durch die Flächigkeit des Rahmens gleichsam auch wieder die Arbeit mit dem Rahmen verbindet. Rahmen und Fotografie vereinen somit eine höchst ästhetische Dualität.

Raphael Nocken

---

[1] Sontag, 2008, 172.

Thomas W. Kuhn | N 676 - Düsseldorf - 23.21 IV | 2001/2013 | Tintenstrahldruck auf Alu-Dibond

Jugendstilrahmen für einen Spiegel | um 1900
Außenmaß 85,5 x 65,5 cm | Lichtmaß 58,5 x 43,2 cm | Profilbreite 5,2 cm

Die Fotografie *N 70 - Dreisbach - Durchblick* zeigt den Blick auf ein geöffnetes Fenster und darüber hinaus auf eine Landschaft, welche nur aus Bäumen im Hintergrund und Blättern und Zweigen im Vordergrund besteht. Es ist keine wirkliche Landschaft, die sich da für den Betrachter auftut, sondern eine Form vegetabilen Ornaments. So zeigen sich im Hintergrund zwei Baumreihen, die anscheinend auf einem Hang stehen, da sich die hintere Baumreihe zunächst in die Tiefe absetzt und die vordere Baumzone noch überragt. Himmel als auch Boden bleiben dem Betrachter verborgen und führen so zu einer Verunklärung der räumlichen Position der Objekte zueinander. Es zeigen sich Elemente eines Waldes mit Bäumen, Blättern und Zweigen, wobei jedoch nicht ein Eindruck von landschaftlichem Raum entsteht, denn obwohl das Verhältnis der Vegetationen zueinander bestimmbar ist, entwickelt sich durch die fehlenden Elemente von Grund und Boden als auch Himmel eine in verschiedensten Grüntönen leuchtende Fläche, die von einer bestimmten Entfernung an nicht mehr zu durchdringen ist. Ähnliche Probleme hinsichtlich der Orientierung ergeben sich in dem Innenraum. Dort sind nur die zwei geöffneten Fensterhälften, in denen sich die äußere Vegetation widerspiegelt, deutlich sichtbar. Unterhalb des Fensters lässt sich eine weiß lackierte Rippenheizung erkennen, deren wellige Form sich auf dem rötlich-hölzernen Boden abzeichnet. Nach links und rechts verliert sich, durch einen harten Schlagschatten der Sonne getrennt, der Boden in der Dunkelheit. Der gleiche Effekt zeigt sich auch an den Wänden links und rechts, welche man erahnen kann, die sich dennoch scheinbar ins Dunkle, aus der Arbeit hinaus, verlaufen. Aus diesen Beobachtungen bildet sich für den Betrachter der Eindruck einer Räumlichkeit. Doch stellt sich gleichzeitig die Frage, ob dieser Raum nicht imaginiert wird. Sieht man einen Raum und aus diesem hinaus auf einen Wald oder sind nicht doch die Zeichen einer Tiefendimension, eines Raumes, so undeutlich ausformuliert, dass der Raum als Ort nicht erfasst werden kann?

Verläuft sich die Arbeit Thomas W. Kuhns in ihren Rändern hin in die Dunkelheit, so wird sie durch den historischen Tabernakelrahmen fest verankert. Der Architekturrahmen aus Deutschland aus der Zeit um 1880 zitiert einen toskanischen Tabernakelrahmen des 16. Jahrhunderts.[1]

Als Übergang in die Rahmenarchitektur fungiert ein umliegender Eierstab, welcher die Fotografie ganz umfasst. Die Pilasterbasis steht auf einem schmalen ansteigenden Karnies, auf welchem eine regelmäßige Volutenornamentik aufgetragen ist. Darüber erhebt sich eine große flache Platte, auf der ein *oro e negre*-Dekor radiert ist, das ein rhythmisches Blattrankenwerk aus Voluten und Akanthusblättern zeigt. Die Basis schließt nach oben hin mit einem Zahnschnittdekor ab, über dem sich die kannelierten Pilaster erheben, welche die mit ausladenden Voluten verzierten Kapitelle tragen. Das Gebälk sitzt auf einem schmalen Lorbeerstab, über dem wiederum eine breite Platte, mit darauf radierten Blatt- und Blütenranken aufliegt. Darüber erheben sich nach oben erweiterte Platten, die zunächst eine Eierstabornamentik mit darüberliegendem Zahnschnitt zeigen.

Die Kombination aus einer Scheinarchitektur, als Rahmen und einer Fotografie, in welcher sich der Einblick und wiederum der Ausblick in eine Örtlichkeit einer genauen Referenzialität entziehen, reflektiert den Begriff der fotografischen Metapher *Simulakrum*, dem Ebenbild der Realität. In dem Essay *Denn die Illusion steht nicht im Widerspruch zur Realität*[2] zeigt Jean Baudrillard, dass das Verhältnis von Original und Kopie in der Betrachtung der Fotografie hinfällig geworden ist. Die Fotografie wird in ihrer Verschiebung aus der „Echtzeit" in den „Augenblick des Negativs"[3] zur Illusion und gewinnt gerade dadurch ihre ganz eigene Realität. Es entwickelt sich hier ein doppeltes Spiel durch den Rahmen in seiner Trompe-l'oeil-Haftigkeit, einer Scheinarchitektur, in die man hineinschaut und die doch eigentlich ein Rahmen ist, und durch die Fotografie, die scheinbar einen Blick in einen Raum hinein und aus diesem wieder heraus anbietet, jedoch durch die kompositorischen Irritationen ihren eigenen Status als Realitätsabbild gleichwohl wieder in Frage stellt.

Raphael Nocken

1 Schmitz, 2009, 210.
2 Baudrillard, 2010.
3 Ebd. 55.

Thomas W. Kuhn | N 70 - Dreisbach - Durchblick | 1996/2013 | Tintenstrahldruck auf Alu-Dibond

Tabernakelrahmen | um 1880 | Deutschland
Außenmaß 65,5 x 50 cm | Lichtmaß 43 x 30,3 cm | Profilbreite 7 cm

Dieser ornamentale Laubwerkrahmen wird aus einer im Innern gekehlten Leiste und den umgebenden, geschnitzten Voluten und Blättern gebildet. „In der zweiten Hälfte des 17. Jahrhunderts entstehen die offenen Blattrahmen, deren Außenumriss - wenn gleich aufgespalten zu einem feinen Zickzack - dennoch gradlinig bleibt."[1] Das Rankenwerk sprengt die geometrischen Strenge und die Raumbegrenzung, sodass eine dynamischen Bewegung entsteht, bei der die Symmetrie der Formen allerdings gewahrt bleibt. Alle geschnitzten Ornamente sind symmetrisch angeordnet und wirken durch die vielen, unterschiedlich großen Durchbrüche naturalistisch. Dieser detailfreudige Naturalismus unterscheidet ihn von dem durch das „Knorpelwerk bestimmten florentinischen Pittirahmen"[2] und wird deshalb der Emilia zugeordnet. In der Mitte des oberen Rahmenteils ist eine Muschel dargestellt, aus deren Mitte zwei Voluten herausdrängen und sich nach oben in Form von Akanthusblättern an die Muschel anlehnen, während je ein zweiter Teil derselben Volute in die Ecken des Rahmens führt, um sich dort um eine Blüte zu winden. Aus deren Mitte dreht sich eine weitere Volute in einer großen Wellenbewegung bis zur Mitte des Seitenschenkels. „Der Rahmen nimmt die Anregungen des perfektionierten Spiels mit den künstlerischen Ausdrucksmitteln auf und verwirklicht sie auf seine Weise, indem er seine vom Material abhängigen, spezifischen Ausdruckswerte entfaltet."[3]

Das fotografierte Motiv im flachen Ornamentrahmen mit umlaufendem, geschwungenem Laub- und Volutenkranz[4] besteht aus japanischen Ahornblättern und deren Schatten. Auf der linken Seite des Bildes sieht der Betrachter die durch das von dort einfallende Licht fast schwarz, mit scharfem Schattenriss dargestellten Ahornblätter, die sich als bräunliche Schatten ungenauer auf der anderen Seite abbilden. Der Grenzbereich zwischen Realität und Schatten ist nicht genau zu definieren. Dagegen suggeriert das Atmosphärische Ruhe und Stille für den, der sich darauf einlässt. Solche mystischen, an der sandfarben erscheinenden Wand durch eine unbekannte Lichtquelle hervorgerufenen Schattenfiguren, gehören in die japanische Bildnische, *Tokonoma*[5] genannt. In keinem japanischen Haus darf dieser Ort der Stille und des Schattens fehlen. Zu dieser Wandnische gehört *„die Magie des Schattens,"*[6] „die durch bewusstes Abschirmen eines leeren Raumes von selber entsteht, einen geheimnisvollen ästhetischen Ausdruck verliehen, gegen welche keine Wandbemahlung oder Dekoration auch nur annähernd aufkommt."[7] Das Verständnis des Fotografen für ein wesentliches Phänomen der japanischen Kultur kommt hier zum Ausdruck. Die Fotografie zeigt „die Spur eines Körpers"[8] und damit dessen vergangene Anwesenheit und somit gleichzeitig auch dessen Abwesenheit. So kann auch der Ursprung der Fotografie genauso wie der der Malerei auf ein von Plinius beschriebenes Phänomen zurückgeführt werden. „Die Tochter des korinthischen Töpfers Butades zeichnet den vom Lampenlicht an die Wand projizierten Schattenumriss ihres Geliebten nach."[9] Hierdurch verbleibt ihr als Begrenzungslinie sein Schatten erhalten, und sie kann sich durch diese Spur an der Wand lange an den Geliebten als Dagewesenen erinnern.

Die Bedeutung des festgehaltenen Schattens kommt auch in der Überlegung des Fotopioniers Talbot zum Ausdruck, der 1835 vorschlug, statt von Fotografie (Lichtmalerei) von Skiagraphie (Schattenmalerei) zu sprechen,[10] weil er mit dem Apparat die Schattenerinnerung festhalten wollte.

Einen vergänglichen Schatten mit seinen Spuren bannte auch Thomas W. Kuhn auf sein Foto, um den stillen Augenblick vergleichbar einem japanischen *Tokonoma* festzuhalten. Der Eichenlaubrahmen festigt mit der schmalen, inneren Leiste das Bild mit den flüchtigen Schatten und projiziert das Schattenmotiv nach außen, nach Thomas W. Kuhns Auffassung, in andere Kulturräume.[11] So ergänzen sich das japanisch anmutende Bildmotiv mit dem Laubwerkrahmen aus der Emilia des 17. Jahrhunderts in vollkommener Weise.

Helga Maria Remmen

[1] Grimm, 1978, 21
[2] Michels, 1996, Bild 22.
[3] Fuchs, 1985, 20.
[4] Michels, 1996, Bild Nr.22.
[5] Taut, 1934, 10.
[6] Jun'ichiro, 1987, 38.
[7] Ebd.
[8] Schulz, 2001, 141.
[9] Ebd.
[10] Ebd.
[11] Gesprächsnotiz, Thomas W. Kuhn und Helga Maria Remmen am 12.05.2013

Thomas W. Kuhn | N 449 - Berlin - Schattenblätter | 1998/2013 | Tintenstrahldruck auf Alu-Dibond

Blattrahmen aus der Emilia | Ende 17. Jh. | Italien
Außenmaß 61 x 45 cm | Lichtmaß 34,5 x 24 cm | Profilbreite 10 cm

Der mit Elfenbein verzierte Plattenrahmen besteht aus einem exotischen Holz, vermutlich Zeder, der an den inneren und äußeren schmalen Zierleisten ebeniert wurde. Von einer äußeren, erhöhten schwarzen Abschlussleiste leitet der Rahmen in einer Folge von Karnies, Kehlen und Wülsten zum Bild. Auf der äußeren Elfenbeinleiste beginnt der ornamentale Rapport immer in der Mitte des Schenkels mit aneinander stoßenden Volutenbögen, die sich dann bis in die Eckkreise fortsetzen. Diese werden an allen vier Ecken von dem Gehrschnitt halbiert. Die mittlere, breite Elfenbeinleiste wird von einem Wellenband mit unterbrochener Perlschnur[1] durchzogen. Diese verdoppelt sich auf der Mitte jedes Schenkels um kleine Masken, die immer nach außen gerichtet sind. Bei der äußeren Leiste, wie bei der inneren, stoßen die Bögen der Voluten über und unter der Maske zusammen. Von dort aus sind die schwingenden Ornamentformen durch die mittigen Ausgleichbögen symmetrisch gezeichnet, wobei die gegenüber liegenden Schenkelseiten spiegelbildlich einander zugeordnet sind. Trotz der drei verschiedenen Ornamentbänder kann das Wellenband, der Perlstreifen inbegriffen, über die Voluten fortgedacht als umlaufendes Band wahrgenommen werden. Diese Wellenstruktur vereint die drei Elfenbeinplatten, die durch den sichtbaren, weißen Schnitt getrennt montiert worden sind. Zum Bild hin schließt der Rahmen mit einem schwarzen, gerundeten Zierstab ab.

Als Thomas W. Kuhn 2005 in den Gassen von Venedig sein Motiv in einem Schaukasten fand, fotografierte er diesen Blick in eine Vitrine durch ein Gitter.[2] Das Bild zeigt ein Paar in venezianischer Karnevalskostümierung. Der fort hastenden Dame folgt ein dunkel gekleideter Herr mit einer weißen Maske und einem hochgekrempelten Hut. Von der oberen linken Ecke schaut er auf die Dame und bringt sie in Bedrängnis, was ihrem entsetzten Gesicht zu entnehmen ist. Das Grundmuster des Gitters unterstreicht die Richtung der Bewegung, denn die schwarzen, doppelten Blattspitzen weisen vom Gesicht des Herrn zu dem der Dame. Der Augenblick des Bedrohlichen wird durch die Beleuchtung von oben dramatisiert. Die durch die Lichtreflexion entstandene helle Umrandung scheint wie eine Absperrung für den ungenau beleuchteten Bildraum zwischen den Figuren. Hinsichtlich der Narration liegt der folgende Moment im Ungewissen.

Die Überlagerung des Bildes durch das Gitter mit gebogenen Haken und den daran befestigten scharfen Spitzen dramatisiert die Begegnung des Paares, schafft aber gleichzeitig eine Distanz zum Betrachter, der das Geschehen beobachtet.

Die bräunlich-schwarze Ornamentik des Gitters mit eingerollten Haken und blattähnlichen Spitzen bildet auf der einen Seite einen Kontrast zu den weichen Konturen der beigegrauen Voluten des Elfenbeingrundes auf dem Rahmen. Zum anderen provozieren die sich wiederholenden Grundmuster sowohl des Gitters und als auch des Rahmens eine Bewegung. Wenn Thomas W. Kuhn dem Moment im Bildausschnitt durch die nächtliche Nahaufnahme mit künstlichen Lichtquellen eine unbestimmte Atmosphäre verschafft, dann möchte er sein Bild als Skizze verstanden wissen.[3] Gehört die Szene zum theatralischen Karnevalstreiben oder meint sie ein tatsächliches Geschehen? Die Deutung bleibt offen. Da Thomas W. Kuhn sich in Teilen seines Werks der durch Susan Sontag begründeten Camp-Ästhetik verbunden fühlt, möchte er mit seinem Kunstgriff den Augenblick eines „klischeebeladenen, ästhetisch- wie moralisch ambivalenten"[4] Bildgeschehens zeigen. Seinen Stil mit einer „emphasing texture" und „sensuous surface"[5] erreicht er mit dem nächtlichen Einblick in die Vitrine und der Lichtführung.

„In den zuerst als fixiert und verfestigt wahrgenommen, rätselhaft realistischen Ausschnitten der Welt kommt mit Licht und Schatten (...) eine doppelte Dynamik hervor: Bewegung im Bild", Bewegung im Plattenrahmen „und Bewegung in der Vorstellung des Betrachters."[6]

Helga Maria Remmen

[1] Péquégnot-Schwarze, 1976, 6.
[2] Gesprächsnotiz: Thomas W. Kuhn und Helga Maria Remmen am 12.05.2013.
[3] Ebd.
[4] Ebd.
[5] http://www9.georgetown.edu/faculty/irvinem/theory/sontag-notesoncamp-1964.html, 17.05.2013,
[6] Müller / Gliesmann, 2002, o. S.

Thomas W. Kuhn | N 2483 - Venedig - Maskenball | 2005/2013 | Tintenstrahldruck auf Alu-Dibond

Holländischer Plattenrahmen | 17. Jh.
Außenmaß 61 x 45 cm | Lichtmaß 34,5 x 24 cm | Profilbreite 6,5 cm

Die Fotografie *N 431 - Berlin - Umkehrung* des Fotografen Thomas W. Kuhn wird in einem Rahmen des frühen 18. Jahrhunderts, einem Régence-Rahmen, gezeigt, welcher den Übergang vom Louis-XIV- zum Louis-XV-Rahmen markiert. Kuhns Fotografie stellt eine Irritation dar. Nicht allein weil das im Bild gezeigte Interieur durch die Ablichtung seiner Spiegelung auf poliertem schwarzen Stein eine Verunklärung erfährt, sondern insbesondere durch die medienspezifischen Qualitäten, welche es erlauben, die Arbeit entweder als Abbild einer realen räumlichen Situation wahrzunehmen oder sie ausgehend von einer anderen Perspektive als rein abstrakte Bildkomposition zu deuten. Dem Betrachter wird ein Blick in das Untergeschoss der Neuen Nationalgalerie gezeigt. In der Mitte der Fotografie zeigt sich eine geöffnete Glastür, welche in einen Ausstellungsraum führt. Dieser ist durch die gläserne Front, in welche die Tür eingelassen ist, zu erahnen, insbesondere dadurch, dass sich an der dortigen Wand dunkle Vierecke zeigen. Es handelt sich wohl um an der Wand aufgehängte Gemälde. Rechts neben dem Eingang erscheint eine deckenhohe, dunkle Fläche, auf welcher sich schemenhaft Buchstaben abzeichnen: *Lyonel Feininger*. Weiter im Vordergrund scheint ein spiegelnder Glastisch neben einer Couch zu stehen, über deren Rand der Kopf einer blondhaarigen Frau erscheint. Der restliche Vordergrund diffundiert in nicht allzu deutlich voneinander abgetrennte Quadrate von rötlich-brauner bis hin zu goldener Farbgebung. Besonders in diesem vorderen Bildbereich in der unteren und linken Bildhälfte geht jede Form von Räumlichkeit verloren und lässt das Werk in eine Abfolge von rhythmischen Farbflächen übergehen, die übereinander gestapelt einen Eindruck von Raum nur vortäuschen und immer wieder aufbrechen wie in der Spiegelung in der Oberfläche des Glastisches, durch welche ein völlig neuer und anders positionierter Raum in den Raum einbricht. Roland Barthes' Ausspruch vom „Es ist so gewesen"[1] wird hier nur im Hinblick auf die Sehwahrnehmung des Künstlers angewandt werden können. Es zeigt sich eine subjektiv entdeckte Seherfahrung, welche in der künstlerischen Manifestation als Fotografie einen Beitrag zum Verhältnis von fotografischem Index zur künstlerischen Objektivität im Sinne Paul Strands darstellt.[2] Es ist also ein genuiner fotografischer Ausdruck, welcher nicht einen einfachen Blick in das Untergeschoss der Neuen Nationalgalerie zeigt, sondern die visuelle Interpretation des Künstlers beim Blick auf die Örtlichkeit.

So ist die Kombination mit einem Régence-Rahmen auch inhaltlich passend. Fallen diese Rahmen doch in eine Zeit, in welcher der Kunsthandwerker aus seiner Anonymität heraustritt und der Künstler als Subjekt eine massive Aufwertung und Anerkennung erfährt. Der Rahmen fällt insbesondere durch seine Rahmenkartuschen auf, welche an den Ecken und in den Schenkelmitten über die äußere Rahmenkante deutlich hinaustreten. Zunächst steigt der Plattenrahmen über ein mit Blättermotiven versehenes Karnies von der Fotografie auf und geht von dort in eine schmale gesandelte Platte über. Daran schließt das nach außen stark ansteigende und von hinten unterkehlte Karnies auf, auf welchem zwischen den Rahmenkartuschen flach geschnitzte Akanthusranken und Voluten aufgetragen sind. Abgeschlossen wird das aufsteigende Karnies von einem Eierstabmotiv, welches durch die Kartuschen überragt wird. Die Eckkartuschen bilden sich aus einem großen Akanthusblattfächer, der auf einer grobmaschigen Kreuzgravur aufgetragen ist. Die Kartuschen in den Schenkelmitten bestehen aus den gleichen Elementen wie die Eckkartuschen, nur fehlt hier in der Ausarbeitung die voluminöse Fleischlichkeit der Akanthusblätter. Hinzu kommt, dass die Blätter nicht aus dem Karnies herausfallen, sondern sich, einen Halbkreis schlagend, in den Rahmen wieder hereindrehen. In seiner rotgoldfarbenen Opulenz provoziert dieser Rahmen geradezu eine künstlerische Meditation über die inhaltlichen Möglichkeiten von Fotografie. Dass es sich nicht in reiner Gefälligkeit auflöst und den Begriff des Kitsch assoziiert, liegt wohl in dem gelungenen Kontrast von voluminösen, ganz im Materiellen verankerten Ornament mit der flirrenden, durchscheinenden Abstraktion von Thomas W. Kuhns Arbeit.

Raphael Nocken

[1] Barthes, 1985, 86f.
[2] Geimer, 2009, 192ff.

Thomas W. Kuhn | N 431 - Berlin - Umkehrung | 1996/2013 | Tintenstrahldruck auf Alu-Dibond

Régence-Rahmen | erstes Viertel 18. Jh. | Frankreich
Außenmaß 114 x 136 cm | Lichtmaß 85 x 108 cm | Profilbreite 14,5 cm

Die Fotografie *N 557 - Düsseldorf - Monstera deliciosa* zeigt den Blick aus einem Fenster und ist in einen Jugendstilplattenrahmen montiert. Diese erste Kurzbeschreibung muss bei der genaueren Betrachtung der Arbeit Thomas W. Kuhns eigentlich revidiert werden. Sind es doch Beifügungen zu der eigenen Seherfahrung, welche dem Betrachter suggerieren, dass das, was man dort sieht, der Blick durch einen Vorhang aus einem Fenster ist. Es ist die Theorie des *Äquivalents* von Alfred Stieglitz, welche für die Betrachterhaltung herangezogen werden muss. Bei diesem Interpretationsansatz sind die formalen Ordnungen des zu Sehenden und dessen symbolische Qualitäten, welche die Fotografie aufweisen, wesentlich. Es handelt sich somit um eine „Zeichenordnung parallel zur Natur"[1], welche eine ästhetische Erfahrung medial kommuniziert.[2] Die Äquivalente sind offene Bedeutungszeichen, wobei das Fotografierte, die Fotografie, der Fotograf und der Betrachter zueinander in einer offenen Beziehung stehen. Dabei können die Bedeutungsinhalte, ausgehend von der Betrachterhaltung und dem Wissen des Betrachters, immer wieder neu ausformuliert werden. Es sind also nicht mehr die Fotografien, welche eine Bedeutung übermitteln, sondern es ist die Betrachtung und die daraus folgenden Deutungsmöglichkeiten, welche sich jedem Betrachter neu bieten.

Schemenhaft erkennbare Wolkenformationen sind an dem tiefblauen Himmel vor allem in der oberen Bildmitte zu erkennen, wenn man die weißen Strukturen auf blauer Farbe so lesen möchte. Eine genaue Betrachtung ist nicht möglich, da sich darüber eine völlig anders geartete Struktur gelegt hat und in der Ballung, durch die Intensität seiner „Zeichen" auf der linken Bildhälfte, einen Gegenpol zu den als Wolken bezeichneten Strukturen in der rechten, oberen Bildhälfte bildet. Es ist eine durchscheinende Struktur, man würde dafür wohl den Begriff Gardine nutzen, welche changiert zwischen einem kaum wahrnehmbaren, braunen, rasterhaften Davor über dem blauen Grund und braun-grünlich leuchtenden Strukturen, welche wie dicke Streifen, insbesondere im linken Bildbereich, schräg nach außen aus dem Bild verlaufen. In die strahlend goldhelle Tonalität des unteren Bildbereichs schieben sich zwei dunkle Formationen. So stößt aus dem rechten Bildrand eine schwarze eckige Fläche, welche von der Struktur „Gardine" überdeckt wird. Seine Natur ist allein durch die visuelle Information nicht auszumachen, doch erzählt der eigene Bilderfahrungsschatz, dass es als Haus gedeutet werden könnte. Links daneben, im stärksten Kontrast zu dem dahinterliegenden am intensivsten leuchtenden Bildbereich, erhebt sich eine ebenfalls schwarze Struktur. Auch hier kann das eigene Bildgedächtnis eingreifen und die Idee einer immergrünen Zimmerpflanze aufkommen lassen, ohne dass wir diese hier zwingend sehen müssen. Sind es hier ja formal geordnete Strukturen, Formen und Farben, welche in einer Komposition zusammenwirken.

Dass die Arbeit die Assoziation eines melancholischen Fensterblicks hervorruft, ist wohl zum Teil auf den Künstler selbst zurückzuführen. So war Thomas W. Kuhn selbst in die Auswahl des Rahmens eingebunden und es lässt sich vermuten, dass der Künstler intuitiv an einen architektonischen Fensterrahmen gedacht hat, als diese Kombination ausgewählt wurde. Es ist die klare durchstrukturierte Form der ornamentalen Elemente auf dem Plattenrahmen, welche diesem eine Struktur und einen klaren Aufbau geben und gleichzeitig den noch unentschiedenen Elementen der Fotografie eine Deutungsrichtung, nämlich die eines Fensterblicks, geben.

Betrachtet man den Rahmen näher, so fällt zunächst die tragende Basis aus einer flachen Platte auf, an deren Seite sich zwei flache Platten mit einem darauf angeschlagenem Lorbeerkranz befinden. Darüber erheben sich die seitlichen Rahmenplatten, welche Kannelierungen zeigen. Nach oben hin wird der Rahmen durch eine flache Platte abgeschlossen, auf welcher sich ein Ornamentband aus stilisierten Gänseblümchen befindet. In seiner klaren Differenzierung von unterem Element, Seiten und dem oberen Abschluss erscheint der Rahmen trotz seines Wesens als Jugendstilrahmen in solchem Maße architektonisch, dass die Verbindung von Rahmen mit der Bildinformation der Fotografie die Metapher des „romantischen Blicks aus dem Fenster" heraufbeschwört.

Raphael Nocken

[1] Stiegler, 2006, 12.
[2] Ebd.

Thomas W. Kuhn | N 557 - Düsseldorf - Monstera deliciosa | 1999/2013 | Tintenstrahldruck auf Alu-Dibond

Jugendstilrahmen | um 1910
Außenmaß 61 x 46,6 cm | Lichtmaß 45,8 x 34,6 cm | Profilbreite 6 cm

Miriam Schwedt

1985	geboren in Marktredwitz
2002-04	Studium der Gestaltung an der Fachoberschule Bayreuth
2005-11	Studium an der Kunstakademie Düsseldorf
2006-08	Klasse für Fotografie
2008-11	Klasse von Prof. Christopher Williams
2009-10	Auslandssemester in Valencia, Kalifornien am California Institute of the Arts (CalArts)
	lebt und arbeitet in Düsseldorf

In einem digital beherrschten Zeitalter der Fotografie fallen die Arbeiten der jungen Künstlerin Miriam Schwedt aus dem Rahmen. Ihre Arbeiten vermitteln zunächst den Eindruck, als seien sie Beispiele aus einer längst vergangenen Ära der Fotografie. Es handelt sich dennoch um zeitgenössische Werke, die unserer heutigen Lebenswirklichkeit entspringen. Ihre alltäglichen Motive findet die Künstlerin dabei in der Natur, der sie auf Reisen rund um den Globus begegnet und der sie sich mit einem erfrischenden und souveränen Blick annähert. Dabei spielt auch das Zufallsmoment eine nicht zu unterschätzende Rolle. Besonders in der Gebirgslandschaft scheint sie Formen zu finden, die ihr Interesse aufgrund von Struktur und Stofflichkeit der Materie wecken. Ihre analogen Schwarzweißfotografien befinden sich häufig in einem Spannungsfeld zwischen klaren, statischen Kompositionen und belebten Oberflächenstrukturen. Dazu verhilft ihr die traditionelle Technik des Lith-Prints. Im Experiment mit Entwicklerflüssigkeit und in Verbindung mit der Reaktion auf unterschiedliche Papiersorten fertigt Miriam Schwedt Unikate in ihrer eigens eingerichteten Dunkelkammer an. Die Belichtungs- und Entwicklungszeit ist wesentlich für die Farbsättigung und Farbschattierung, deren Spektrum sich zwischen Sepia- und Schwarztönen bewegt. Dieser eigenständig ausgeführte Prozess der Herstellung ist für ihre künstlerisch-ästhetischen Ziele genauso entscheidend wie der fotografische Akt selbst.

Der Betrachter trifft in Schwedts Oeuvre auf Bilder, die einen poetischen Grundton erahnen lassen. Die junge Künstlerin widmet sich vornehmlich der Landschaftsthematik. Zum einen tritt dabei die unangetastete Natur in den Fokus. Zum anderen sind es Spuren von menschlicher Anwesenheit in der Natur, die in Isolation erstarren und von der Umwelt eingehüllt werden. Ebenso finden Themen aus der modernen Gesellschaft Eingang wie zum Beispiel nächtliche Inszenierungen von bewegten Kränen. Jüngst scheinen auch narrative Momente in der Fotografie Schwedts auf. Dabei kann Rauch in der Komposition eine Erzählung anstoßen, ohne dass der Betrachter das Geschehen vollkommen verorten kann. Vielmehr wird der Betrachter dazu angeregt, eigene Gedankengänge weiterzuspinnen und in eine stille und intime Welt einzutauchen. Miriam Schwedt reflektiert die Geschichte der Fotografie kritisch und verzichtet auf effektvolle farbige Großformate, die heute maßgebend sind. Dennoch schaffen es ihre kleinformatigen Fotografien, den konzentrierten Betrachter für sich einzunehmen.

Hanna Hausdorf, Romina Dümler und Elisabeth Felix

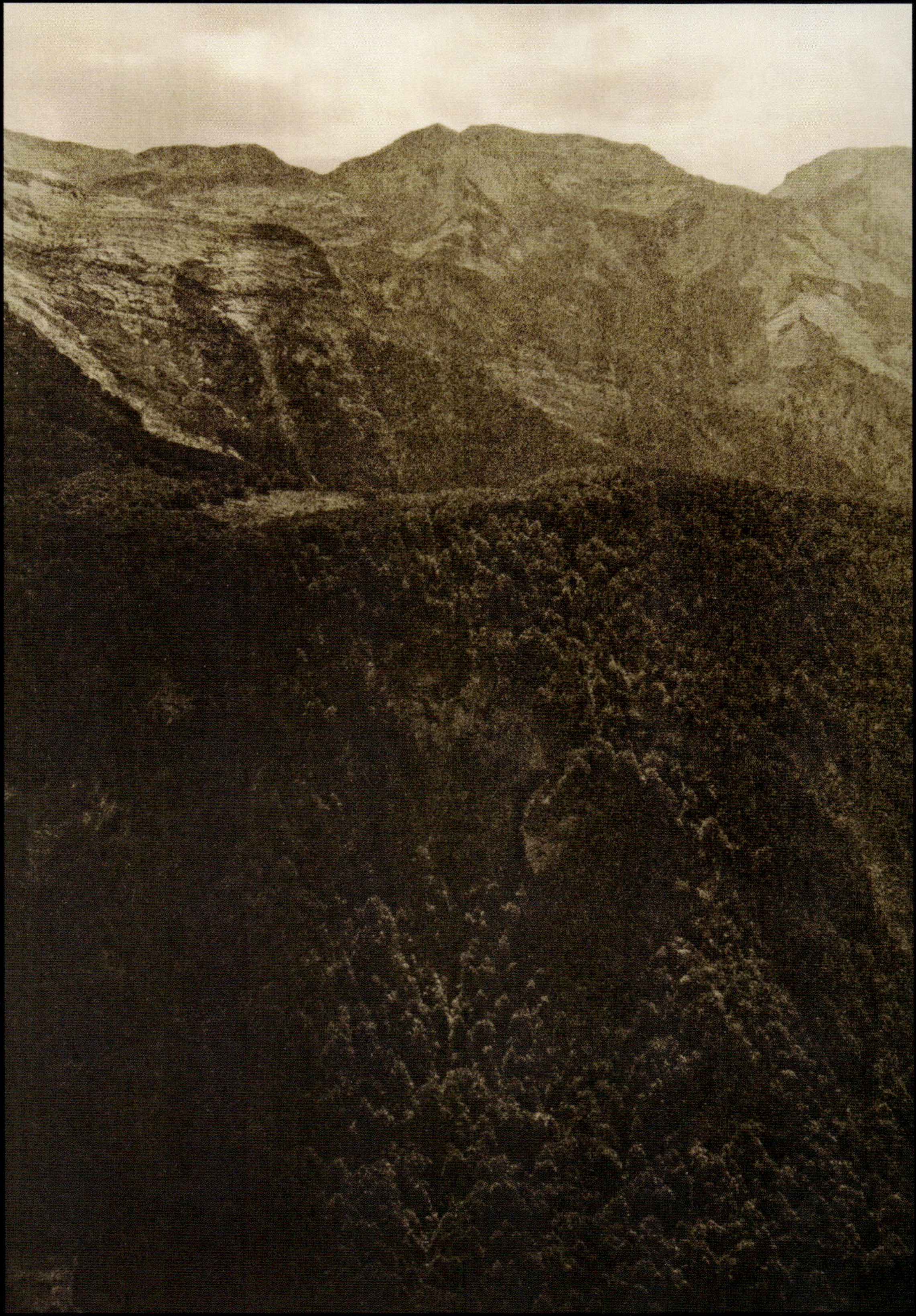

In dieser Fotografie führt Miriam Schwedt den Betrachter in das Innere einer Höhle. Eine Assoziation mit Platons Höhlengleichnis liegt nicht fern, bedient sich doch auch Susan Sontag in ihrem 1977 erschienenen Standardwerk *On Photography* diesem Sinnbild der platonischen Ideenlehre. Der griechische Philosoph beschreibt darin, wie Menschen, die in einer Höhle gefesselt sind, nur die von einem Feuer erzeugten Schatten erblicken können. Die so erschaffenen Abbilder des für sie erdachten Puppenspiels müssen die Gefangenen als Wirklichkeit bewerten, ohne von den dahinterliegenden Prozessen und dem nahen Ausgang aus der Höhle etwas zu ahnen. Letztendlich versucht das theoretische Konstrukt die Konsequenzen auszuloten, die diese Menschen erfahren, wenn sie die Höhle verlassen und die wirkliche Welt kennenlernen. Sontag greift das Gleichnis auf und nutzt es als Einstieg in ihre kritische Betrachtung der fotografischen Alltagspraxis. Sie schreibt: „Noch nicht zu höherer Erkenntnis gelangt, hält die Menschheit sich noch immer in Platos Höhle auf und ergötzt sich - nach uralten Gewohnheiten - an bloßen Abbildern der Wahrheit."[1] Ihrer Meinung nach verändert die Unersättlichkeit nach fotografischen Bildern „die Bedingungen, unter denen wir in der Höhle, unserer Welt, eingeschlossen sind."[2] Diese Masse an Fotografien bleibt laut Sontag nicht folgenlos, sondern hat Einfluss auf viele Bereiche unserer kulturellen Praktiken. Ihre besondere Kritik gilt ferner dem unbedachten - und schon lange in der Mitte der Gesellschaft als Freizeitaktivität angekommenen - Akt des Fotografierens, dem sie eine latente Aggressivität zuschreibt.

Miriam Schwedts Fotografie, die zwar auf den ersten Blick schnappschussartig wirkt, kann vor der Folie dieser Überlegungen in seiner kompositorischen Ausgewogenheit als positives Gegenbeispiel gedeutet werden. Sehr leise und bedacht hält die Fotografin darin die Bewegung eines jungen Mannes fest, der suchend zu Boden blickt und dem Betrachter damit sein Gesicht verwehrt. Vor allem seine ungewöhnlich verschränkten Beine zeugen davon, dass Schwedt hier einen dynamischen Moment einfängt. Das kompositorische Gegengewicht zu diesem an den rechten Bildrand gedrängten Mann bildet ein loderndes Feuer auf der linken Bildhälfte. Dazwischen dehnt sich der leere Raum aus, der einzig durch einen schmalen Lichtstreifen durchkreuzt wird. Er rührt von einer schmalen Öffnung in der Höhlenwand her, der einen Ausgang andeutet, ohne aber den Blick auf die äußere Welt freizugeben. Das Motiv, welches Miriam Schwedt hier findet, kann durch die Kombination mit einem ovalen Rahmen des späten 18. Jahrhunderts und dem daraus resultierenden Bildausschnitt in seiner klaren und unaufdringlichen Wirkung noch weiter verstärkt werden.

Der Bilderrahmen ist datiert aus der Epoche des Klassizismus und zeichnet sich durch die zeitgenössische Forderung nach einer schlichten Gestaltung aus. Seine Profilabfolge ist reduziert und symmetrisch aufgebaut. Einzeln ausgearbeitete Perlen, die unverbunden nebeneinanderstehen und zwischen zwei flachen Stegen eingelassen sind, bilden das Zierdekor des Rahmens: einen Perlstab. Zu seinen beiden Seiten befindet sich eine Hohlkehle, der je ein schmaler, flacher Absatz folgt. Durch das Auf- bzw. Abschwingen dieser Kehlen wird der Perlstab zum beherrschenden Element des Holzrahmens. Seine runden, organischen Formen verbinden sich außerdem gut mit der weichen, aber zurückgenommenen rötlich-glänzenden Farbigkeit, die wohl von einer vormaligen Vergoldung auf rotem Poliment herrührt.

Wurden ovale Bilderrahmen im Klassizismus und der Romantik fast ausschließlich als hochovales Bildformat für Porträts geschätzt, kann dieser Ovalrahmen, im Zusammenspiel mit Schwedts Fotografie in das Querformat gedreht, eine zusätzliche formale Leistung für die Fotografie erbringen. Zwar beschneidet das Format den rechteckigen Abzug des Fotonegativs - jedoch betont das Oval in seiner größten Ausdehnung den Raum des „*Dazwischen*" und bindet gleichzeitig, Mensch und Feuer als gegenüberstehende Pole in einer festen Bildklammer zusammen.

Rahmen und Fotografie bilden das Pendant zu einem weiteren klassizistischen Ovalrahmen der Sammlung Conzen mit einer Fotografie Miriam Schwedts. Diese Fotografie entspricht der hier besprochenen nicht allein durch die Motivik des Feuers, sondern auch in der bildlichen Konzeption.

Romina Dümler

[1] Sontag, 2002, 9.
[2] Ebd.

Miriam Schwedt | ohne Titel | 2012 | Lith-Print

Ovaler Profilrahmen | klassizistisch | spätes 18. Jh.
Außenmaß 46 x 55 cm | Lichtmaß 35,8 x 44,5 cm | Profilbreite 5,2 cm

39

Miriam Schwedt richtet ihre Kamera auf eine Landschaft. Allerdings sind in dieser Fotografie Spuren menschlichen Daseins erkennbar, wenngleich auch nicht bildbestimmend. Ein annähernd rundes und durch seine tiefschwarze Färbung hervorstechendes Element im Vordergrund fällt beim Betrachten der Fotografie sofort auf, bleibt aber zunächst unbestimmbar. Erst auf den zweiten Blick wird klar, dass es sich um einen sich zusammenkauernden Menschen handelt, der sich mit einer Decke verhüllt hat. Ein hoher Baum leitet den Blick des Betrachters zum zweiten Anhaltspunkt menschlicher Besiedelung der Landschaft: einer Ansammlung kleiner Häuser. Der Baum ist aber nicht nur als klassisches Repoussoir, also als Tiefenwirkung erzeugendes Element, zu verstehen, sondern verbindet die Landschaft mit der sich kontrastreich abgrenzenden Himmelszone.

Die Fotografie ohne Titel, die 2012 in Südfrankreich aufgenommen wurde, stellt eine Kombination von vertikalen und horizontalen Bildelementen dar, die durch ihre Anordnung im goldenen Schnitt eine harmonische Komposition erzeugen. Der dazu in Beziehung gesetzte niederländische Bilderrahmen der Sammlung Conzen ist in mehrerlei Hinsicht bemerkenswert.

Der aus Birnbaumholz gefertigte Rahmen, der zeitlich im 17. Jahrhundert zu verorten ist, stellt sein kostbares und massives Material deutlich heraus. So verzichtet der Rahmen auf jegliches Zierdekor und setzt sich stattdessen aus drei glatten, breiten Leisten zusammen, die holzsichtig geblieben sind. Sie werden allein durch sehr schmale, geriffelte Ebenholzleisten voneinander abgetrennt. Neben dieser gleichmäßigen Gliederung der vier identischen Rahmenschenkel bilden die feingliedrigen schwarzen Leisten so außerdem den äußeren und inneren Abschluss. Weiterhin fällt auch die Breite des Rahmens im Vergleich zum umfangenen Bildausschnitt auf. Die warme braune Farbigkeit des Holzes kann dadurch voll zur Geltung kommen. Aber auch der Schwere und Härte des Holzes wird so Ausdruck verliehen. Das auffälligste Merkmal des Plattenrahmens stellt jedoch seine Profilabfolge dar. So ist es bei der Mehrzahl von Bilderrahmen üblich, eine Profilabfolge zu wählen, die von außen nach innen zum gerahmten Bild hin abfällt. Hier ist gerade das Gegenteil der Fall. Während die äußerste Platte noch leicht zur Mitte hin abgeschrägt ist, steigen die folgenden beiden Platten aus Birnbaumholzfurnier an und erzeugen so einen Effekt, der das Bild von der Wand weg, dem Betrachter „entgegenschiebt".

Georg Simmel, einer der wichtigsten Rahmentheoretiker, hat sich gerade zu dieser Praxis in seinem Text *Der Bilderrahmen. Ein ästhetischer Versuch*[1] negativ geäußert. Für ihn stellt der Bilderrahmen ein Hilfsmittel zur Versinnlichung einer inneren Einheit dar, die für das Kunstwerk kennzeichnend ist. Die Aufgabe des Rahmens bestehe dann aber vor allem darin, den Blick des Betrachters in das Innere des Bildes zu lenken - eine Aufgabe, die nur durch die formale Lösung der zum Bild hin abfallenden Rahmenprofile geleistet werden könne. Die Inversion dieser Form sei dagegen nicht akzeptabel, da so der Blick vom Bild gerade weg geleitet werde und in Folge dessen „der Zusammenhalt des Bildes einer zentrifugalen Streuung ausgesetzt [sei]."[2]

Der Bilderrahmen bzw. sein Rahmenmacher scheint sich diesem möglichen Vorwurf durchaus bewusst gewesen zu sein, denn man könnte die Entscheidung, die Rahmenschenkel auf Gehrung zu schneiden als Gegenargument dieses Vorwurfes interpretieren. Die so entstandenen Kanten der aufeinandertreffenden Rahmenschenkel fluchten nämlich gleichsam wie vier Pfeile von jeder Ecke aus auf das Bild zu. So eröffnet der Rahmen, der die Fotografie nach vorne schiebt, einen neuen Bildraum in sich, der mit dem Tiefenraum der Fotografie korrespondiert. Seine Massivität kann der kleinen und ruhigen Fotografie außerdem ein zusätzliches Gewicht verleihen. Er stört auch keineswegs die vor allem durch die in sich gekauerte Person im Bild angelegte Intimität, sondern fordert den Betrachter eher durch den anbietenden Gestus des „Entgegenbringens" dazu auf, genauer hinzusehen und die Bildwelt der Fotografie bewusst zu ergründen.

Romina Dümler

[1] Simmel, 1995.
[2] Ebd., 102.

Miriam Schwedt | ohne Titel | 2012 | Lith-Print

Plattenrahmen | 17. Jh. | Niederlande
Außenmaß 53,8 x 49 cm | Lichtmaß 24,1 x 19 cm | Profilbreite 15 cm

41

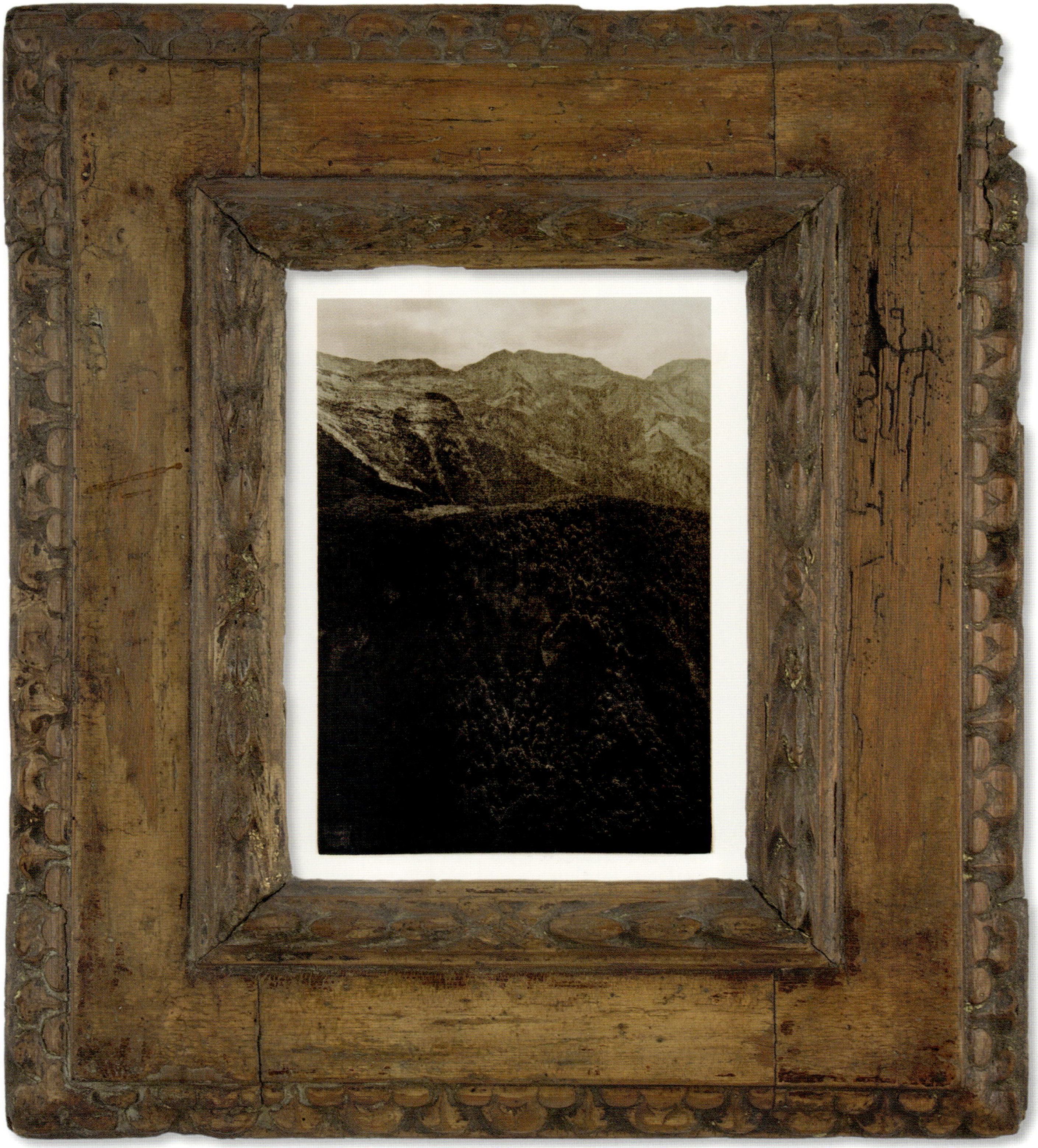

Der von ornamentaler Strenge und Zurückhaltung geprägte Plattenrahmen lässt aufgrund seines Erhaltungszustandes kaum noch an einen edlen italienischen Rahmen des 17. Jahrhunderts denken. Eine schmale leicht nach außen ansteigende Platte führt innen zu einem breiten Halbrundstab, bestehend aus stilisiertem Lorbeerblattwerk. Die recht grob geschnitzte Lorbeerblattwulst wirkt prall und ist durch ihre Plastizität als primäre Rahmung zu verstehen. Der darauf nach außen folgende schmale Vierkantabsatz betont die Bedeutung des Innenprofils zusätzlich. Zwischen Innen- und Außenprofil liegt die breite, unverzierte, glatte Platte, die in ein zweiteiliges nach außen abfallendes stilisiertes Blattspitzendekor überführt wird. Sowohl die glatte Platte, als auch das Blattspitzendekor sind stark beschädigt. Während die Platte besonders am oberen Teil des rechten Rahmenschenkels Risse aufweist, ist die rechte Seite des äußersten Profils abgebrochen. Die ursprüngliche Vergoldung der Schmuckstäbe ist abgetragen und nur noch bei genauerer Betrachtung in den Fugen zu erkennen. Der heute so schlicht anmutende Rahmen wurde in vergoldeter Form durchaus als wertvoll erachtet und zum Prestigeobjekt erhoben. Denn der durch die breite Lorbeerblattwulst betonte Bezug auf die Symbolik des immergrünen, vitalen Lorbeerbaumes und der Rückgriff auf die Antike in Form des vergoldeten Lorbeerkranzes, mit dem römische Kaiser und wichtige Persönlichkeiten geehrt wurden, machten den Rahmen in der Renaissance zu einem *Siegerrahmen*. Häufig wurden deswegen Porträts von einflussreichen und ehrwürdigen Bürgern eingerahmt.

Zu dem versehrten Rahmen tritt in dieser Ausstellung eine Landschaftsfotografie Miriam Schwedts in Beziehung, die 2012 in den Pyrenäen aufgenommen wurde. Die mit dichten Sträuchern bewachsene Gebirgslandschaft steigt in eine kompakte Bergreihe hinauf, deren weiche Spitzen vom hellen Horizont betont werden. Dabei unterstützt das bewusst gewählte Hochformat das Streben der Formation in die Höhe. Der Standpunkt des Betrachters und sein Ausblick auf die Berge sind wesentlich. Die erhabene Gebirgslandschaft erinnert an ein Landschaftsideal aus vergangener Zeit, welches die Sehnsucht an eine unberührte Natur wachruft. So lässt die in Sepiatönen gehaltene Farbigkeit die Aufnahme wie eine alte Fotografie des 19. Jahrhunderts erscheinen, die während einer „romantischen" Wanderschaft durch die Pyrenäen entstanden ist. Spätestens jetzt führt kein Weg mehr an den dem Romantiker Caspar David Friedrich vorbei. Besonders Berge und das Gebirge seien ihm Gegenstand der ästhetischen (und religiösen) Naturerfahrung gewesen, die Friedrich im Sinne seiner selbstgestellten Aufgabe („Erhebung des Geistes") als Kunsterfahrung an die Betrachter vermitteln wollte.[1] Während Friedrich in seinen „Komposit-Landschaften" (Werner Hofmann)[2] versuchte, die Natur als erfahrbare Landschaft in der Malerei zu etablieren, übersetzt Schwedt die Naturerfahrung in eine autonome Gebirgslandschaft, die keinerlei metaphorische Aufladung benötigt. So bedeutungsvoll die Aussicht des Betrachters in die unendliche Ferne der Landschaft bei Friedrich ist, so kennzeichnend ist auch der Blick Schwedts auf das Ganze in der Komposition. Dabei geht die Künstlerin intuitiv vor, nicht etwa inszenierend. Zusammengeführt erscheinen Bild und Rahmen als Artefakt einer vergangenen Zeit. Der Rahmen ist stark gezeichnet, dazu passend korrespondiert die Ästhetik einer alt wirkenden Fotografie. Die Vergoldung des Rahmens ist abgetragen, trotzdem bleibt die Bekrönung der Fotografie durch den geschnitzten Lorbeerkranz bestehen. Das stille Bild einer vergessenen Verehrung der Natur entsteht. Bild und Rahmen sind miteinander verwachsen und erzählen dem Betrachter von ihrem Weg dorthin.

Elisabeth Felix

[1] Dickel, 2006, 55.
[2] Ebd. 21.

Miriam Schwedt | ohne Titel | 2012 | Lith-Print

Blattrahmen | frühes 17. Jh. | Italien
Außenmaß 46 x 39,5 cm | Lichtmaß 24,5 x 17,8 cm | Profilbreite 12 cm

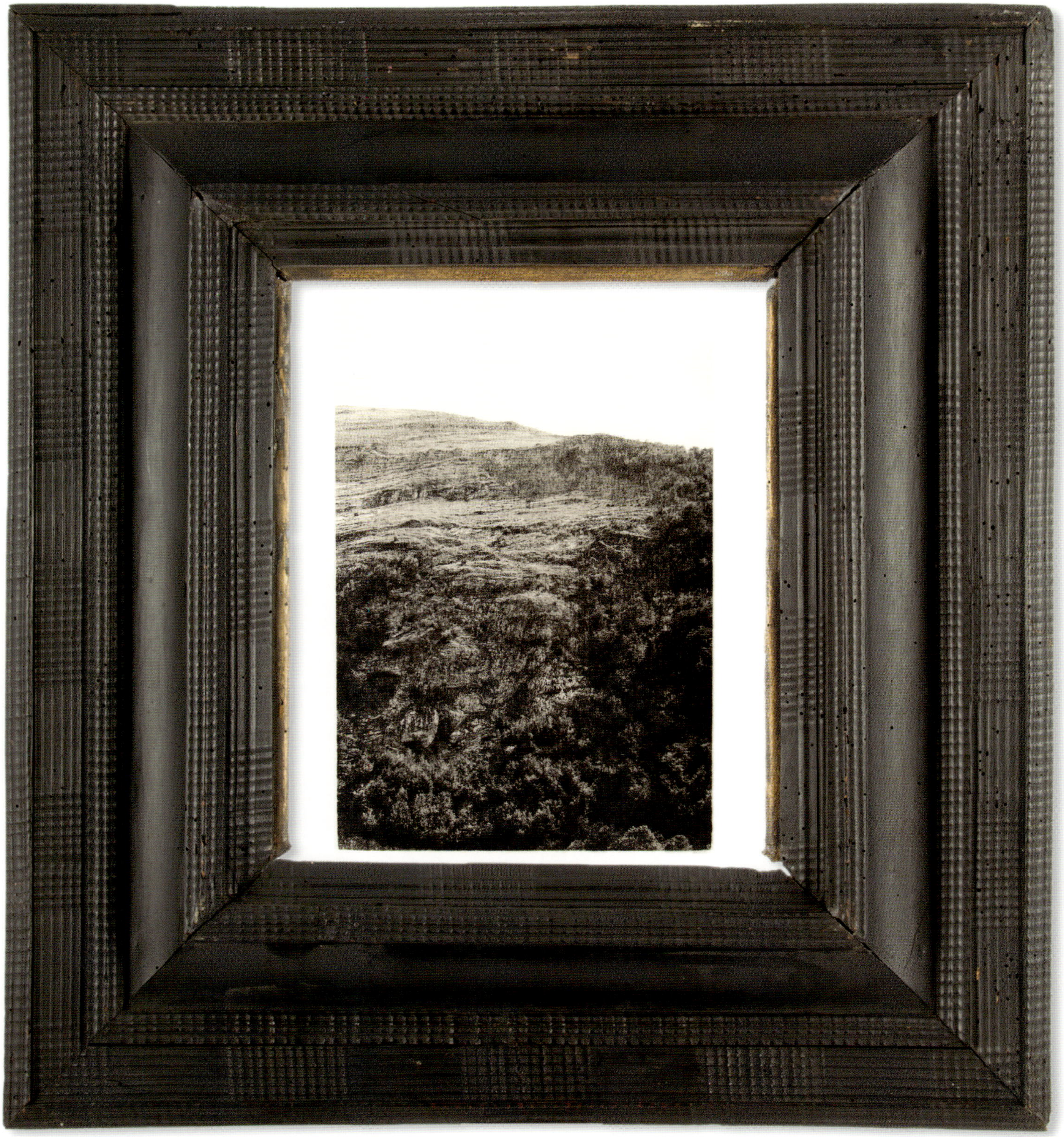

In dieser Begegnung trifft eine Landschaftsfotografie Miriam Schwedts auf einen Flammleistenrahmen des 17. Jahrhunderts. Die einander Begegnenden liegen Jahrhunderte auseinander. Trotz dieser zeitlichen Differenz und den unterschiedlichen Materialien lassen sich erstaunliche Parallelen erkennen, die dazu motiviert haben, beide miteinander zu kombinieren.

Der Flammleistenrahmen entstammt genuin dem holländischen, flämischen und alpenländischen Raum, wobei seine Erfindung wohl in der süddeutschen Region stattfand. Er zeichnet sich durch eine Konzentration auf hochwertigste Materialien aus und erstrahlt eher durch die Verwendung edler Holzsorten als durch übermäßigen Verbrauch an Blattgold. Bei diesem erhaltenen Exemplar ist allerdings die Sichtleiste vergoldet worden. Die Sichtleiste erbringt dem Betrachter zudem die Information, wie der Rahmen ursprünglich an der Wand ausgerichtet wurde. Dies ist möglich, obwohl der Rahmenkörper in seiner Konzeption keinerlei richtungsangebende Komponenten aufweist. Da die Sichtleiste einer Schenkelseite nicht mehr existent ist, kann davon ausgegangen werden, dass diese die untere Seite des Rahmens markiert hat. Denn da diese Seite bei Säuberungsroutinen den stärksten Beanspruchungen ausgesetzt ist, verwundert es nicht, dass diese oftmals als erstes nachgab.

Diese einfache Feststellung rückt den alten Originalrahmen näher an unsere alltägliche Realität.

Auch die tatsächliche, physische Distanz wird vermindert, da der Rahmen in Form eines *reverse frame* aufgebaut ist. Das bedeutet, dass der Rahmen nach außen hin an Höhe verliert. Während der innere Abschluss des Profils höher gearbeitet wurde als der äußere, wird der Blick des Betrachters bei dieser Komposition zunächst auf die Fotografie geleitet, bevor der Blick über den Rahmen schweift und zur Wand hin ausläuft. Die gerahmte Fotografie scheint sich somit der Realität des Betrachters stärker entgegenzustrecken, wodurch eine besondere Seherfahrung kreiert wird.

Die Fotografie zeigt eine Landschaft, deren Identifizierung aufgrund des starken Abstraktionsgrads schwierig auszumachen ist. Durch die schwarz-weiß Fotografie sowie den gewählten Ausschnitt wird nicht die materielle Bestimmbarkeit der Szenerie betont, sondern lediglich die Form an sich. Lichtbrechungen, Schattenreflexe und die scheinbare Unbestimmbarkeit von vorder- und hintergründigen Ebenen sind die entscheidenden Elemente, die den Reiz der Fotografie ausmachen.

Lässt der Betrachter nun sein Auge von der Fotografie nach außen schweifen, so trifft er zunächst auf die Sichtleiste des Rahmens. Die artifizielle Tönung der Leiste durch das Blattgold baut im Gegensatz zur Fotografie Distanz zum Betrachter auf. Das Gold entrückt diese Partie unserer Realität und scheint somit dem Betrachter ferner zu liegen.

Der Effekt der Entrückung wird allerdings direkt im Anschluss wieder aufgehoben, da das gesamte restliche Profil nun nicht mehr vergoldet wurde, sondern allein durch seine naturbelassene, schwarz-glänzende Oberfläche besticht. So schließt sich der Sichtleiste eine Platte an, die mit einem horizontalen Wellendekor verziert wurde, welches partiell durch die Ergänzung vertikaler Ausformungen in ein Flammenornament übergeht. Diese Partie gerät nicht zuletzt durch diese Rhythmisierung, die das Licht in den Auf- und Abwärtsbewegungen einfängt, stärker in den Fokus als die bereits erwähnte goldene Lichtkante. An das Flammenornament anschließend folgt eine glatt gefertigte Kehle, die an einen Halbrundstab anschließt, der wiederum ein umgehendes Flammenornament aufweist. Der Rahmen schließt daraufhin wiederum in demselben rhythmisierten Ornament, welches bereits die Sichtkante tangierte.

Die festgehaltene Lichtsituation der Fotografie geht in dieser Zusammenführung somit eine Interaktion mit den Lichtbrechungen ein, die der Flammleistenrahmen durch seine ausdifferenzierte Oberflächengestaltung zulässt.

Kelly Kazimierczak

Miriam Schwedt | ohne Titel | 2012 | Lith-Print

Plattenrahmen/Flammleistenrahmen | 2. Hälfte 17. Jh. | alpenländisch oder niederländisch
Außenmaß 62 x 56 cm | Lichtmaß 37,5 x 28,4 cm | Profilbreite 15 cm

Der kleine, aus einem Stück geschnitzte Holzrahmen ist ein besonders prächtiges Beispiel aus der italienischen Rahmenkunst des 17. Jahrhunderts. Es handelt sich um einen offenen Blattrahmen, der wie ein wertvolles Schmuckstück anmutet. Nicht nur das zarte Ausmaß lässt diesen Eindruck entstehen, auch die gesamte versilberte Ausführung der zungenartigen Ornamentik trägt dazu bei. Eine schmale, glatte, aufsteigende Schräge, die in eine leicht abfallende, schmale und glatte Platte übergeht, sichert das Innenprofil des offenen Blattrahmens. Auf den Plattenecken und Mitten arrangiert sich ein Kranz aus breitem und lappigem Blattwerk. Die aus einem Akanthusblattkranz bestehende breite Wulst imponiert durch die naturalistische Darstellung der Schnitzerei. Das zum Teil durchbrochene Ornament ist für die Außenkante des Rahmens formgebend, denn diese passt sich der Blattstruktur an. An den Schenkelseiten befindet sich jeweils eine S-förmig geschwungene Akanthusranke. Die sowohl nach innen als auch nach außen drängenden Blattspitzen, die sich in der unteren Schenkelmitte C-förmig einrollen, rufen eine dynamische und bewegte Wirkung hervor. Wesentlich dafür sind die Durchbrechung der vegetabilen Ornamentik, die Räumlichkeit erzeugen. Auf der Schenkelmitte des oberen Rahmenschenkels wächst zusätzlich ein bekrönender Akanthusblattfächer hervor. Damit wird die Verwendung des Rahmens als Hochformat festgelegt und besiegelt.

Die Fotografie von Miriam Schwedt wird spielerisch in den Rahmenkranz hineingeflochten. Der speziell für diesen Rahmen ausgewählte Bildausschnitt zeigt eine im Profil dargestellte männliche Person, die während einer Wanderschaft kurz zu Pausieren scheint, um in den aus bewachsenen Hügeln bestehenden Landschaftsteppich hinaus zu blicken. Die Szenerie wirkt dabei keinesfalls unnatürlich oder gestellt. Vielmehr scheint es so, als ob die Künstlerin leise und unbemerkt diesen intimen Moment der Ruhe einfangen wollte. Die All-Over-Struktur des Bildteppichs und die dazugehörige Nahsicht betonen diese Wirkung zusätzlich. So wie die Blattranken des Rahmens auf der stabilisierenden Bildkante aufliegen, so eingebettet und stabilisierend, nicht etwa verdeckt, ruht die männliche Person in der Vegetation. Miriam Schwedt interessiert das Alltägliche, ohne aber dabei dem Betrachter die Natur vorzuenthalten und den Menschen gänzlich in den Mittelpunkt zu setzen. Dem Menschen wird häufig nur eine Nebenrolle zuteil. Durch die besondere Technik des Lith-Prints, die hier in der Auflösung in sanften Gelbtönen erscheint, thematisiert die Künstlerin die stilistischen Mittel der Strukturverdichtungen in Form von Körnigkeit und der Abstrahierungen in Form von Unschärfe. Ein Wechsel aus Nähe und Ferne, mit der letzten Endes Räumlichkeit suggeriert wird, entsteht. Zusammengeführt üben Bild und Rahmen einen spielerischen Umgang mit der vorhandenen Licht- und Schattensituation aus. Die Durchbrüche in der Ornamentik des Rahmens finden sich vereinzelt in der Fotografie als Schattenwurf wieder. Die Schattierungen verhelfen dem teppichhaften Bildausschnitt zu einer chiffrierten Verortung der Landschaft, wobei die dadurch hervorgebrachte Komposition aufgrund ihrer vegetabilen Oberflächenstruktur lebendiger und natürlicher erscheint, als die fast symmetrisch komponierten Akanthusblattranken im Rahmen. Trotzdem gelangen Bild und Rahmen in einen wechselseitigen metamorphischen Zustand. Der im Bild heimlich festgehaltene Moment des in sich Ruhens der Figur in der wild gedeihenden, flimmernden Natur wird von einer schmalen Rahmenstufe stabilisiert, um anschließend in eine zweite rahmende vegetabile Form bewegt aufzugehen.

Elisabeth Felix

Miriam Schwedt | ohne Titel | 2012 | Lith-Print

Offener Blattrahmen | 2. Hälfte 17. Jh. | Italien (Florenz), Außenmaß 28,2 x 21,5 cm | Lichtmaß 10,8 x 8 cm | Profilbreite 6,5 – 9,5 cm

47

„Wie der Schein zum Sein wird" beschäftigte Friedrich Nietzsche in seinem Buch *Menschliches, Allzumenschliches I – Ein Buch für freie Geister* (1878) und avanciert zum Leitgedanken dieser Zusammenführung.

Diese scheint, bei flüchtiger Betrachtung, wie eine dekorativ-gefällige Zusammenführung, bei der eine Landschaftsfotografie mit einer klaren Komposition, auf einen prunkvollen Rahmen trifft. Eine solche Verbindung weist eine lange Tradition auf und entspricht einem visuellen Standard. Nach intensiver Reflexion zerbricht allmählich vorgetragener Schein und eine neue Art des Seins entsteht vor unseren Augen.

So ist der prunkvolle Louis-XIV-Rahmen, der ein Repräsentant monarchischen Reichtums und handwerklicher Perfektion ist, gar nicht der, den wir vor unseren Augen zu haben scheinen. Anstatt nämlich den Prunk vergangener Tage in unsere heutige Realität zu überführen, sehen wir lediglich die Spuren, welche die Zeit ihm zugetragen hat. Die einstige Goldschicht ist nur noch rudimentär zu erkennen – dominant ist demgegenüber das Poliment, auf das einst das Blattgold angeschossen wurde. Diese Schicht soll den Schein eines massiven Goldrahmens aufrecht erhalten, bleibt allerdings trotz seiner Wichtigkeit für den Rahmen stets im Verborgenen, sodass der Betrachter die Ästhetik dieses elementaren Bestandteils eines alten Rahmens nie zu schätzen lernen kann.

Bereits auf dieser Ebene gelingt es dem Rahmen, die Sicht auf das Ensemble zu verlagern. Das einstige Abbröckeln der Goldschicht lässt heute eine Seherfahrung zu, die den Schein zugunsten des tatsächlichen Seins in die Verdrängung treibt. Verstärkt wird dieser Effekt bei einem gezielten Blick auf die Ornamentik. Der Rahmen weist, typisch für einen Louis-XIV-Rahmen, eine feinteilige Profilfolge auf, die sich in den Ecken und Schenkelmitten zu Kartuschen ausbildet und somit diese Partien betont. Die gesamte Oberfläche ist allerdings so stark verstumpft und teilweise abgeschlagen, dass einige Ornamente nur noch identifizierbar sind, da man vergleichbare Rahmen kennt und dieses Schema auf den vorliegenden Rahmen übertragen kann.

Die ornamentale Klarheit eines Louis-XIV-Rahmens ist somit einer stärkeren Heterogenität der Oberfläche gewichen, die an Individualität gewinnt und durch Brechungen unvorhergesehene Ausformungen aufweist. Die genuin geplante Addition der Elemente erscheint heute als Geschichte des Alterns, die den Rahmen von einem Objekt des Kunsthandwerks zu einem Subjekt der künstlerischen Impression aufsteigen lässt.

Derartige Rahmen wurden tatsächlich vor allem zu Zeiten des Impressionismus von zeitgenössischen Künstlern bevorzugt. In Zeiten, in denen Geld und Gold knapp waren, aber nicht auf kostbare Rahmen verzichtet werden wollte, griffen Impressionisten zu alten, abgegriffenen Louis-XIV-Rahmen. Die Impressionisten visualisierten das Momenthafte und versuchten den Eindruck der Zeit einzufangen, was im Vorliegenden ähnlich auch der Fotografie Miriam Schwedts gelingt. Ihre Impression zeigt die Gartensituation eines Suburbs der USA. Das Klischee eines idyllischen Vororts möchte sie hierbei bewusst brechen. Genau wie der Rahmen, bildet Schwedt in der Fotografie Details ab, die als Relikte des Vorangegangenen fungieren. So erkennt man bei genauer Betrachtung umgeworfene Flaschen und eine Asymmetrie in der Anordnung der kalten Plastik-Gartenmöbel, die im Endeffekt auf die Menschen verweisen, die diesen Ort verlassen haben.

Rahmen und Fotografie fungieren somit als Informationsspeicher, der dem genauen Betrachter eine Dokumentation des Vergangenen erschließt. Obwohl die Modi dieser Dokumentation von Rahmen und Bild so unterschiedlich sind und Jahrhunderte zwischen beiden stehen, finden sie in vorliegender Zusammenführung nahtlos zueinander und offenbaren dem Betrachter einen Blick, der das Tatsächliche preisgibt.

Kelly Kazimierczak

Miriam Schwedt | ohne Titel | 2010 | Lith-Print

Profilrahmen/Louis-XIV-Rahmen | um 1700 | Frankreich
Außenmaß 63,5 x 55,5 cm | Lichtmaß 47,7 x 39,3 cm | Profilbreite 9 cm

49

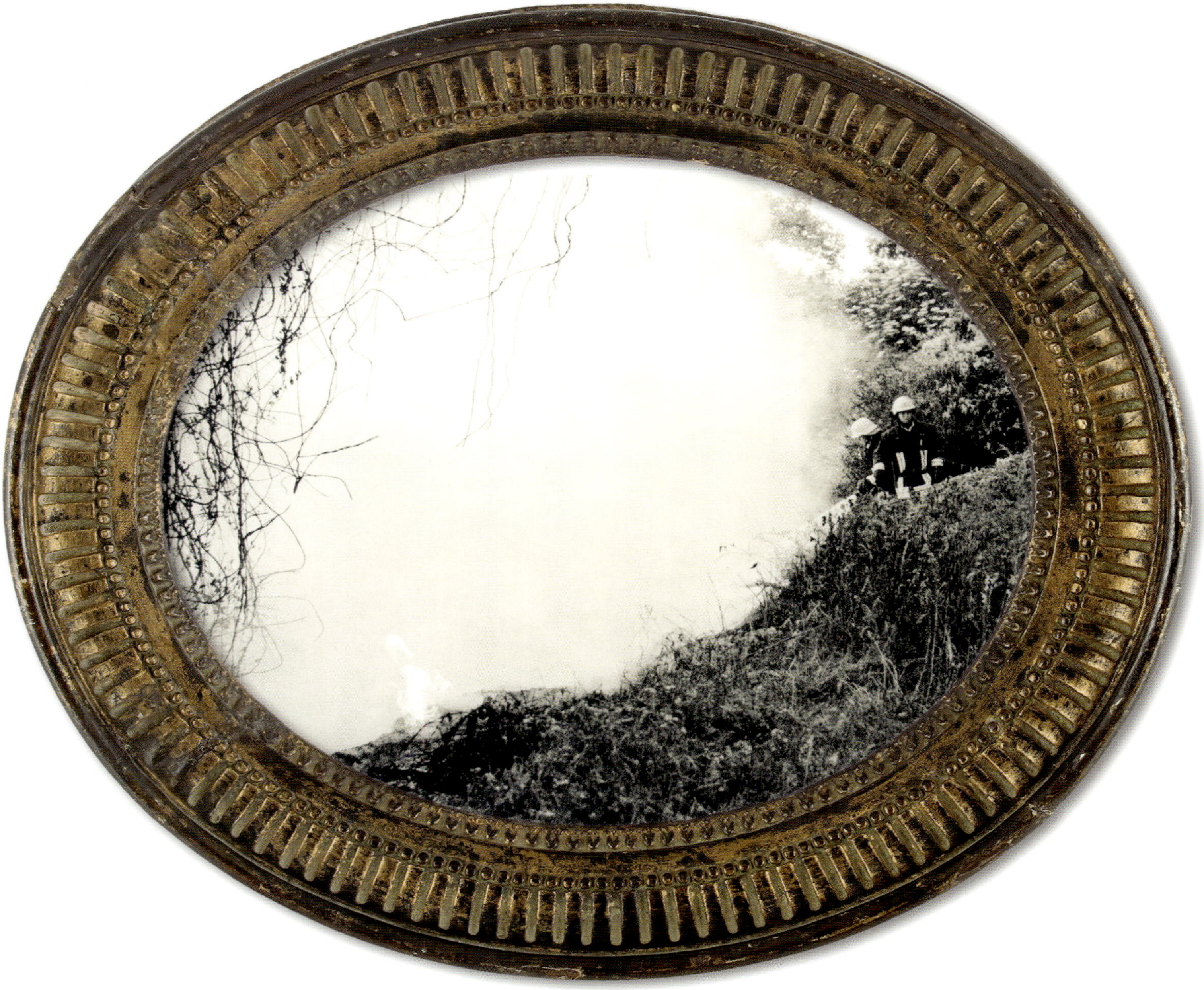

Die im Klassizismus in Mode gekommene ovale Bildform ist vor allem mit der Antikenrezeption, ausgelöst durch Ausgrabungen und Funde antiker Ruinen und die Verbreitung von archäologischen Schriften, zu begründen. Die beliebten ovalen Rahmen wurden in Wohn- und Schlafräumlichkeiten des Bürgertums angebracht. Diese stachen durch ihre antikisierende und ornamentale Schlichtheit hervor, obgleich häufig eine gänzliche Vergoldung der Rahmenoberfläche vorlag. Eine betont bescheidene, dem antiken Vorbild nachempfundene Dekorgestaltung findet sich auch in dem ovalen Rahmen der Fotografie von Miriam Schwedt wieder: Einer sehr schmalen, leicht nach außen ansteigenden Kehle folgt eine mit herzähnlichen Blättern versehene Zierleiste, das lesbische Kymation. Es folgt eine schmale, glatte Platte, die von einer schmalen Perlschnur umrandet wird. Der in der breiten, nach außen ansteigenden Hohlkehle gesetzte Zungenschnitt, der durch die breite Querriffelung zu erkennen ist, schließt nahtlos an die Perlschnur an und ist ein Charakteristikum des klassizistischen Profilrahmens. Das Außenprofil setzt sich aus einer schmalen, nach außen ansteigenden Kehle zusammen, die anschließend von einem schmalen Halbrundstab in einen kräftigen und teilweise versehrten Rundstab übergeht. Besonders auffällig ist die stellenweise abgetragene Goldfassung des Rahmens, die einen dunklen Untergrund zum Vorschein bringt. Die Verwendung des schwarzen Bolus als Grundierung wurde häufig im Klassizismus verwendet, um eine optimale Glanzvergoldung zu gewährleisten.

Die Farbfassung des Rahmens in ihrem heutigen Zustand geht wechselseitig vom Rahmen in die Fotografie und umgekehrt über. Der ovale Rahmen wird in der Ausstellung bewusst entgegen seiner eigentlichen Anbringungsform in horizontaler Lage präsentiert. Er fasst die auf den ersten Blick verschleierte Szenerie umfangreich, aber elegant ein. Eine große, nebulöse Wolke droht die Kulisse von der linken Seite aus allmählich und still zu überziehen. Auch feine Äste sind im linken oberen Teil des Bildes zu erkennen, die trügerisch aus dem Innenprofil des Rahmens zu sprießen scheinen. Sie wirken fragil und lose, wie Zeichnungen im Raum. Und plötzlich sind zwei Menschen auf einem Hang zu erkennen, die sich aufgrund ihrer Kleidung als Feuerwehrmänner identifizieren lassen. Es handelt sich um einen Böschungsbrand in Rheinnähe. Die Erzählung beginnt mit dem Qualm, der das Eindämmen von Feuer suggeriert, wozu Menschen von Nöten sind. So werden die Feuerwehrmänner von dem Hang im Vordergrund, von Gebüsch im Hintergrund und der Rauchwolke im linken Mittelteil eingerahmt. Trotzdem können sie in jedem Moment von der Rauchfläche verhüllt werden. Der Mensch hinterlässt Spuren in der Natur, er spielt eine erhebliche Rolle, gehört darin aber nur zum Großen und Ganzen. Die alltägliche Einbettung des Menschen in die Natur macht Schwedt in ihrer spontan fotografierten Aufnahme zum Bildthema. Bei der Umfassung der Feuerwehrmänner durch ihre Umwelt entsteht auch eine Verschmelzung mit den Dekorelementen des Rahmens. Die Perlschnur schimmert frei in den Baumkronen auf, auch die Struktur der herzähnlichen Blätter ist vereinzelt im Hang zu erkennen. Das Zusammenspiel aus vergoldeter und abgetragener Rahmenoberfläche unterstreicht das „Flimmern" in der Fotografie, welches durch die unterschiedlichen Oberflächenstrukturen erzeugt wird. Auch die dezent schimmernde Farbigkeit des Rahmens entspricht der Schwarzweißfotografie, die in zarten Gelbnuancen erscheint. Die klare, lineare Form des klassizistischen Rahmens wird von den Versehrungen am kräftigen Außenprofil gelockert und macht den Betrachter auf die Bedeutung des Rahmens als Abgrenzung zur Realität aufmerksam. An den beschädigten Stellen scheint sich die Grenze indes langsam aufzulösen.

Elisabeth Felix

Miriam Schwedt | ohne Titel | 2012 | Lith-Print

Ovaler Hohlkehlenrahmen | Anfang 19. Jh. | Frankreich/Deutschland (?)
Außenmaß 44,5 x 51,5 cm | Lichtmaß 31,2 x 38,5 cm | Profilbreite 6,7 cm

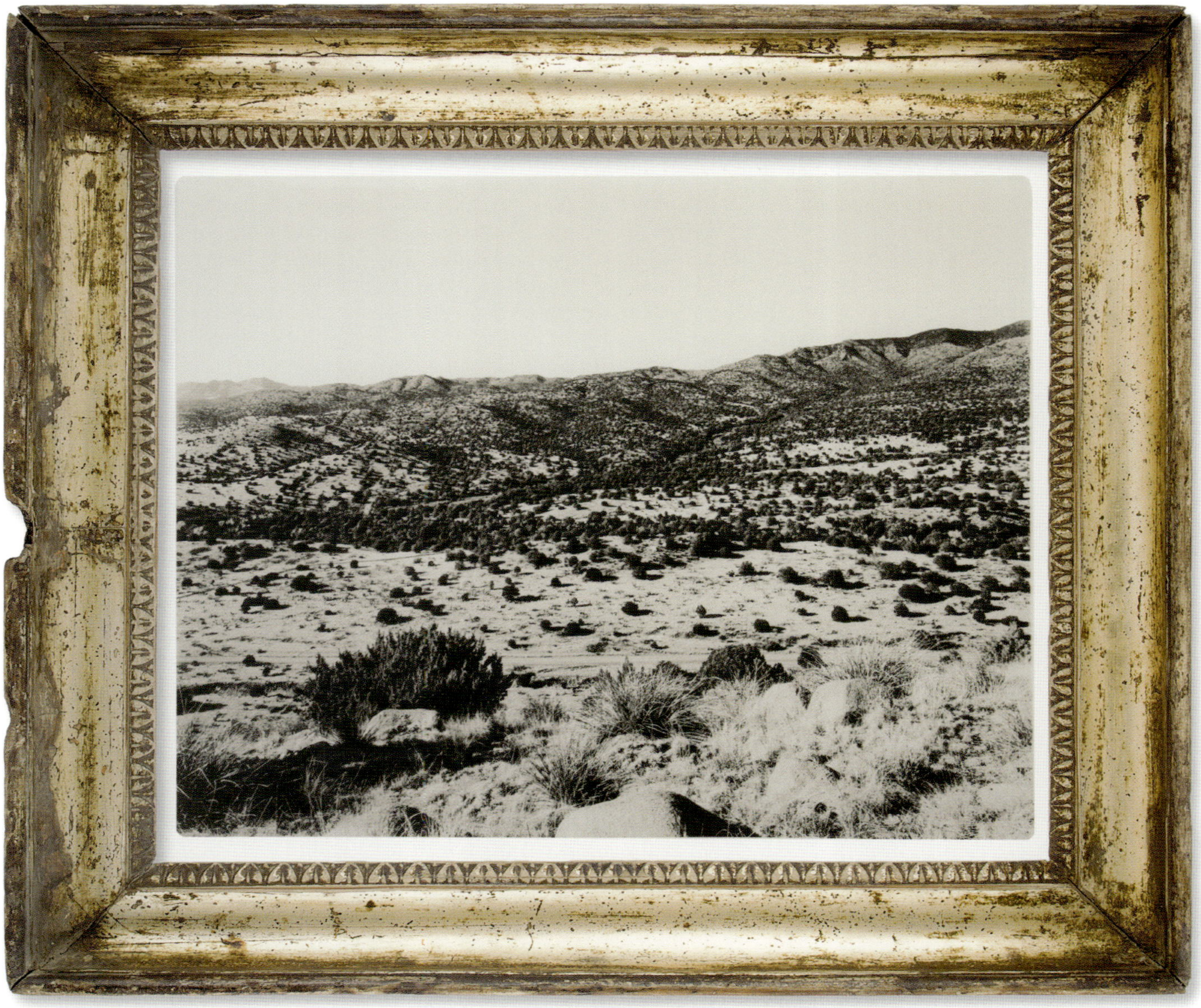

Die ambivalente Stellung des Bilderrahmens als die Fotografie sowohl erweiterndes als auch begrenzendes Element wird besonders schön an der Kombination eines spätklassizistischen Profilrahmens mit einer Landschaftsfotografie Miriam Schwedts deutlich.

Beim Rahmen handelt es sich um ein schlichtes Exemplar aus Holz vom Beginn des 19. Jahrhunderts. Ihn dominiert das breite, glatte Hohlkehlenprofil, das nach außen hin durch einen Dreiviertelstab begrenzt wird. Als innerstes Zierelement weist der Rahmen eine Umrandung in Form eines schmalen, ansteigenden Karnies mit lesbischem Kyma auf.

Er umfängt hier eine Landschaftsfotografie, die einen klassischen Bildaufbau und -ausschnitt aufweist. Ein klar abgetrennter Vordergrund lädt den Betrachter ein, sich in die Position der Fotografin zu begeben. Von einer Anhöhe aus blickt er weit über eine Hochebene nahe des *White Sands National Park* in New Mexico. Der Mittelgrund wird so zum zentralen Bildraum in dem sich die karge Vegetation ausbreitet. Sie erscheint in der Fotografie als unregelmäßige All-Over-Struktur, die an manchen Stellen zusammenwächst - um schließlich mit der die Landschaft gegen den Horizont abgrenzenden Gebirgskette zu verschmelzen.

Durch die Verwendung von analogen Großformatkameras und das Experimentieren mit alten Entwicklern erzeugt Schwedt bewusst eine gewisse Retro-Ästhetik. Erkennt man in Schwedts kleinformatigen Fotografien meist ungewöhnliche Bildausschnitte, folgt sie in diesem Beispiel einem sehr klassischen Kompositionsprinzip, das an Landschaftsfotografien wie beispielsweise von Ansel Adams erinnert.

Über die Bildgrenzen hinweg wird diese Ästhetik auch im Bilderrahmen weitergeführt. Die Vergoldung des Rahmens hat im Laufe der Zeit stark gelitten. Alles deutet darauf hin, dass der Rahmen einst Feuereinwirkung ausgesetzt war. Durch Oxidation des Waschgoldes ist die helle, heute fast silbern erscheinende Färbung an vielen Stellen von schwarzen Flecken durchdrungen. Das daraus entstehende Wechselspiel von hellen und dunklen Partien verschiedenster Größe gleicht den kontrastreichen Strukturen im Bild. Der Rahmen muss ursprünglich als hochrechteckiges Format über brennenden Kerzen gehangen haben. Davon berichten besonders tiefschwarz eingefärbte Stellen an der linken Seite, an denen sich die Flammen bereits durch das Holz gebrannt haben. Diese Spuren am Bilderrahmen, die seine Geschichte andeuten, korrespondieren auch auf einer inhaltlichen Ebene mit der Fotografie, denn Hitze und Trockenheit sind in der von der Kamera eingefangenen Wüstenlandschaft allgegenwärtig.

Rahmen und Bild verschränken sich so zu einer Einheit. Ihre Beziehung könnte aber auch in konträrer Weise ausgedrückt werden. So dient der Bilderrahmen der Fotografie gleichzeitig als ein begrenzendes und blickführendes Moment.

Wie der spanische Philosoph und Soziologe José Ortega y Gasset in seiner *Meditation über den Rahmen*[1] bemerkt, hat der Rahmen etwas von einem Fenster. Für ihn ist das Bild „eine imaginäre Insel, die rings von Wirklichkeit umbrandet"[2] ist. Um die Illusion, die es vermittelt, aufrecht zu erhalten, ist es notwendig, dass ein materieller Gegenstand wie der Bilderrahmen, das irreale Bild gegenüber der realen Wand isoliert. Erst so kann dem Betrachter das Gefühl eines Ausblicks in eine ferne Landschaft vermittelt werden.

Im Falle dieses spätklassizistischen Rahmens der Sammlung Conzen, ist es nicht zuletzt die formale Leistung der breiten, zum Bild hinein führenden Hohlkehle, dass der Blick des Betrachters unweigerlich in die weite Ebene New Mexicos gezogen wird.

Romina Dümler

[1] Ortega y Gasset, 1951.
[2] Ebd., 80.

Miriam Schwedt | ohne Titel | 2010 | Lith-Print

Profilrahmen | klassizistisch | Anfang 19. Jh.
Außenmaß 53 x 61 cm | Lichtmaß 39,7 x 48 cm | Profilbreite 6,8 cm

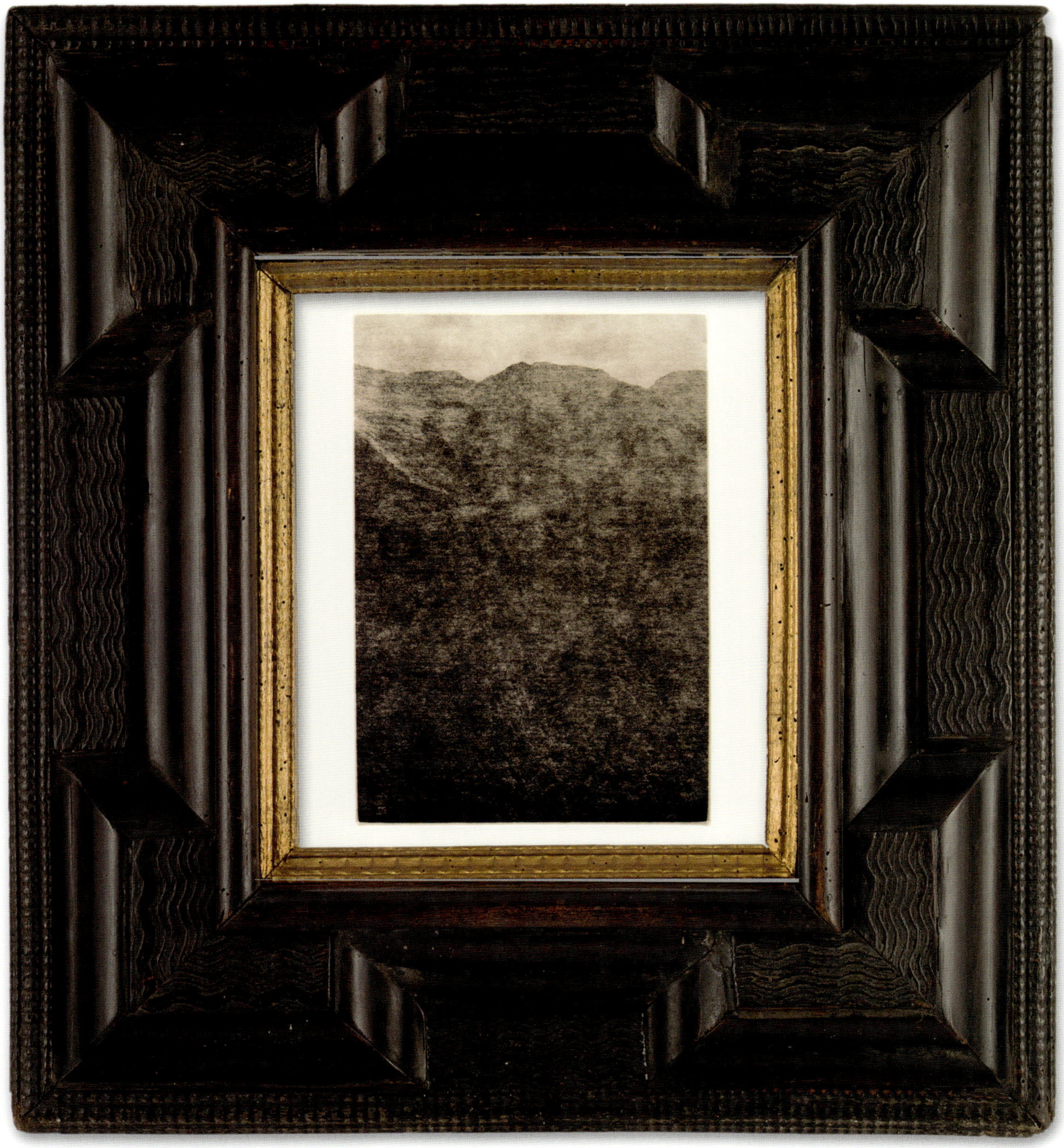

Wir erkennen hier eine Berglandschaft – aber warum eigentlich? So ist doch der überwiegende Teil der Fotografie mit einer unbestimmbaren Struktur aus Grauschattierungen durchzogen. Allein der helle Bildstreifen am oberen Rand, vor dem sich die unregelmäßige Silhouette der Berggipfel abzeichnet, bedeutet dem Betrachter, dass ein Gebirgsmassiv abgelichtet wurde. Das ist es also, was weiterhin vermuten lässt, dass der ungewöhnlich steile Bildausschnitt den Blick auf herabfallende Berghänge freigibt.

Miriam Schwedt präsentiert in der Ausstellung zwei Landschaftsfotografien, deren Abzüge vom selben Negativ stammen und dennoch eine vollkommen andere Wirkung erzielen. Natürlich liegt das auch zu einem wesentlichen Teil an der Kombination mit unterschiedlichen Rahmen – jeder Bilderrahmen erzeugt einzigartige Beziehungen mit seinem Bild. Trotzdem lässt sich mit dem Vergleich dieser beiden Abzüge Schwedts Arbeitsweise gut verdeutlichen. Statt neueste Technik zu verwenden, hat sich Miriam Schwedt traditionellen Fotografieverfahren zugewandt und benutzt ausschließlich analoge Kameras. Der Aufnahmeprozess einer Fotografie ist für Schwedt allerdings nur ein Teil ihrer künstlerischen Arbeit. Genauso bedeutend sind für sie die Auswahl des Ausschnitts und der anschließende Entwicklungsprozess. Die Endprodukte sind immer Unikate, denn durch das Experimentieren mit Lith-Entwicklerflüssigkeiten und unterschiedlichen Papiersorten erzielt Schwedt in jeder Arbeit einzigartige und nur geringfügig steuerbare Effekte. Wie in diesem Beispiel deutlich wird, setzt die Fotografin diese dann bewusst zur Abstrahierung ihrer Bildmotive ein.

Der Wellenleistenrahmen aus der 2. Hälfte des 17. Jahrhunderts stammt wahrscheinlich aus den Niederlanden. Er ist mit dem typischen schwarzen Ebenholz furniert, das aus den niederländischen Überseekolonien importiert werden konnte. Anders als bei vielen Exemplaren dieses Rahmentyps, die sich ganz auf die Materialität und Farbigkeit des überaus kostbaren Holzes beschränken, ist dieses Beispiel aus der Sammlung Conzen mit einer golden gefassten Innenleiste versehen. In ihrer direkten Nähe zur Fotografie, betont diese den Bildausschnitt und kann darüber hinaus auch noch auf die Farbigkeit der Fotografie Einfluss nehmen. So erscheinen durch den im Auge automatisch erzeugten Simultankontrast helle Partien im Bild durch das Gold wärmer.

In seiner Profilabfolge gestaltet sich der Rahmen äußerst abwechslungsreich. Dem eben thematisierten Innenprofil, einer Kombination aus drei Halbrundstäben, die durch Querrippen dekoriert sind, folgt ein glatter, schwarzer Halbrundstab. Sodann springt die Rahmenplatte, außer an seinen Ecken, zurück. Die breite Platte ist wesentlich durch diese Eckverkröpfungen gekennzeichnet, die ebenso wie ihre tierfliegenden Zwischenräume mit einem dichten Wellenmuster verziert sind. Der Rahmen schließt schließlich mit zwei quergerippten Halbrundstäben ab. Die alternierenden Dekore und Höhen, die im fast ausschließlich holzsichtig belassenen Rahmen angelegt sind, können das auf ihn treffende Licht brechen. Dieses bewusst forcierte Spiel mit Licht und Schatten passt wiederum gut zur diffusen Struktur von Schwedts Schwarzweißfotografie.

So passend manche Kombinationen von zeitgenössischer Fotografie und historischem Rahmen, wie in diesem Fall, auch erscheinen - es darf nicht vergessen werden, dass die meisten Stücke der Rahmensammlung Conzen ursprünglich für Gemälde angefertigt wurden. Das Medium Fotografie, welches erst in den 20er Jahren des 19. Jahrhunderts erfunden wurde, ist schlichtweg zu jung. Allerdings könnten mit einem Augenzwinkern die verkröpften Ecken dieses niederländischen Wellenleistenrahmens als ein Vorgriff auf eine modernere Methode der Fixierung eines Bildes gelesen werden – die in Alben gebräuchlichen Fotoecken.

Romina Dümler

Miriam Schwedt | ohne Titel | 2012 | Lith-Print

Wellenleistenrahmen | 2. Hälfte 17. Jh. | Niederlande
Außenmaß 48 x 44 cm | Lichtmaß 24 x 19,8 cm | Profilbreite 12 cm

In dieser Bild- und Rahmenkombination findet eine besondere Begegnung statt. Die Zusammenführung sticht bedeutend hervor, da sie sich gänzlich von den anderen unterscheidet.

Der speziell für diesen Rahmen geschaffenen Schwarzweißfotografie Schwedts wird ein barocker Rahmen aus Venedig entgegengesetzt. Dieser alte Rahmen, der keine Verbindung zur Gegenwart zu haben scheint, ist es, der die vorliegende Fotografie Schwedts hat entstehen lassen. Erst der Anblick des Rahmens ließ in der Künstlerin die Idee zur entstandenen Motivik aufkeimen. Der alte Rahmen als Repräsentant vergangener Epochen, welcher mit unserer heutigen Realität keinen Zusammenhang mehr zu haben scheint, ist es also gewesen, der die Gegenwart beeinflusst und Inspiration für neues geboten hat.

Trotz seines kleinen Ausmaßes erhält der Rahmen durch seine blau-grüne Farbigkeit eine Sonderrolle in der gesamten Präsentation der Werke Schwedts und deutet zugleich eine wesentliche Veränderung an: Die menschliche Figur zieht nunmehr das vollkommene Interesse der Fotografin auf sich. Keine Spur mehr von stillen Landschaften. Aus einer Nebenrolle in der freien Natur wird dem Menschen eine Hauptrolle im Urbanen zuteil. Hierbei kehrt auch das in vergangenen Arbeiten thematisierte grafische Moment im Bildhintergrund zurück.

Der zarte, aus einem Stück Holz geschnitzte Rahmen erinnert an ein kleines Rundbogenfenster. Das vergoldete Innenprofil beginnt mit einem schmalen Halbrundstab und einer darauffolgenden schmalen Kehle, aus der ein recht dominanter Halbrundstab hervorgeht. Dieser nimmt rund die Hälfte des schmalen Profils ein und unterstreicht die anschließende, leicht unterkehlte türkisfarbene Platte, welche mit einer vergoldeten Außenkante das Außenprofil des Rahmens bildet. Dem rundbogigen Abschluss folgt eine ebenfalls leicht unterkehlte, türkisfarbene, asymmetrisch gearbeitete Bekrönung mit zum Teil durchbrochenem Akanthusblatt- und Volutenwerk, auf deren Spitze sich eine vergoldete Akanthusblüte entfaltet. Der untere rechteckige Abschluss erhält ebenfalls eine asymmetrische, florale Ornamentik, wobei hier die Außenkante des Rahmens minder geschwungen ist und weniger in den Raum hineinragt.

Der Rahmen ist ein durch handwerkliches Geschick hergestelltes Objekt, welches keinerlei maschineller Bearbeitung bedurfte und somit Ausformungen aufweist, welche lediglich auf die Herstellung durch Menschenhand zurückzuführen sind. Ungleichheiten der Seiten, verzogene Anschlüsse und natürliche Ungleichmäßigkeiten im Holz sind individuelle Besonderheiten dieses spezifischen Rahmens, welche ihn zu einem Unikat erheben.

Auch die Fotografie Schwedts ist eine Spezialanfertigung und genau auf den Rahmen abgestimmt. Die Idee hinter dem Motiv ist es, die spezifischen Achsen des Rahmens aufzunehmen und zu thematisieren. Die Stange, an welcher sich die abgebildete, männliche Person entlanghangelt, markiert daher den Übergang von den parallel verlaufenden Rahmenschenkel in einen Rundbogen. Zudem unterstreicht die verschobene, fast vertikale Körperhaltung der Figur durch die Positionierung von rechtem Arm und linkem Fuß genau auf der Mittelsenkrechten die leicht asymmetrische Ausarbeitung des Rahmendekors. Korrespondenzen zwischen der Tektonik des Motivs und den architektonischen Eigenarten des Rahmens sind somit kein Zufall, sondern das Resultat genauster Beobachtung und bewusster Entscheidungen der Künstlerin. Schwedt lag die genaue Ausrichtung und passgenaue Anbringung so stark am Herzen, dass sie in der offenen Rahmenmanufaktur Conzen Schablonen anfertigte und damit schließlich den Abzug dieses Motivs exakt auf den Rahmen und dessen Besonderheiten abstimmte.

Die spielerische Leichtigkeit des türkisfarbenen Rahmens mit seiner Bekrönung und die akrobatische Performance der Person in schwarzweiß wirken im Zusammenspiel fast wie eine Erinnerung an eine Zirkusszene längst vergangener Jahre. Die moderne Kleidung entlarvt das Bild schließlich und entlässt den Betrachter humorvoll in die Realität.

Elisabeth Felix und Kelly Kazimierczak

Miriam Schwedt | ohne Titel | 2013 | Lith-Print

Venezianischer Rahmen, halbrund | um 1700 | Italien (Venedig)
Außenmaß 38 x 20 cm | Lichtmaß 21,2 x 11 cm | Profilbreite 2,5 cm

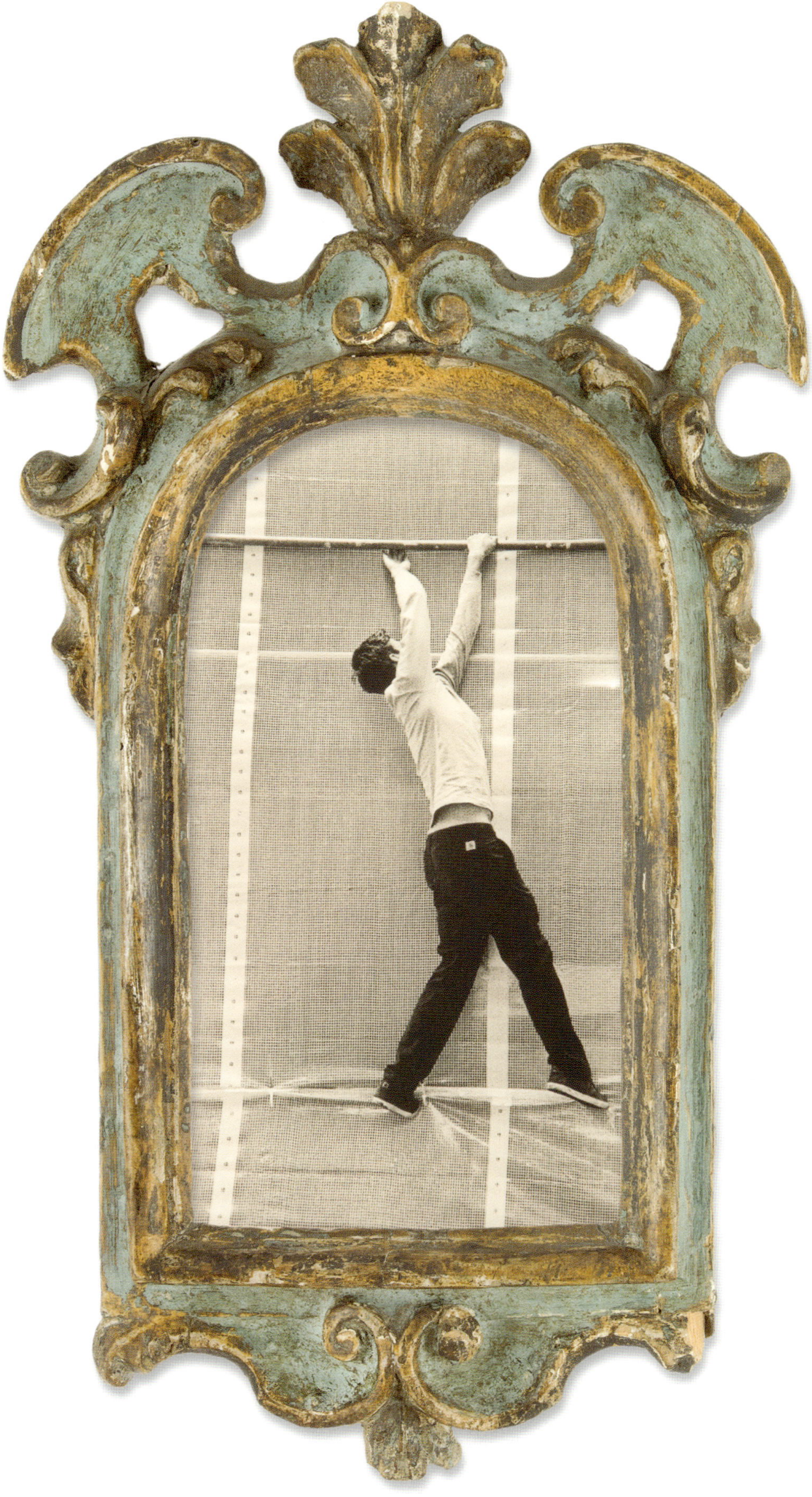

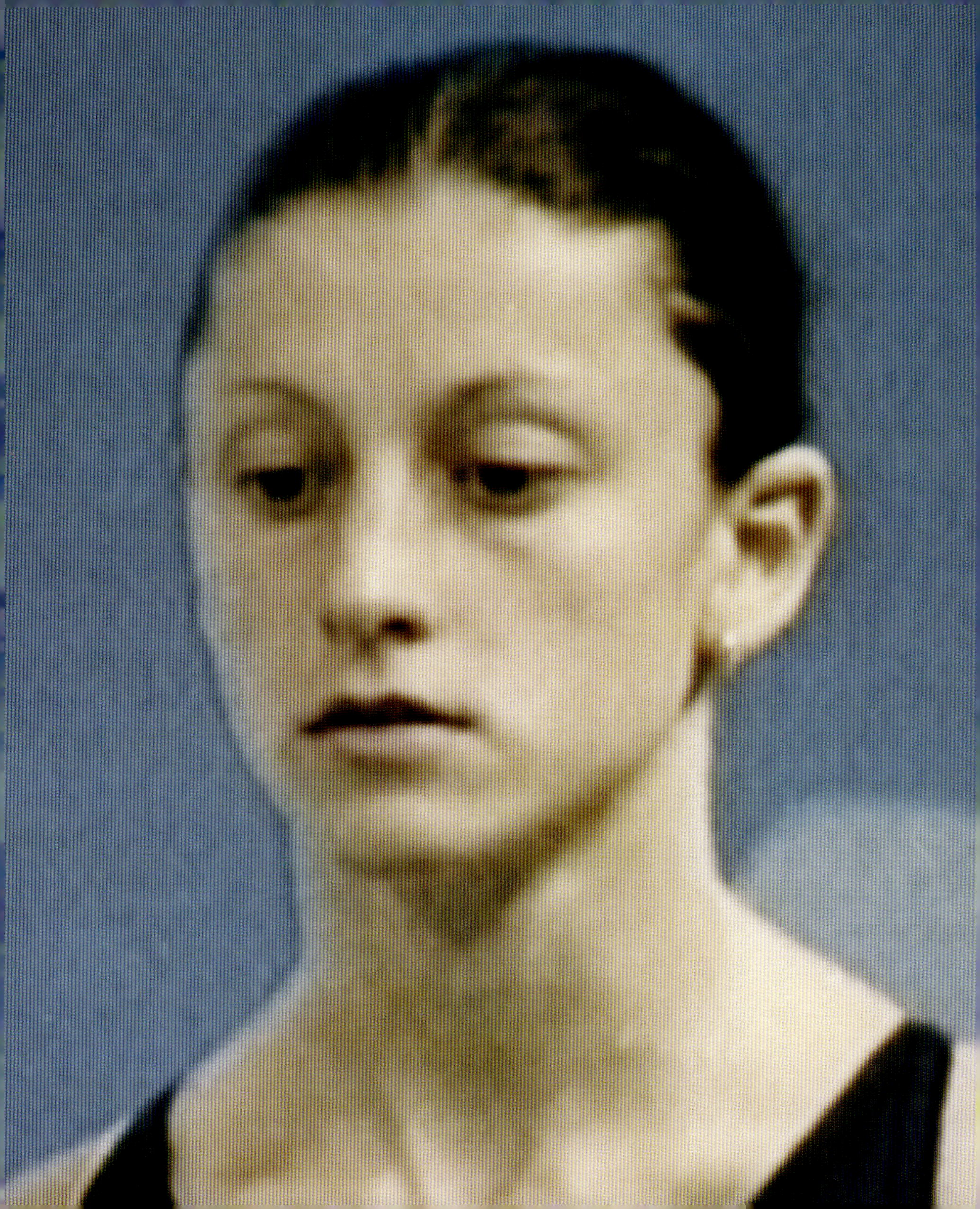

Katja Stuke

1968	geboren in Telgte / Westfalen, aufgewachsen in Warendorf
1988-93	Studium der Visuellen Kommunikation an der Fachhochschule Düsseldorf, Schwerpunkt Typografie, Fotografie/Film, Diplom
1994-98	Art Direktorin bei Michael Schirren Werbe- und Projektagentur
seit 1999	gemeinsam mit Oliver Sieber Publikation eigenen Bücher und Magazine
2005	Stipendium des Goethe-Institus, Künstlerresidenz in Toronto
2006	Art-Ex Stipendium Osaka, Stipendium der Ernst-Poensgen-Stiftung
2010	Projekt-Förderung durch die Kunststiftung NRW (BöhmKobayashi Encyclopädie)
seit 2010	Kuratorin und Herausgeberin (mit Oliver Sieber) Ausstellungsreihe und Magazin „Antifoto"
seit 2006	im Vorstand des Künstlerverein Malkasten, Düsseldorf
2011	„Our House" Photomuseum Braunschweig
	lebt und arbeitet in Düsseldorf

Neben ihrer Tätigkeit als Fotokünstlerin arbeitet Katja Stuke als freie Kuratorin und lehrt Fotografie u. a. an der TU-Dortmund oder dem IED/European Master of Photography in Madrid.

Mit ihrem vielseitigen fotografischen Oeuvre schafft sie nicht nur ästhetisch komplexe Werke, sondern tangiert mit ihnen auch Themen der Politik und der Gesellschaft. In dieser Ausstellung ist sie mit zwei ihrer, wie sie selbst sagt, wichtigsten Serien vertreten: *Supernatural* und *Tiananmen Square*. Für die Fotografien der *Supernatural*-Serie bedient Katja Stuke sich Aufnahmen der Olympischen Spiele. Ihre Arbeitsweise ist hierbei sehr aufwendig und vielschichtig. 2000 stand sie noch während der Live-Übertragung vor dem Fernseher und wartete gespannt darauf, dass Kameramann und Regie auf die Sportler/-innen halten. Dies machte sie, wie sie selbst sagt, beeinflusst von Regisseuren oder Kameraleuten, von dessen Bildern sie abhängig ist.[1] Seit 2004 nimmt sie die Spiele jedoch mit einem Rekorder auf und wählt dann am Computer einzelne Film-Stills aus. Diese Bilder überträgt sie wieder auf ihren Fernseher, um sie von dort mit einer Mittelformatkamera abzufotografieren. Hierbei entsteht das für ihre Fotografien typische Raster des Fernsehbildschirms. Nach der Entwicklung der Negative scannt sie diese ein und bearbeitet sie digital so, dass sie ihren Ansprüchen genügen. Stuke verändert hierbei vor allem das Format. Das Querformat des Fernsehers wird zu einem Hochformat eines Porträts beschnitten, wobei auch alle visuellen Merkmale eines Fernsehbildes wie Senderlogo o. ä. ausgeblendet werden.[2] Einzig das Raster weist noch auf den Ursprung des Bildes. In den Fotografien dieser Serie thematisiert sie besonders die physische Entwicklung der Frauen und Mädchen im Sport, kritisch, aber nach eigener Aussage nicht wertend.[3] Assoziationen von Doping oder einem modellierten Frauenbild lässt Katja Stuke zu.

Die Serie *Tiananmen Square* entstand auf einer Reise der Künstlerin im Jahr 2011 nach Peking. Am 1. Oktober wird in China der Nationalfeiertag zelebriert und zu dessen Ehren versammeln sich riesige Menschenmassen auf dem *Platz des himmlischen Friedens*. Gerade die Masse interessierte Katja Stuke sehr, weshalb sie sich dafür entschied, in dieser Serie die große Zahl von 100 Fotografien aufzunehmen. Diesmal filmte die Künstlerin mit der eigenen Digitalkamera: sie stellte einen hohen Zoom ein, öffnete die Blende und lief filmend über den Platz durch die Menschenmenge. In dieser Situation hatte sie keine Kontrolle über das, was aufgenommen wurde. Im Blick der Kamera war zunächst die Masse an Menschen, doch durch den starken Zoom gerieten immer wieder einzelne Personen in den Fokus. Bei ihrer späteren Auswahl der einzelnen Bilder am Computer, die sie dann auch wieder vom Fernsehbild abfotografierte, entschied sie sich für eben jene Menschen, die ihr selber auch aufgefallen waren. Durch den starken Zoom der Kamera fühlten sich die aufgenommenen Personen gänzlich unbeobachtet. Häufig blicken sie verträumt oder nachdenklich. Und noch ein anderes Phänomen interessierte Katja Stuke: Während in der westlichen Welt der *Tiananmen Platz* immer noch stark verbunden ist mit dem Massaker im Juni 1989, bei dem Soldaten die Demonstranten gewaltsam niederschlugen, scheint dies aus dem Bewusstsein der Chinesen verschwunden zu sein.[4] Auf dem Platz, auf dem Schreckliches geschehen war, wird ausgelassen gefeiert. Doch im Film-Still wird die Ausgelassenheit still gestellt; die Erinnerung scheint sich wieder zu melden.

Lutz Heinrich Bastian und Rebecca Nocken

---

[1] Gespräch mit der Künstlerin.
[2] vom Hof, 2011.
[3] Gespräch mit der Künstlerin.
[4] Cremerius, 1991, 7ff.

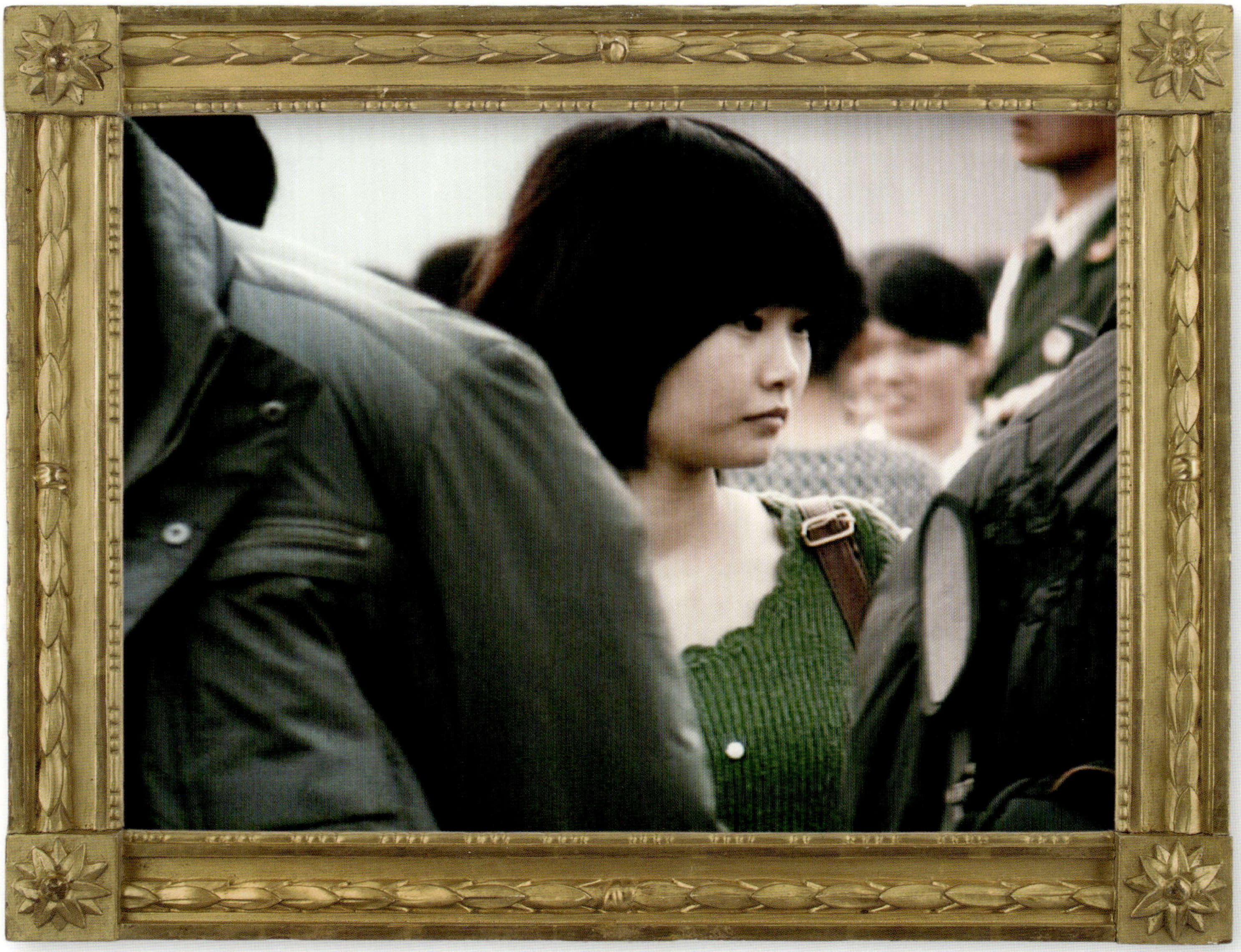

Am Nationalfeiertag der Chinesen ist der *Platz des himmlischen Friedens* mit Polizisten und Ordnungshütern überfüllt. Auch auf der hier gezeigten Fotografie von Katja Stuke kann man einen Uniformierten, dessen Abzeichen auf Brust und Schultern hell leuchten, im rechten Hintergrund erkennen. Doch der Fokus liegt auf der jungen Frau im Mittelpunkt des Bildes, die als Brustbild *en face* aufgenommen wurde und den Kopf zu ihrer linken Schulter dreht. Ihre Haare sind zu einem zu dieser Zeit in China hochmodernen „*Mireille-Mathieu-Haarschnitt*"[1] geschnitten, ihr grünes Oberteil mit tiefem wellenförmigen Rundhalsausschnitt und hellen Knöpfen in der Mitte schmeichelt der hellen Haut der Chinesin. Im linken Vordergrund schiebt sich die grüne Daunenjacke eines anderen Festteilnehmers vor die Protagonistin des Bildes und verdeckt deren rechte Körperhälfte; auf der anderen Seite der Fotografie wird die junge Frau gerahmt von einem ebenfalls grünfarbenem Rucksack. Trotz der Nähe zur jungen Frau herrscht keinerlei Interaktion zwischen ihr und dem Betrachter, der durch die Kamera stark herangezoomt wird. Die Aufnahme könnte genauso gut einer Überwachungskamera entsprungen sein, die in China überall zu finden sind. Gerade bei einer Massenveranstaltung wie der Feier zum Nationalfeiertag ist die Polizeipräsenz auf dem *Platz des himmlischen Friedens* enorm hoch, wie es auf der Fotografie auch durch den Polizisten im Hintergrund zu erkennen ist. Doch warum steht diese Frau unter Beobachtung? Katja Stuke lässt den Betrachter zum Voyeur werden, der allerdings keine Hinweise darauf erhält, wen er beobachtet, sondern vielmehr angeregt wird, eine eigene Geschichte um das Dargestellte zu spinnen. Vielleicht war die Frau im Film auf ein festes Ziel fixiert, während sie nun auf dem Foto zögernd um sich herumblickt. Das Filmstill reißt die Frau aus ihrem Zusammenhang heraus und stellt Verbindungen her, die eigentlich im Film nicht existiert haben, sodass nun eine ganz andere Geschichte erzählt wird. Durch den Wechsel des Mediums von Film zu Fotografie gelingt Katja Stuke somit gleichzeitig eine Veränderung der Erzählung.

Die Fotografie befindet sich in einem vergoldeten historistischen Rahmen, der wohl nach 1860 hergestellt wurde und mit klassizistischem Dekor versehen ist. Das Innenprofil wird durch einen Astragal gebildet, bei dem immer drei Kugeln einen länglichen Stab einschließen. Daran schließt sich ein schmaler Steg an, der zur Platte hin abfällt. Die Platte wird im hinteren Drittel von einem breiten Halbrundstab aus geschuppten Blättern unterbrochen, wobei die Blätter in den jeweils sich gegenüberliegenden Schenkeln einmal von der sich in jeder Schenkelmitte befindlichen Kugel mit der Blattspitze zur Mitte hin verlaufen und auf dem jeweils anderen Schenkel dann in die Ecken weisen. Hinter dem Halbrundstab ist die Platte wiederzuerkennen, die an einen weiteren Stab grenzt, der den Rahmen dann nach außen hin abschließt. In jeder der vier Ecken ist ein quadratischer Absatz zu sehen, auf dem eine Rosette mit zwölf Blattspitzen angebracht ist, in deren Mitte sich wieder eine Kugel erhebt. Sämtliche Blätter, sowohl des Halbrundstabes als auch der Rosetten, sind in der Mitte profiliert.[2] Die klassizistischen Elemente verleihen dem Rahmen etwas Statisches und Festes, wobei durch die Vergoldung gleichzeitig auch eine gewisse Wertigkeit erzeugt wird. Generell kann man in dem Rahmen Ähnlichkeiten mit der typischen offiziellen Kunst der Volksrepublik China erkennen. Die Blätter der Rosetten erinnern durch ihre Profilierung an die Sterne, die im Wappen der Volksrepublik zu sehen sind, und die Halbrundstege evozieren den Gedanken an die Ähren, die das Wappen umschließen. Die Verbindung von Fotografie und Rahmen erklärt sich hier von selbst. Während das Wappen das Tor zum himmlischen Frieden einschließt, schließt der Rahmen hier den Platz vor eben jenem Tor ein. In dessen Mitte ist nun nicht der Eingang zur Verbotenen Stadt zu sehen, sondern eine junge Chinesin, die wie der Prototyp einer modernen Gesellschaft gesehen werden kann, beobachtet von den chinesischen Überwachungskameras, genauso wie von uns, den Betrachtern.

Rebecca Nocken

---

[1] Gespräch mit der Künstlerin Katja Stuke am 23.06.2013
[2] Schmitz, 2009, 188f.

Katja Stuke | Tiananmen Square, Peking 2011 | 2013 | Fotografie

Historistischer Rahmen | um 1860
Außenmaß 54 x 68,5 cm | Lichtmaß 42 x 55,5 cm | Profilbreite 6 cm

Der *Platz des himmlischen Friedens* in Peking ist zum Nationalfeiertag am 1. Oktober voller Menschenmassen. In dieser Masse hat Katja Stuke ihre Kamera auf die Menschen gehalten und später auf diesem Film eine junge Frau entdeckt und ihr mit der Entwicklung des Fotos ein Denkmal gesetzt. Der Kopf der jungen Chinesin ist auf dem Foto an den linken Rand gedrückt, dieser beschneidet sie jedoch stark an ihren oberen Augenlidern und an der Wange, sodass nur noch ein kleiner Ausschnitt des Gesichtes und der oberen linken Schulterpartie zu sehen ist. Der Blick der jungen Frau geht rechts aus dem Bild heraus, jedoch ist vom Betrachter her nicht auszumachen, worauf sie blickt. Das Kinn hat die Chinesin leicht angehoben und ihr Gesicht lässt keinerlei Regung erkennen. Tief versunken scheint sie in die Ferne zu blicken. Wangen, Kinn und Hals sind von einer starken Akne gezeichnet, die die Haut rötlich uneben erscheinen lässt. Deutlich hebt sich der Kopf von ihrer weißen Bluse ab, der enge, um den Hals gelegte, mit Volants verzierte Kragen und die gebauschte Schulterpartie treten leuchtend aus dem Bild hervor. Auch hier erkennt man die für die Künstlerin arbeitstypische Verpixelung des Fotos, entstanden durch das Abfotografieren vom Fernseherbild. Der starke Zoom der Kamera lässt die junge Chinesin in ihrer Versunkenheit ungestört. Katja Stuke isoliert hier aus einem Fernsehfilm eine Fotografie, ebenso wie sie aus der Menschenmasse auf dem *Tiananmen Platz* diese Frau isoliert hat. Dabei wird eine merkwürdige Spannung von Nähe zur abgebildeten Person und gleichzeitiger Distanz erzeugt. Ganz nah ist der Betrachter durch die Fotografie an die Chinesin herangetreten, doch sie blickt nicht zurück, sondern in die weite Ferne. Aber es entsteht noch eine weitere Spannung. In ihrer leuchtend weißen Bluse, dem zurückgenommenen Haar und durch ihre stolze Haltung wirkt die Chinesin ausgesprochen schön und ausdrucksstark. Ganz im Gegensatz dazu steht die unreine, gerötete Haut der Frau. Diese Ambivalenz war es auch, die Katja Stuke dazu angeregt hat, eben jenen Ausschnitt zu wählen.[1] Trotz der offensichtlichen Schönheitsmakel im Gesicht geht von der Frau ein Leuchten aus, das die Aufmerksamkeit des Betrachters auf sich zieht und fesselt.

Die Fotografie befindet sich in einem großen italienischen Plattenrahmen des 16./17. Jahrhunderts, dessen schwarze Fassung auf der Platte von *oro e negre*-Rankenornamenten und Inschriften in Rahmenecken und Schenkelmitten unterbrochen wird und deren Innen- und Außenprofil honigvergoldet sind. Das Innenprofil wird durch einen goldfarbenen Stab gebildet, der über eine Kehle und einen weiteren Stab, gefolgt von einem Absatz zu der breiten, schwarz grundierten Platte überleitet. Über einem weiteren Absatz wölbt sich eine breite Kehle zu einem Absatz hinauf, der dann den Rahmen abschließt.[2] Die Inschrift, die auf der Platte zu lesen ist, wird von goldenen Ornamentmustern unterbrochen. Zu lesen ist: *Dilexit andream dominus in odorem suavitatis. (Der Herr schätzte den Apostel Andreas, in angenehmer Vorausahnung auf das, was kommen wird.)* Hier wird angespielt auf das Martyrium des Apostels Andreas, der dem Weg seines Herrn nachgefolgt ist und sich ans Kreuz hat schlagen lassen. Dieses Martyrium, das Andreas erleiden musste, wurde mit seiner Aufnahme in den Himmel belohnt. Die edle, goldene Schrift deutet dieses Ende an: trotz des schrecklichen und schmerzhaften Todes wartet auf Andreas die Erlösung. Die Inschrift verleiht der gerahmten Fotografie eine neue Bedeutung. Der *Platz des himmlischen Friedens*, auf dem die Fotografie entstand, ist bekannt für „die gewaltsame, blutige Niederschlagung der Protestbewegung in China durch Einheiten der Volksbefreiungsarmee am 3. und 4. Juni 1989"[3], bei dem viele Demonstranten ihr Leben verloren. Der Schauplatz eines schrecklichen Massakers wird nun jedes Jahr zur Bühne für die Feierlichkeiten des Nationalfeiertags. Und mitten auf diesem Platz entdeckt Katja Stuke eine in sich ruhende, stolze und trotz Makeln, wunderschöne junge Chinesin und erhebt sie zum Symbol der Gegensätzlichkeit einer gesamten Gesellschaft, die immer Hoffnung findet.

Rebecca Nocken

[1] Gespräch mit der Künstlerin Katja Stuke am 23.06.2013.
[2] Schmitz, 2003, 64f.
[3] Cremerius, 1991, 7.

Katja Stuke | Tiananmen Square, Peking 2011 | 2013 | Fotografie

Plattenrahmen | 16./17. Jh. | Italien,
Außenmaß 99,2 x 120,5 cm | Lichtmaß 82,5 x 103,5 cm | Profilbreite 8,5 cm

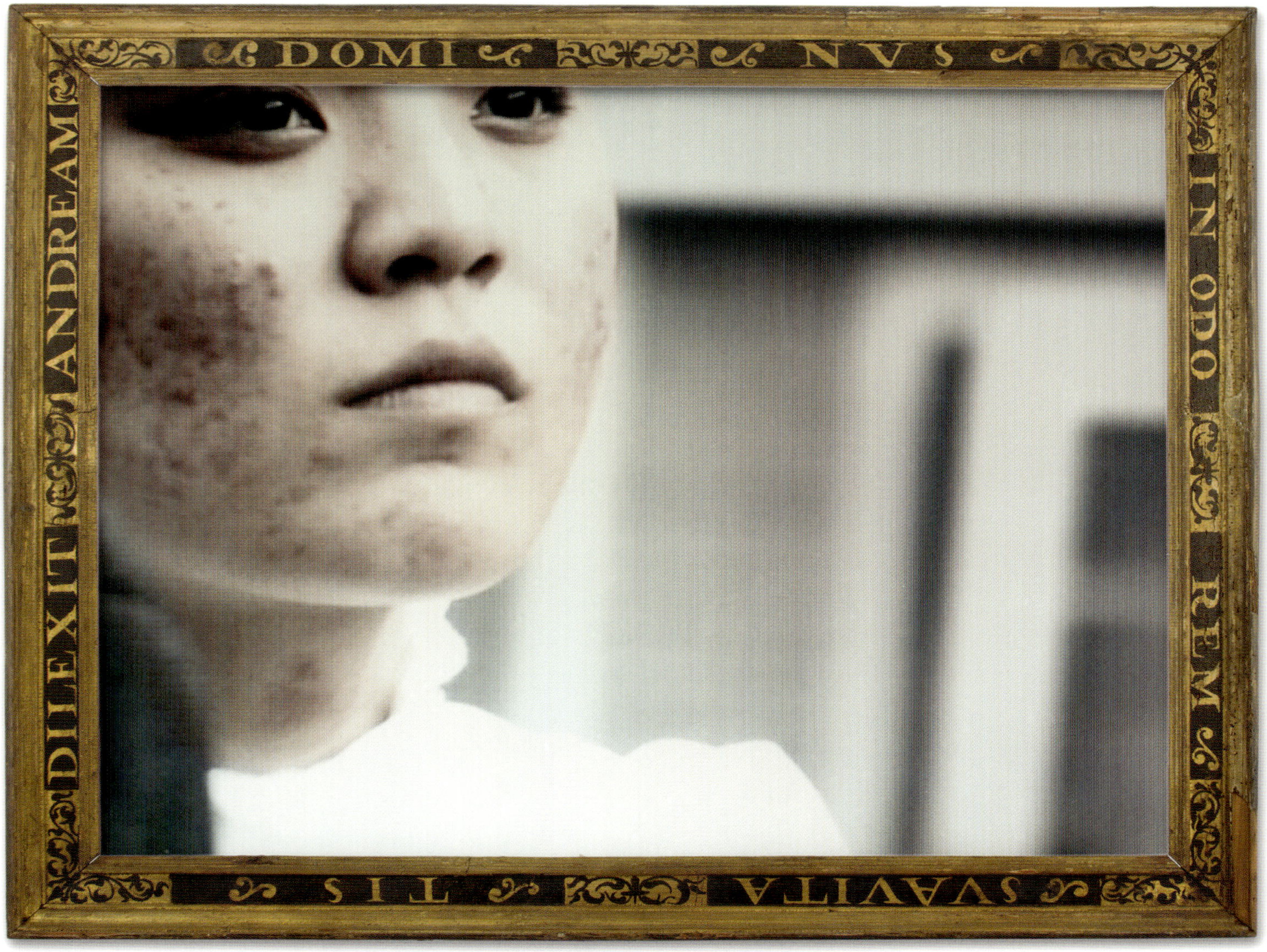
DOMI NVS
IN ODO REM
SVAVITA TIS
DILEXIT ANDREAM

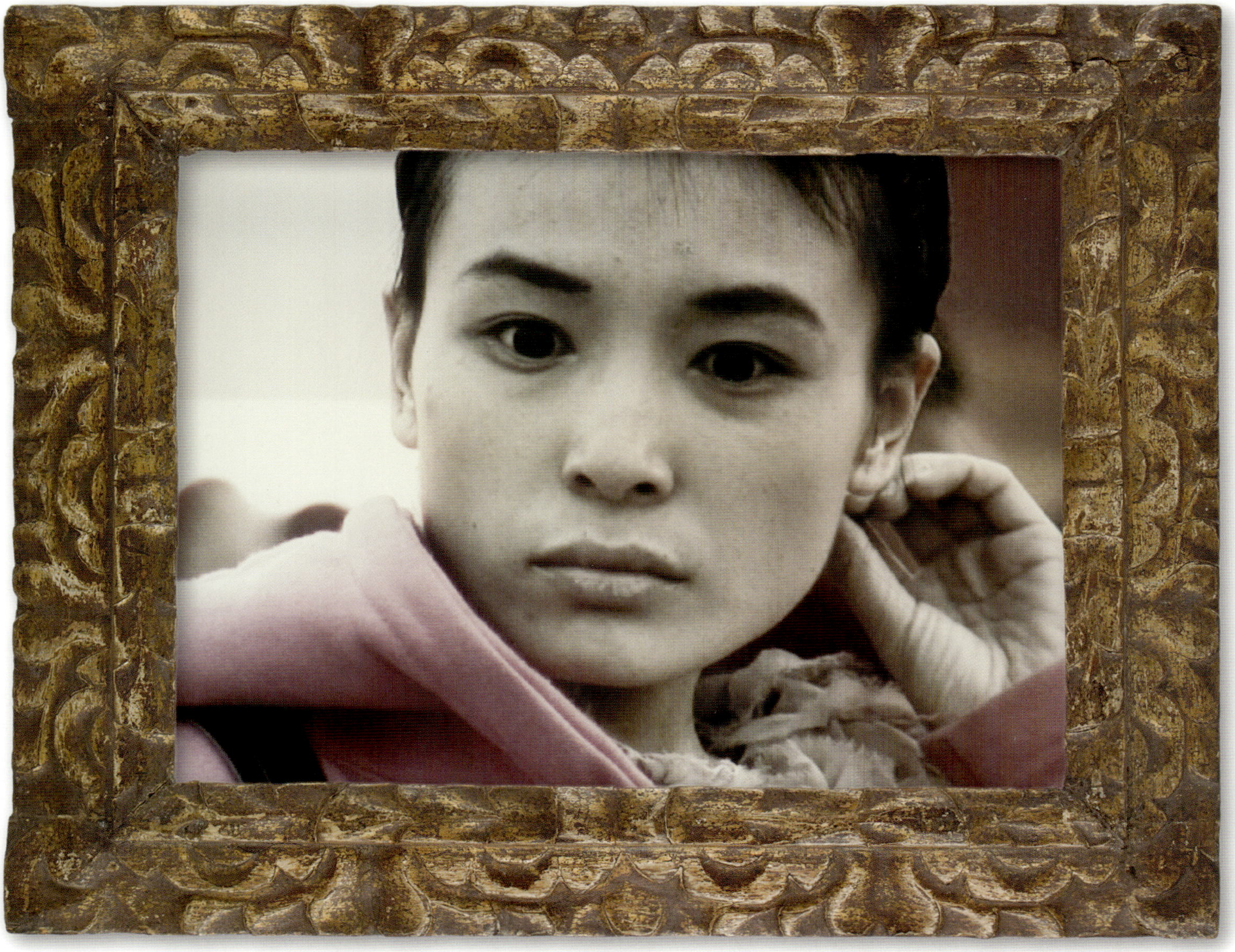

Das Porträt aus der Serie *Tiananmen Square* aufgenommen während des Chinesischen Nationalfeiertages auf dem *Tiananmen Platz* im Jahre 2011 und fertiggestellt im Jahre 2013 zeigt eine in Gedanken versunkene junge Chinesin. Der *Platz des himmlischen Friedens,* der untrennbar mit dem Massaker vom 4. Juni 1989 in Verbindung steht, wird am 1. Oktober jeden Jahres zum Schauplatz der Feier zur Gründung der sozialistischen Volksrepublik im Jahre 1949 durch Mao Zedong. Der Trubel, der während eines solchen Feiertages zu erwarten ist, wird hier vollkommen ausgeblendet. Einzig der verschwommene Hintergrund zeugt von dessen Existenz. Der versunkene Blick der jungen Frau, die sich mit einer feinen, rosé-farbene Bluse mit zerfransten Rüschen und einem dicken, sportlichen Kapuzensweatshirt zurecht gemacht hat und deren Gesicht in einer Nahaufnahme frontal präsentiert wird, liegt hier im Fokus der Betrachtung. Der vom oberen Bildrand beschnittene Kopf und die dagegen gut erkennbaren Kinn- und Halspartien sowie ein Teil der rechten Schulter lassen die Augen der jungen Frau in einen beinahe perfekten Goldenen Schnitt rücken. Die weit aufgerissenen Augen und der leicht schräg nach unten gerichtete Blick fesseln den Betrachter und lassen ihn für einen Moment innehalten. Woran die junge Frau in diesem Moment denkt, wird nicht verraten. Denkt sie gerade an ein tragisches Familienereignis oder schaut sie lediglich zur Seite – dies zu entscheiden, obliegt allein der Fantasie des Betrachters. Die junge Frau, deren Blick und Gestalt wie eingefroren wirken, ist in einem flüchtigen Moment des in sich Gekehrtseins, dem Moment, in dem sie von der Außenwelt wie abgekapselt zu sein scheint und der lediglich für einige Sekunden des Augenblickes bestehen bleibt, von der Videokamera festgehalten und für immer bewahrt worden.

Ein flacher Blattrahmen mit rundum geschnitztem floralen Ornament aus stilisierten Lotosblüten und Palmettenblättern dient als eine würdige Umrahmung für diese Fotografie. Das innere Profil des Rahmens ist leicht erhöht und geht in eine doppelt so breite, leicht abfallende äußere Platte über. Die inneren Leisten werden dabei auf Gehrung miteinander verbunden, wohingegen die Äußeren doppelt verzapft sind.[1] Die recht pastos geschnitzten stilisierten Blattspitzen des Innenprofils verlaufen von den Mitten der Schenkel zu deren beiden Seiten, um in der Gehrung aufeinander zu treffen. Die äußere mit stilisiertem Lotus- sowie Palmetten-Ornament besetzte Rahmenleiste bleibt von dem inneren Profil getrennt, folgt jedoch seiner symmetrischen Ordnung. So entsteht der Eindruck als verlaufe der Dekor gleichmäßig von dem Innenprofil in die fortführende äußere Platte, ohne dass dieser von der so entstehenden Grenze gestört wird. Ein Bukett, bestehend aus jeweils zwei nebeneinander positionierten Lotosblüten sowie Palmettenblättern, krönt die Mitten der Querschenkel des Rahmens. Wohingegen die Mitten der Seitenschenkel von jeweils nur einer, von Palmettenblättern gerahmten Lotosblüte akzentuiert werden. Die Rahmenecken werden ebenfalls durch ein Bukett aus zwei miteinander verschmelzenden Blüten und spitz in die Ecken verlaufenden Palmettenblättern betont. Die fortführend fleischige[2] Struktur des Dekors weist Überbleibsel einer Versilberung auf. Der ursprünglich auf das Silber aufgetragene Lack, der dieses vor dem Anlaufen schützen sollte, ist ebenfalls vorzufinden.[3] Durch den Oberflächenabrieb, der sehr gleichmäßig auf dem gesamten Rahmen vorzufinden ist, wird die darunterliegende Schicht sichtbar – braun-farbener Bolus. Dieser verleiht dem Rahmen in Verbindung mit der silberschützenden Lackierung seinen leicht goldenen Schimmer.

Das florale Ornament des Rahmens korrespondiert mit den Rüschen der Bluse der jungen Frau. Wohingegen die fleischige, weich fließende Struktur des Dekors mit dem robusten und dennoch weichen Material des Sweatshirts vergleichbar wäre, während das Rosa der Kleidung der bräunlichen Färbung des Rahmens harmonisierend zur Seite steht. Diese Bild-Rahmen-Konstellation wirkt unheimlich ruhig und harmonisch, was durch die fließende Ausarbeitung des Ornaments des Rahmens und den von der Fotografie ausgehenden, ruhigen Moment bedingt ist.

Swetlana Köhn

---

[1] Vgl. Schmitz, 2003, 265.
[2] Vgl. Michels, 1996, Kat.-Nr. 14.
[3] Vgl. Schmitz, 2003, 184.

Katja Stuke | Tiananmen Square, Peking 2011/2013 | 2013 | Pigment Print

Blattrahmen durchgehend geschnitzt und versilbert | 17. Jh. | Italien
Außenmaß 42,7 x 52,5 cm | Lichtmaß 28,8 x 38 cm | Profilbreite 7 cm

Katja Stuke | Supernatural, London 2012 | 2012 | Pigment Print

Kabinettrahmen | Mitte 17. Jh. | Süddeutschland
Außenmaß 61 x 54 cm | Lichtmaß 36,3 x 29,2 cm | Profilbreite 12,5 cm

Für seine Installation *Imagination Room* kleidete Ron Arad[1] auf der Berliner Funkausstellung 1991 alle Wände eines Raumes mit imposanten Rahmen aus, die er mit bunt flimmernden Fernsehmonitoren füllte – oder anders formuliert: Alle Fernseher wurden wie Bilder gerahmt an die Wände gehängt. Das ästhetische Potential des Fernsehmonitors im Kunstraum, spätestens ab den 1960er Jahren in einem weiten, heterogenen Spektrum künstlerischer Ausdrucksformen erprobt und etabliert,[2] scheint nun sogar in den einst nur ehrwürdigen Gemälden vorbehaltenen Rahmen an der Wand eingedrungen zu sein. Das vom Fernsehmonitor erzeugte Bild wählte auch Katja Stuke als Ausgangspunkt ihrer künstlerischen Auseinandersetzung. Sie nahm die allgegenwärtige Medienpräsenz der Olympischen Spiele und ihrer Sportler zum Anlass, ihre Beobachtung der öffentlichen Bildmedien und der technischen Apparate zur Bildproduktion in eine thematisch eingegrenzte Form zu bringen. Doch nicht etwa der sich im schnellen Schnittrhythmus über den Monitor bewegende Bildstrom interessierte sie. Vielmehr konzentrierte sich ihr Augenmerk auf jenen markanten Moment, der in frontalem Zoom das Gesicht einer zum Wettkampf antretenden Athletin zeigt. Aus dem narrativen Zusammenhang herausgelöst und mittels fotografischem Auge auf einen lichtempfindlichen Bildträger *eingeschrieben*, erscheinen die Gesichtszüge in ihrer Wahrnehmung nun gebrochen. Denn eine deutlich sichtbare Rasterung durchzieht in feinen Vertikalstreifen die gesamte Fotografie. In dieser auf die Fernsehmonitorröhre zurückzuführenden Struktur verliert das Gesicht an Schärfe und Klarheit. Da Katja Stuke in der Nachbereitung den fotografischen Abzug auf das Format monumentaler Malerei aufzieht, tritt das entlarvende Raster noch deutlicher hervor, wodurch der Reproduktionscharakter akzentuiert wird. Die Künstlerin hätte sich bei der medialen Inszenierung sportlicher Körperbilder auf die eindrucksvollen Bewegungsabläufe und die dargebotenen Leistungen fokussieren können. Während der umfangreichen und reich kommentierten (vermeintlichen) Live-Übertragung entsteht, bedingt durch wechselnde Perspektiven und Distanzen, eine Fülle von Bildeindrücken, denen Katja Stuke jedoch entschieden durch Selektion entgegen getreten ist. Stattdessen bediente sie sich der Lust am „technische[n] Voyeurismus"[3], Wettkämpfern im wahrsten Sinne des Wortes ins Auge zu blicken. Das Close-up des Fernsehbildes engt sich im Ausschnitt so weit ein, dass alle möglichen bedeutungsstiftenden Elemente ausgeblendet sind. Von dem ins Zeremoniell verpackten Sportereignis erzählt die Fotografie nichts mehr. Die Feierlichkeiten im Stadion, das Feuer, die Flaggen, die spektakulären Eröffnungs- und Schlussveranstaltungen lösen sich im diffusen Hintergrund auf. Die niedergeschlagenen Augen sowie die angespannte Gesichtsmuskulatur der zierlichen Leistungsturnerin signalisieren die konzentrierte Besinnung auf die bevorstehende Kür. Still und regungslos gilt ihr Blick keinem lebendigen Gegenüber oder gar der Kamera. Obwohl wir ihrem Blick nicht begegnen können, erfordert es dennoch eine gewisse Anstrengung, um die überproportional groß aufgezogene *En-Face*-Fotografie auf Abstand zu halten. Das sich auch durch Unschärfe unserem analytischen Blick entziehende Antlitz bedarf einer aufmerksamen Bildlektüre. Zudem verbindet sich mit der Stillstellung des Fernsehbildes eine eigene Suggestivkraft. Ein teils ebonisierter, teils mahagonisierter Kabinettrahmen aus der zweiten Hälfte des 17. Jahrhundert übernimmt die Aufgabe, die ästhetische Grenze zwischen Betrachter und dem Betrachteten aufrecht zu erhalten. Die hervorstechende Qualität des in den Niederlanden hergestellten Rahmens konstituiert sich im Wesentlichen aus der aufwendigen Gestaltung der Rahmenschenkel, welche sich, der Terminologie der Rahmengeschichte entsprechend, als Flammdekor charakterisieren lässt.[4] Das reichhaltige, maschinell bearbeitete Profil ist im schmal stufenförmig ansteigenden Inneren mit flammenähnlichem Dekor ausgestattet. Von diesem fällt sodann ein breit angelegter, glatter Karnies ab, der mit mahagonisiertem Furnier besetzt ist und sich markant in das dunkler gebeizte und polierte Obstholz[5] eingräbt. Hierauf folgt eine leicht erhabene Leiste aus Wülsten und Kehlen. Unterhalb dieser Leiste liegt die breite Platte, die ebenfalls aus dem schönen Furnierholz gefertigt wurde und durch eine leichte Wölbung besticht. Über einen schmalen, glatten Steg und einer breiteren Flammleiste fällt das Rahmenprofil nach außen hin weiter ab.

In diesem außerordentlich effektvollen Rahmendekor bricht sich das Licht auf vielfältigste Weise. So hebt das Lichtspiel den Rahmen aus der Randzone der Aufmerksamkeit heraus. Zunächst als ein „stiller, diplomatischer Vermittler"[6] verschiedener Wirklichkeitsebenen eingesetzt, entwickelt sich der Rahmen zum integralen Bestandteil von Bildwirkung und Komposition. Der seidene Glanz der Furnierflächen im Kontrast zu dem kleinteiligeren Glänzen der Flammleisten leitet unmittelbar in das Bild ein. Vom flimmernden Schwarz der Flammleisten wird das Auge beinahe bruchlos zum dunkel changierenden Grund der Fotografie geleitet, bis es sich an der Oberfläche des dem Simultankontrast geschuldeten, heller scheinenden Gesichts verfängt. Die mahagonisierten Flächen verweisen zudem auf dessen mattes Schimmern und bilden gleichzeitig durch ihren satten Glanz einen Kontrast.

An dieser Blick- und Leserichtung ist auch die diagonal zu den Bildrändern verlaufende Zusammenfügung der Rahmenleisten beteiligt, auf deren ästhetische Funktion schon Georg Simmel hingewiesen hat.[7] Die schillernd aufleuchtende oder verschattet zurücktretende Rahmenornamentik umfängt die Fotografie mit einer spannungsaufgeladene Lichtatmosphäre. Die einzelnen Lichtpunkte auf den Flammleisten wirken in der Begegnung mit der Fotografie wie aufblitzende Spotlights, die das abgebildete Gesicht zu einer energetischen Fläche transformieren.

Thamar Ette, Lutz Heinrich Bastian und Rebecca Nocken

---

[1] Arad, Ron, Imagination Room. Südkorea/USA 1991, Videoinstallation für „Ambiente Electronica" auf der Internationalen Funkausstellung , Berlin, 1991.
[2] Vgl. Lehmann, 2008.
[3] Pfeiffer, 2006, 237.
[4] Schmitz, 2003, 76f.
[5] Die Flammleisten wurden, wenn nicht aus echtem Ebenholz, meist aus Obstbaumholz gefertigt und anschließend ebonisiert.
[6] Traber, 1995, 242.
[7] Simmel, 1922, 47.

Katja Stuke | Supernatural, London 2012 | 2012 | Pigment Print

Plattenrahmen | 2. Hälfte 16. Jh. | Italien
Außenmaß 188 x 136,5 cm | Lichtmaß 152,5 x 101,5 cm | Profilbreite 17 cm

In ihrer konzeptuell groß angelegten Werkserie *Supernatural* versammelt die in Düsseldorf arbeitende Fotokünstlerin Katja Stuke Porträts von internationalen Spitzensportlern, die während den Olympischen Spielen in Sydney, Athen, Peking und London um den Medaillensieg rangen. In nahezu einheitlichen Bildausschnitten präsentiert sie die in dem Zeitraum von 2000 bis 2012 angefertigten Porträts *en face*, in einer Nahaufnahme und vor einem neutralen, insignifikanten Hintergrund. Anders als August Sander, der sich in der 1929 veröffentlichten fotografischen Arbeit *Antlitz der Zeit* um einen gesellschaftlichen *Querschnitt der Menschen des 20. Jahrhunderts*[1] bemühte und dafür den Einzelnen als Typus eines Berufes oder eines Sozialstandes ermittelte, enttypisiert Katja Stuke die fotografisch erfassten Gesichter. Durch die annähernde Gleichförmigkeit der Aufnahmen – selbst die Augenhöhe ist fast immer auf die gleiche Linie gebracht – sind die Differenzen zwischen den Individuen zudem auf ein Minimum reduziert.

Die hier in den Fokus genommene Sportlerin ist aufgrund ihres augenfällig jungen Alters und ihres am oberen Halsausschnitt mit Strasssteinchen verzierten Kostüms unmissverständlich als Kunstturnerin ausgewiesen. Im Unterschied zur traditionell ausgerichteten Porträtfotografie besitzen die Gesichtsbilder der Werkserie, so das auch hier gezeigte Bild der jungen Kunstturnerin, keine makellos glatt anmutende Foto-Oberfläche. Das den *Close-ups* eingeschriebene Fernsehraster deckt vielmehr den konkreten Entstehungsprozess, nicht nur dieses Bildes, sondern der gesamten Werkserie auf: das Abfotografieren eines bereits medial aufbereiteten Bildes. Damit sind die als Standbild vom Fernsehmonitor mit einer Spiegelreflex-Mittelformatkamera eingefangenen *Supernaturals* im Spannungsfeld der Auseinandersetzung mit dem Bild, den Bildmedien und den Bildkünsten angesiedelt und verweisen so auf den veränderten Status des Bildes im Zeitalter der sogenannten *Neuen Medien*.[2] Dessen grundlegende Eigenheit scheint gerade die als inflationär empfundene Verbreitung von immer mehr Bildern und immer rasanteren Bilderfolgen zu sein. Die Entscheidung für den Wechsel in das dem Fernsehbildschirm widersprechende Hochformat, als auch die Tilgung jeglicher Informationseinblendungen verschleiern gleichwohl die Reproduktionsvorlage. Neben der Reduktion des Bildfeldes und der bewusst vermiedenen räumlichen oder zeitlichen Präzisierung gibt auch die geringe Tiefenschärfe die Körperlichkeit der Leistungsturnerin preis. Die am unteren Bildrand abrupt und vermittlungslos abgeschnittene Büste bekräftigt zugleich die lineare, flächenverbundenen Darstellung. Losgelöst aus der Enge dokumentierender Exaktheit und begrenzender Schärfe wird das Gesicht zur gestalteten Oberfläche.

Dass das abwesende, in sich versunkene und jegliche Blickbegegnung abweisende Gesicht dennoch eine fesselnde Präsenz entfaltet, derer man sich kaum zu entziehen vermag, ist in nicht unerheblichem Maße auf die Neu-Rahmung zurückzuführen. Ein italienischer Plattenrahmen aus der Mitte des 16. Jahrhunderts umfängt in gewaltigen, nobilitierenden Proportionen das Bildfeld. So ist das vom Rahmengerüst formulierte Format des fotografischen Abzugs auf die Größe eines monumentalen Tableaus angestiegen. In diesem Zusammenspiel von Rahmen und Gerahmtem, Bildfeld und Begrenzung entfacht sich eine Kraft, die performativ zwischen Bild, Rahmen und Betrachter wirksam wird. Annähernd flächenparallel an die stille Gegenwärtigkeit des Bildmotivs angelegt, schließt sich nach einer schmal ansteigenden, glatten Kehle, einem schlichten Halbrundstab, dem wiederum eine kleine, nach außen abfallenden Kehle folgt, eine breite Platte an. Durch das den Rahmentypus bestimmende Element – eine dominant ausgeprägte und glatt gehobelte, flache Platte – hebt sich der Rahmenkörper in seiner Materialität insgesamt kaum merklich von der Fläche des Bildes sowie der Wand ab. Gleichwohl sorgt die klare und strenge Rahmenkontur als „formzeugendes und ordnendes Prinzip"[3] dafür, dass die bildliche Erscheinung im potentiell unendlichen Feld des Visuellen eine deutliche Verortung und Verankerung erfährt. Wie ein straff gespanntes Band legt sich der ins Porträt-Hochformat aufgestellte Plattenrahmen um die Bildfläche. Als zugleich schmückendes und strukturgebendes Element gliedert und akzentuiert eine sich leicht vom Holzgrund abzeichnende, zart aufschimmernde Rankenornamentik die Binnenfläche. In ihrer Beschränkung auf die Rahmenecken sowie Rahmenschenkelmitten stabilisiert sie zudem die Bildkomposition, da sie sowohl die Symmetrieachse, als auch die Mittelsenkrechte und die Diagonalen markiert. Das dem fotografischen Abzug innewohnende Muster des Fernsehbildschirms mit der besonderen Betonung der vertikal über das Gesicht verlaufenden, durchscheinenden Linien korrespondiert seinerseits sowohl mit der in die Höhe gestreckten Ausrichtung des Rahmens, als auch mit der filigran gemusterten Dekoration der Platte. Dabei greift der dezente Glanz der Schmuckornamentik raffiniert das Funkeln der kleinen applizierten Glitzersteinchen des Wettkampfkostüms auf. Lediglich eine dezente Vergoldung der umsäumenden Innen- und Außenprofile der Platte lässt den in seiner Schlichtheit sich selbst zurücknehmenden Rahmen optisch hervortreten und unterstützt die Blickfokussierung. Naturgemäße Wiedergaben von Größenverhältnissen führen zu einer realistischen Wirkmacht von Bildern. Da der in den Rahmen gesetzte fotografische Abzug gleichsam als Resultat des sogenannten Blow-Up-Effekts[4] übernatürlich stark vergrößert wurde, wirkt der kindlich zierliche Kopf der Sportlerin – entsprechend dem Titel der von Katja Stuke benannten Serie – *supernatural*.

Thamar Ette

---

[1] Vgl. Lange / Conrath-Scholl, 2001, 12-43.
[2] Vgl. Dobbe, 2007, 129-146.
[3] Schapiro, Meyer, 1932, zit. n. Zaloscer, Hilde, Versuch einer Phänomenologie des Rahmens in: Zeitschrift für Ästhetik und allgemeine Kunstwissenschaft 19, 1974, Nr. 2, S. 222.
[4] Vgl. Wittmann, 2010, 278f.

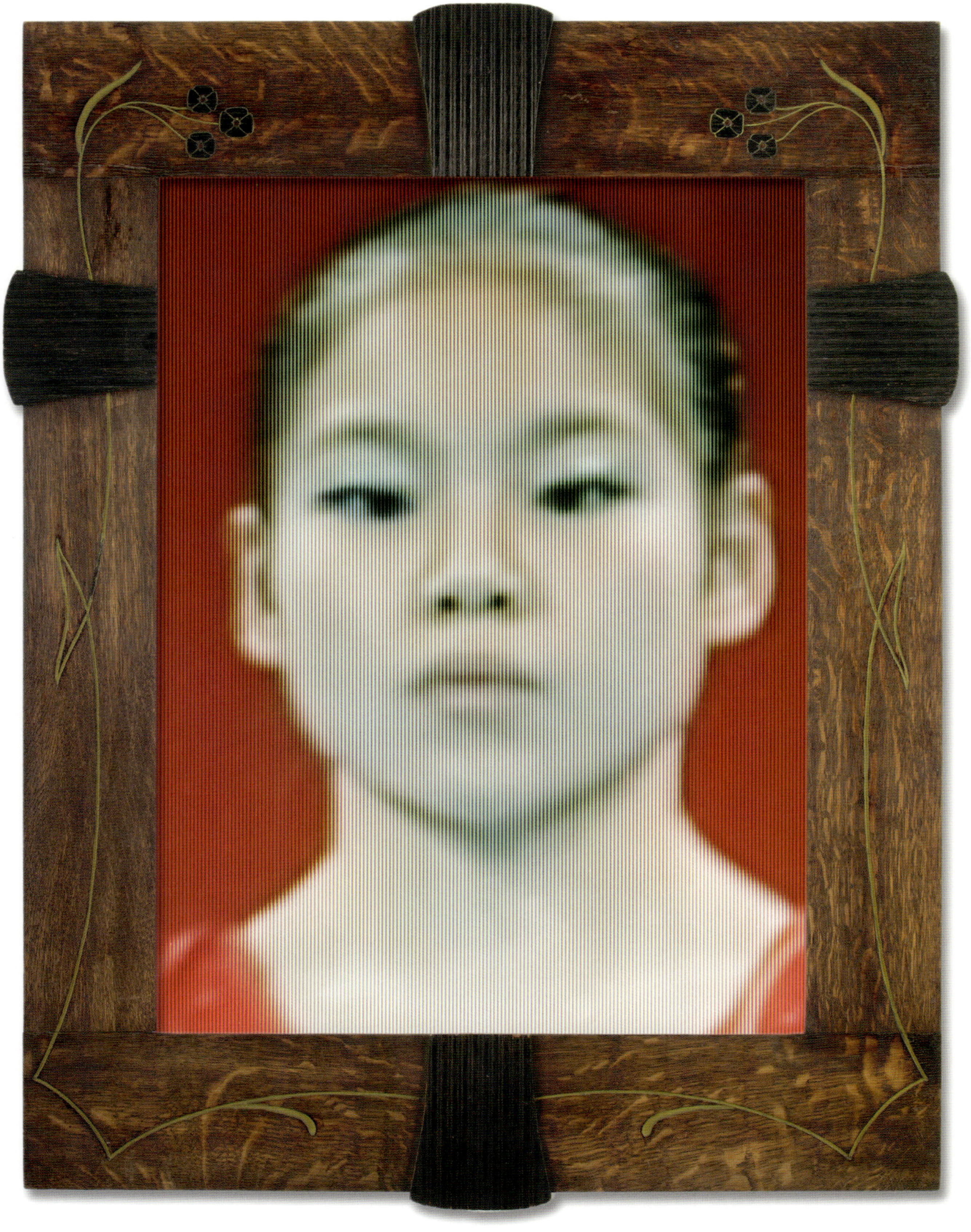

Das Porträt aus der Serie *Supernatural,* aufgenommen währen der Olympischen Spiele in Peking im Jahre 2008, zeigt eine junge chinesische Kunstturnerin vor einem roten Hintergrund.

Ihr Blick ist starr nach vorne gerichtet, scheinbar schaut sie den Betrachter an und doch an diesem vorbei. Der Blick ist leer, als wäre das junge Mädchen nicht anwesend. Nur ihre physische Gestalt, die sich in den Streifen der Bildschirmfolie aufzulösen droht, zeugt noch von ihrer Präsenz. Die vertikal verlaufenden roten Streifen des Fernsehbild-Rasters durchziehen ihre Gestalt von der in Rot gehaltenen Kleidung über den Hals, das Gesicht, die Ohren, das Haar, um wieder nahtlos in das Rot des Hintergrundes überzugehen. Dabei verändern sie, beim Treffen auf die Konturen des Gesichtes sowie die dunklen Augen und das Haar, ihre Farbe in einen grünlichen Ton. Das Helle der Haut und das Rot des Hintergrundes verbinden sich wiederum zu einem leicht gelblichen Ton, der als eine Art unruhige Kontur die gesamte Gestalt umgibt. So scheint sich die junge Turnerin, vor unseren Augen in Streifen aufzulösen, zu verschwimmen, einem Geiste gleich zu entschweben.

Eine Betrachtung aus der Ferne hingegen löst die Figur aus dem roten Hintergrund und lässt sie dominierend aus der Fotografie auf den Betrachter zugehen.

Dies ist der Moment, in dem die junge Turnerin alles, was um sie herum passiert, ausgeschaltet zu haben scheint. Dies ist der Moment der vollkommenen Konzentration auf die bevorstehende Herausforderung. Dieser Moment, der den auf die Leistungen der Sportlerin fokussierten Zuschauern vor Ort verborgen bleibt, wurde durch die Nahaufnahme der Fernsehkameras eindrucksvoll eingefangen. Hier spielen Erfolg und Misserfolg keine Rolle mehr. Hier ist der Gesichtsausdruck - die Mimik des konzentrierten Gesichtes - das einzige, was zählt.

Die Künstlerin verzichtet auf die Sendererkennung und das Publikum und ersetzt alles, was auf das große Spektakel der Olympischen Spiele verweisen könnte, durch einen mittels Bildverarbeitung eingefügten roten Hintergrund. Das junge Mädchen, das zu Gunsten ihrer sportlichen Kariere ihre natürliche Entwicklung zu einer jungen Frau so lange wie möglich unterdrücken muss, hat viel von ihrer Natürlichkeit eingebüßt, es ist, wie der Titel besagt – *Supernatural.* So ist diese Weise der Darstellung der jungen Kunstturnerin angemessen. Sie wirkt wie eine übernatürliche Erscheinung, die in einem Augenblick kurz bevor sie sich auflöst, von der Kamera eingefangen und für immer konserviert worden ist.

Der sie einfassende Rahmen ist ein geschnitzter Jugendstil-Plattenrahmen aus rötlich gefärbtem Holz mit geriffelten, schwarzen Applikationen an den Rahmenschenkeln sowie einem eingravierten und gefärbten vegetabilen Dekor aus der Werkstatt Conzen.

Die schwarzen Aufsätze sind in den Mitten der Querschenkel angebracht und akzentuieren diese. Auch die Seitenschenkel werden durch diese lyraförmigen[1] Akzente betont. Allerdingst treten sie hier aus den Mitten in den oberen Vierteln der Schenkel heraus. Die Mitten werden hingegen durch die sich überkreuzende Ranke, die ihrerseits den Rahmen zart umrahmt, und die dadurch entstandenen Dreiecke dezent betont.

Am unteren Querschenkel bildet die langgezogene und weich geführte Linie zur Mitte hinweisend Auswüchse in Form von jeweils einem schmalen, linealisierten Blatt. Am oberen Schenkel läuft das stilisierte, vegetabile Ornament in jeweils drei symmetrisch angeordneten, schwarz gefärbten, stilisierten Blüten sowie einem schmalen Blatt aus.

Die vier Holzleisten sind stumpf miteinander verblattet.[2] Der rötliche Ton des Holzes, der an Mahagoni erinnert, lässt die natürliche Maserung des Holzes durchscheinen. Die vier schwarz gefärbten, aufgesetzten Elemente lassen sich zu einem Kreuznimbus miteinander verbinden, was dem Rahmen einen Hauch von Sakralisierung verleiht.

Die schwarzen, geriffelten Aufsätze auf dem oberen Querschenkel gehen nahtlos in die Streifen des Fernsehbild-Rasters über, um in den Rillen der am unteren Querschenkel angebrachten schwarzen Applikation zu münden. So entsteht eine Einheit von Bild und Rahmen. Diese wird zusätzlich von der rötlichen Färbung des Rahmens, die mit dem Rot des Porträthintergrundes korrespondiert, und dem sowohl im Rahmen als auch in der Fotografie vorherrschendem Rot-Schwarz-Kontrast, unterstützt. Die streng symmetrischen Gesichtszüge der jungen Kunstturnerin treten wiederum mit den streng symmetrisch angeordneten Akzenten des Rahmens in Verbindung. Das jugendliche, mädchenhafte Wesen der Sportlerin wird hingegen von der Verspieltheit des eingravierten Dekors des Rahmens aufgenommen und von diesem umspielt.

Durch das schwebende, sich aufzulösen scheinende weibliche Wesen und den Rahmen, der einen Kreuznimbus erahnen lässt, entsteht in der außergewöhnlichen, aber stimmigen Beziehung unabweislich der Eindruck von Sakralität.

Swetlana Köhn

[1] Vgl. Michels, 91 Kat.-Nr. 56.
[2] Vgl. Schmitz, 2003, 264.

Katja Stuke | Supernatural, Peking 2008 | 2009 | Pigment-Print

Jugendstilrahmen mit eingravierten und aufgesetzten Ornamenten | um 1900 | Deutschland (Werkstatt Conzen)
Außenmaß 91 x 69,5 cm | Lichtmaß 64,5 x 47 cm | Profilbreite 10 cm

Gerahmt in einem Renaissance-Plattenrahmen begegnet uns das großformatige Porträt einer Kunstturnerin aus der Serie *Supernatural* aufgenommen bei einer Live-Übertragung der Olympischen Spiele des Jahres 2012 in London. Die junge Frau ist in Frontalansicht gezeigt, in einem Moment der vollkommenen Konzentration. Ihr Blick ist nach vorne unten gerichtet, doch die Annahmen, die junge Frau hätte mit ihrem Blick etwas anvisiert, wäre hier nicht zutreffend. Es ist vielmehr ein Blick ins Leere, doch keineswegs ein verstreuter, sondern ein konzentrierter. Die gesamte Gesichtsmuskulatur, mitsamt des uns sichtbaren Halses, ist angespannt. Der sogenannte große Kopfwender, der Muskel, der zwischen Brustbein, Schlüsselbein und der Schädelbasis verläuft, ist dermaßen angespannt, dass dessen Stränge ausdefiniert unter der dünnen Hautschicht sichtbar werden. Ihre Nasenflügel wiederum sind geweitet und der Mund geöffnet, was dem Betrachter den Blick auf die vorderen Zähne der obere Zahnreihe freigibt. Es macht den Anschein als würde die junge Frau noch einmal tief Luft holen und diese kurz anhalten, um all ihre Kräfte zu konzentrieren und für die bevorstehende Herausforderung zu mobilisieren.

Die gesamte Erscheinung strahlt Konzentration, Ehrgeiz und innerliche Stärke aus. Wohingegen das markante Augen-Make-Up und das glänzende Kostüm, Hinweise auf die ausgeübte Disziplin, das Kunstturnen, liefern.

Der leicht gräuliche, mit ein paar unscharfen helleren Flecken versehene, und zum oberen Bildrand hin dunkler werdende Hintergrund, hält sich zurück und lässt die Gestalt für sich sprechen.

Der Rahmen zeichnet sich durch seine gekonnt marmorierte Oberfläche der breiten, geraden Platte sowie durch feine Gravuren in den Metallbeschlägen[1] ähnlichen, vergoldeten Flächen an den Ecken und in den Mitten aus. Es findet sich hierbei eine Kombination zweier Konstruktionstechniken wieder. Zum einen das Verblatten der Platte und zum anderen die Verbindung der Innen- und Außenprofile auf Gehrung.[2] Die Polimentvergoldung gibt an einigen Stellen des Rahmens den Blick auf den orangefarbenen Bolus frei.

Zwischen dem Eck- und Mittenornament der Seitenschenkel der marmorierten Platte ist zusätzlich jeweils ein Vierpass angebracht. Im Innern eines jeden Vierpasses ist ein weiterer, kleinerer Vierpass, bestehend aus vier flächenfüllenden dreizackigen Blättern mit den sie umgebenden Zick-Zack-Schraffierungen, zu finden. Vergleicht man die efeuartigen Blätter mit denen in den Eckkartuschen, so liegt die Vermutung nahe, dass es sich hierbei um Lilienblüten in Aufsicht handeln muss.

Die Platte wird von einem ausladenden Innen- und einem Außenprofil flankiert. Das Innenprofil besteht aus einem aufsteigenden Halbrundstab, einer schmalen Kehle, einem weiteren, breiteren Halbrundstab sowie erneut einer schmalen Kehle, um anschließend in zwei abfallenden Kehlen, wobei die letztere nur halb so breit ist wie die erste, auszulaufen. Die beiden Halbrundstäbe und die ersten beiden Kehlen sind vergoldet, wohingegen die letzten beiden, abfallenden Kehlen des Profils schwarz gefärbt sind.

Das Außenprofil des Rahmens ist schmaler gehalten. Seine Breite beträgt etwa ein Drittel der Breite des Innenprofils und besteht aus einem Halbrundstab und einer schmalen Kehle beides in Gold gehalten, an die sich eine abfallende, schwarz gefärbte Kehle anschließt. Die Gravuren der Eckkartuschen bestehen aus einem Akanthusblattbündel, das in die Ecken des Rahmens hineinwächst und von dem zu beiden Seiten zwei eingedrehte Akanthusranken herauswachsen, die von einer Lilienblüte bekrönt werden. Die Mittelkartuschen sind ähnlich aufgebaut, ein Akanthusblattbündel, das von einem schmalen Band gehalten wird und eine zu jeder Seite ausgehende, eingedrehte Akanthusranke, die in eine lilienartige Blüte mündet.

Die Farbpalette der Marmorierung reicht von Braun über Orange bis hin zu Ocker und erinnert ein wenig an das Fellmuster eines Leoparden. Diese Bild-Rahmen-Konstellation ist ein gutes Beispiel dafür, wie der Rahmen an der Wirkung des Bildes partizipiert.

Die Gestalt der jungen Frau, die trotz des gezackten Umrisses sowie der durch sie durchgezogenen, vertikalen Linien des Fernsehrasters dem Betrachter unheimlich scharf gegenüber tritt, vermittelt somit den Willen, jederzeit aus der Begrenzung des Bildzuschnittes herauszutreten. Sie wird jedoch von den wie Metall anmutenden Beschlägen des Rahmens in den Ecken und Mitten und durch die so entstehenden Diagonalen in den Grenzen des Rahmens festgehalten. Die zwei erhabenen, vergoldeten Innenprofile stellen ebenfalls eine Grenze dar, die das Heraustreten aus dem Rahmen verhindert.

Somit erfüllt der Rahmen dem Bild gegenüber eine stützende Funktion. Außerdem nimmt der Rahmen durch seine in Schwarz gehaltenen Partien Bezug auf das in der Fotografie in feinen Abstufungen vorkommende Schwarz, das in den Augen, dem Haar sowie dem Hintergrund aufgegriffen wird.

Swetlana Köhn

---

[1] Vgl. Dietrich / Conzen, 1983, 91ff.
[2] Vgl. Schmitz, 2003, 264.

Katja Stuke | Supernatural, London 2012 | 2012 | Pigment Druck

Renaissance-Plattenrahmen mit gemalten, gravierten und vergoldeten Elementen | Ende 16. Jh. | Italien
Außenmaß 173 x 124 cm | Lichtmaß 139,2 x 91 cm | Profilbreite 16,9 cm

73

Der vorliegende Rahmen scheint wie für die Fotografie gemacht. Das strahlende Blau der Rahmenplatte, einst passend zur Wandfarbe gewählt,[1] harmoniert hier gut mit dem Blau des Fotohintergrundes. Die einfachen Profilleisten deuten auf die italienische Herkunft.[2] Das Profil des Plattenrahmens hat die typische Form: zwei ansteigende Absatz-Kehle-Kombinationen bereiten einen Halbrundstab vor, welcher wiederum über eine abfallende Kehle und einen Viertelrundstab zur breiten Rahmenplatte hin abfällt. Diese Platte dominiert nicht nur durch seine Breite, sondern auch durch seine markant blaue Fassung den gesamten Rahmen. Auch die vergoldeten Innen- und Außenleisten machen dem Blau keine Konkurrenz, zumal davon heute kaum noch etwas sichtbar ist. Nach außen hin schließt der Rahmen über eine Kehle-Wulst-Kehle-Kombination und einer zusätzlichen, durch einen Absatz getrennten Kehle ab.

Die Fotografie zeigt eine olympische Sportlerin aus der Serie *Supernatural*, vom Fernseher abfotografiert. Ihr Kopf und ihre Schultern nehmen fast den gesamten Bildgrund ein. Im Hintergrund befindet sich ein undefinierter blauer Raum.

Der verbliebene Glanz der Vergoldung wird kaum merklich, wie bei dem Rahmen, in der Fotografie aufgegriffen: die Sportlerin trägt an ihrem linken Ohr einen Ohrring. Ein letztes Glänzen ihrer Weiblichkeit, denn ansonsten erscheint die Frau weniger weiblich, eher androgyn. Ihr breiter Nasenrücken, der starre Blick und ihre üppige Nackenmuskulatur lassen wenig Raum für Weiblichkeit. Selbst der Schatten des Kinns vermag dem Betrachter einen Adamsapfel vorzugaukeln. Besonders im Bereich der Rhythmischen Sportgymnastik und des Turnens kommt es bereits im Kindesalter zur Selektion „jener Mädchen, die besonders grazil, schlank und fast knabenhaft sind, da diese präpubertären Merkmale biomechanisch wie in den Augen der Kampfrichter Vorteile bringen".[3] Die Sportlerin scheint sich mit dem Ohrring an dem letzten Rest ihrer Vergangenheit, nämlich ihrer Kindheit und dem Mädchen-Dasein festzuhalten. Das Training, der Druck und die seelische wie auch die körperliche Belastung haben die körperliche und vielleicht auch psychische Entwicklung stark beeinträchtigt.[4]

Das starke Blau des Rahmens lässt das Bild förmlich aus der Wand hin zum Betrachter springen. Im 17./18. Jahrhundert wurde die Rahmenfarbe entsprechend der Wandfarbe passend ausgewählt, in der Ausstellung hebt sich die Rahmenfarbe jedoch stark von der Wand ab und stellt eine Beziehung zur Fotografie her. Somit wird der Blick nicht mehr über die Farbe in das Bild geleitet, sondern das Bild springt farblich aus der Wand heraus und drängt sich in das Blickfeld des Betrachters. Der Betrachter selbst ist in seiner Blickführung passiv, der Rahmen zieht den Blick aktiv in die Fotografie. Mit einem Schlag wird der Betrachter auf das Thema der Fotografie bzw. der Fotoserie aufmerksam gemacht und wird zum Hinschauen gezwungen. Der Rahmen reist den Betrachter aus seiner Wirklichkeit und stößt ihn förmlich in die Wirklichkeit des Betrachtens (durch den Fernseher) und somit in das Gezeigte ein.

Lutz Heinrich Bastian

[1] Brunke, 1996, Architektonische Rahmen, 28.
[2] Schmitz, 2003, 44–45.
[3] Wurster, 1992, 78.
[4] Ebd., 77–83.

Katja Stuke | Supernatural, Athen 2004 | 2004 | Inkjet-Druck

Plattenrahmen | 17./18. Jh. | Italien
Außenmaß 81 x 66 cm | Lichtmaß 61,3 x 46 cm | Profilbreite 10 cm

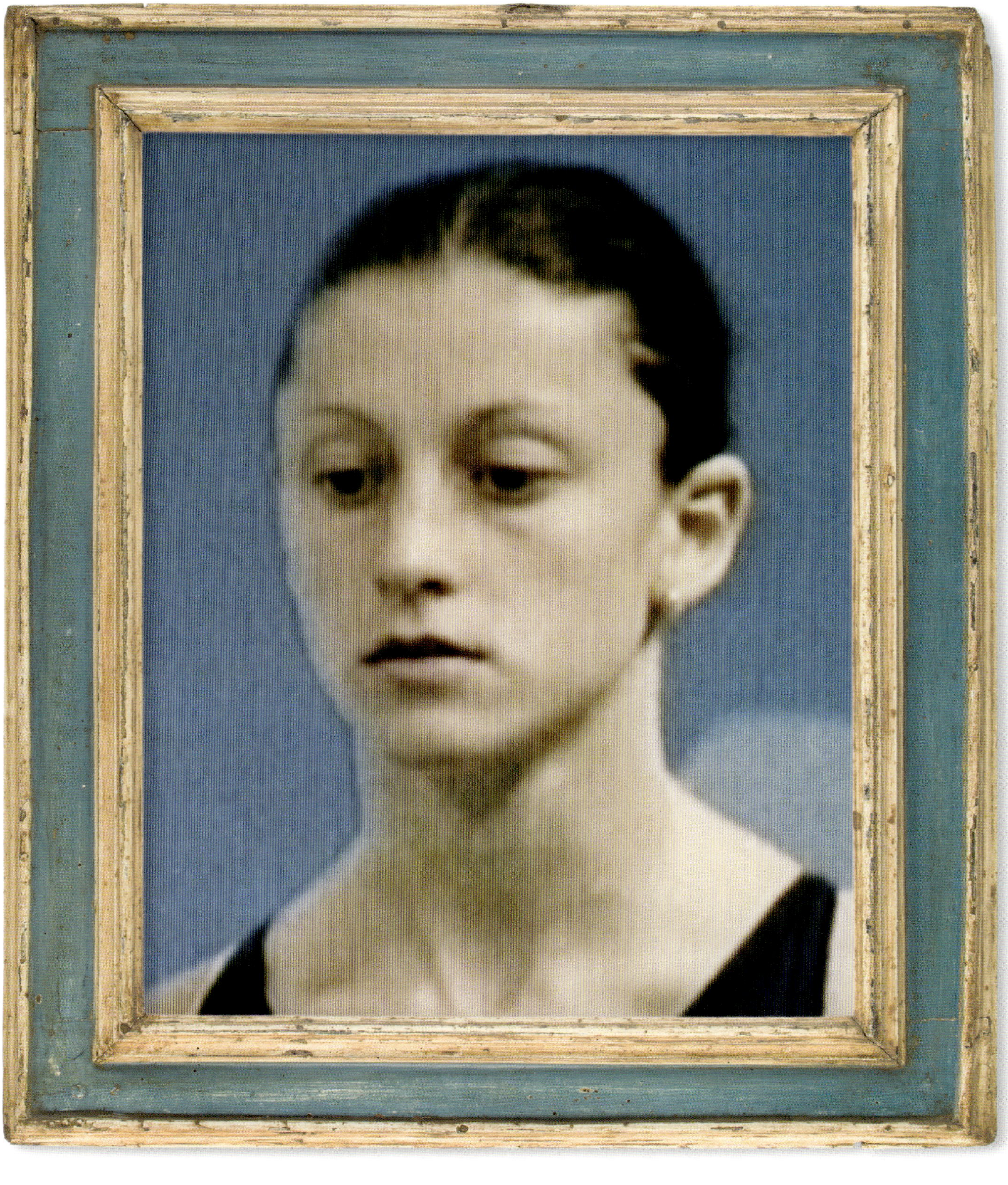

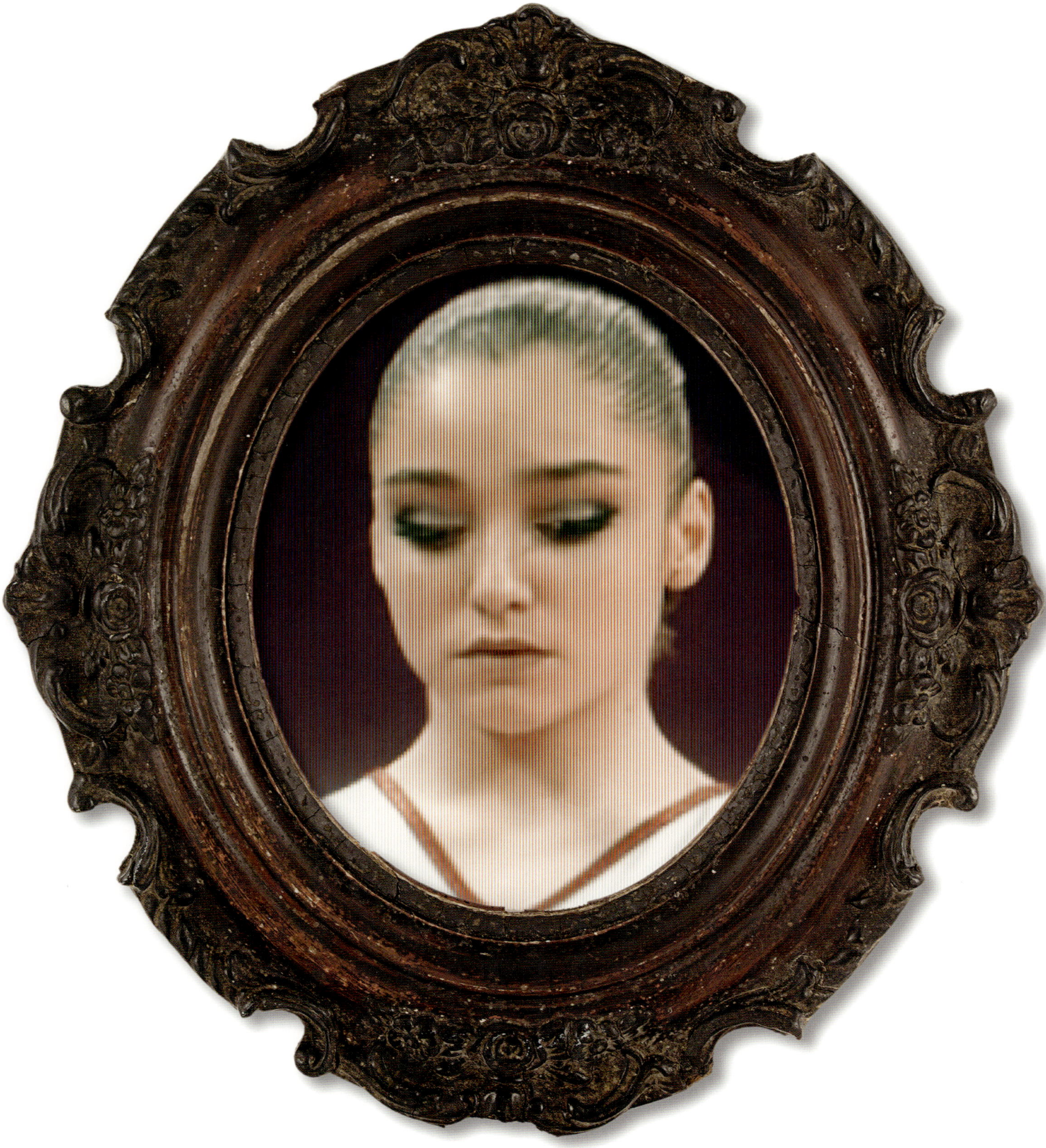

Diese Fotografie der jungen Sportlerin entstand 2012 in London im Zuge der Olympischen Spiele. Das sehr jung wirkende Mädchen ist im Viertelporträt dargestellt, ihr Kopf neigt sich leicht zur linken Seite des Bildes. Die Haare sind streng nach hinten frisiert, keine einzige Strähne liegt locker. Dickes Make-Up liegt ihr auf der Haut und verleiht ihr einen dunkleren Teint. Die Sportlerin hält den Kopf leicht gesenkt und durch die halb geschlossenen Augen blickt sie zu Boden. Der dichte, stark geschminkte Wimpernkranz lässt keinen neugierigen Blick des Betrachters zu den Augen durchdringen. Unter der zierlichen Nase sind schmale, helle Lippen zu erkennen und das Kinn bildet ein kleines Grübchen, da das junge Mädchen seine Unterlippe etwas vorschiebt. Der schmale Hals verliert sich am Schulteransatz in dem weißen Trikot der Sportlerin, welches von einem auffälligen roten Band gesäumt wird. Nur alle vier Jahre finden die Olympischen Spiele statt und sind für die Sportler daher enorm wichtig. Bei den nächsten Spielen sind sie eventuell zu alt und körperlich nicht mehr in der Lage, ihre hohe Leistung noch zu erbringen, weshalb jedes Antreten zu einem Wettkampf die *Jetzt oder Nie-Gelegenheit*[1] darstellt. Jahrelang hat die junge Sportlerin auf diesen Moment hin gearbeitet, um nun alles zu geben. Von Katja Stuke ist hier mit der Kamera der kurze Moment der höchsten Konzentration kurz vor der Kür aufgenommen. Große Verantwortung liegt daher auf den Schultern der Sportlerin, die sich keinen Fehler erlauben darf. *Supernatural* – übernatürlich ist hier eine Menge: sowohl die Leistung der Sportlerin, als auch ihre Konzentration und die Anspannung, die ihr förmlich ins Gesicht geschrieben steht, zu erkennen an der gerunzelten linken Augenbraue des Mädchens. Gleichzeitig ist es auch diese Augenbraue und das zarte Alter der Sportlerin, die ihr etwas ungemein Zerbrechliches geben.

Die Fotografie ist in einem kleinformatigen, ovalen Rahmen zu sehen, der als Spätbiedermeier zu bezeichnen ist und wohl zwischen 1830 und 1860 entstanden ist. Das Innenprofil beginnt mit einer schwarz gefassten Kehle, die in eine weitere, breiter und höher geschwungene dunkelbräunliche mündet. Über einen Wulst und eine tiefliegende Kehle fällt das Rahmenprofil zu den geschwungenen, symmetrischen Außenkanten ab. An den vier Extremstellen des Ovals sind die Außenkanten jeweils von dunkel gefassten Blumenornamenten geschmückt, über denen sich von Akanthusranken umschlossene Rocaillen befinden. Die Blumenornamente setzen schon am höchsten Punkt des danach abfallenden Wulstes an und bilden dann zum äußeren Rahmenprofil hin eine deutliche Betonung der vier Seiten. Das äußere Rahmenprofil zwischen diesen Auswüchsen wird ebenfalls von Akanthusranken geschmückt, die die Fläche jeweils von den Blumenornamenten ausgehend mittels einer Rocaille unterbrechen und sich dann über einen gedrehten Steg mit der nächsten Rocaille verbinden. Auf diese Weise entsteht im Außenprofil ein ständiger Wechsel von ausladend und durchbrechend.[2] In diesen sehr filigranen Rahmen ist nun das Bild der jungen Sportlerin eingepasst worden. Durch ihn wird das Mädchenhafte und Zerbrechliche des Mädchens nochmals betont. Durch die filigrane Zerbrechlichkeit der Porträtierten und das kleine ovale Format kommt der Vergleich mit einer Mariendarstellung auf. Der voller Konzentration gesenkte Kopf ähnelt der demütigen Haltung Mariens. Beide verbindet die Übernatürlichkeit: das Mädchen, das übernatürliche Leistungen erbringen muss, die sich trotz Millionen Zuschauern auf ihre Kür konzentrieren muss und Maria, die als Mutter Gottes wahre Demut und Hingabe bewies. Und all dies ist eingefasst in einen ovalen Rahmen, ähnlich einer Mandorla.

Rebecca Nocken

[1] Gespräch mit der Künstlerin Katja Stuke am 23.06.2013.
[2] Schmitz, 2009, 162f.

Katja Stuke | Supernatural, London 2012 | 2012 | Fotografie

Biedermeierrahmen | 1830-60
Außenmaß 24,5 x 22,5 cm | Lichtmaß 14,2 x 12 cm | Profilbreite 4,5 cm

Birgitta Thaysen

1962	geboren in Gelsenkirchen
1985	Aufnahme des Studiums an der Düsseldorfer Kunstakademie
	Fotografiestudium bei Bernd und Hilla Becher, dann Nan Hoover (Fotografie, Video, Malerei, Performance), Meisterschülerin
1993	Einjähriges Arbeitsstipendium des Kultusministeriums NRW Schloss Ringenberg, Wesel
2001	Marianne Brandt-Preis für Fotografie
2002	Arbeitsstipendium des Kulturamtes der Stadt Düsseldorf nach Israel
	lebt und arbeitet in Düsseldorf

Der Augenblick, der durch das Foto festgehalten wird und die Tatsache, dass dieser bereits in dem Moment Geschichte wird, indem der Auslöser der Kamera gedrückt wurde, faszinieren die Künstlerin Birgitta Thaysen an ihrer Arbeit besonders. Die in Gelsenkirchen geborene Fotografin begann im Jahre 1985 ihr Studium an der Düsseldorfer Kunstakademie bei Bernd und Hilla Becher. Sie fotografiert schwarz-weiß. Das sei ihr in der Fotografie an Farbe genug, wobei sie sich auf die Fotografin Herlinde Koelbl bezieht. Zudem arbeitet Birgitta Thaysen seriell, indem sie zunächst einen Grundgedanken für eine Serie entwickelt, der dann in verschiedenen Varianten ausgeführt wird. Ein Bild allein schöpfe die Vielfalt einer Thematik nicht aus. So wird für die 2008 entstandene Serie *Tagebuch einer Inszenierung* immer wieder eine fast identische Kulisse im Studio aufgebaut, deren Aufnahmen aus unterschiedlichen Perspektiven besondere Aspekte hervorheben oder die in der Kombination mit verschiedenen Personen belebt wird.

Die einzelnen Serien sind in der Regel nicht abgeschlossen, auch wenn sie zum Teil bereits vor Jahren begonnen wurden. Es entstehen vielmehr zeitlich parallele Bilderfolgen, die auch untereinander Beziehungen aufweisen und die für die Künstlerin weiterhin aktuell bleiben.

In *Inner Ocean*, einer Porträtserie von Studioaufnahmen, welche in dieser Ausstellung mit vier Werken vertreten ist, stehen vor allem die Mimik und die Sprache des menschlichen Körpers im Vordergrund. Die Begegnung mit Menschen ist Birgitta Thaysen nicht nur in ihren zahlreichen Porträts sehr wichtig, sondern auch auf ihren Reisen in fremde Länder. Die hierbei entstehenden Fotografien präsentiert sie in ihrer Serie *Memory*. „Man erkennt nur das, was man kennt und das, was man gar nicht kennt, das sieht man auch gar nicht", konstatiert Thaysen und erläutert, dass sie gerade diesen Tunnelblick auch gerne in ihren Fotos thematisiert.[1] Vieles mag auf den ersten Blick alltäglich aussehen, doch bei näherer Betrachtung ergibt sich dann der genaue und vielleicht ganz andere Kontext ihrer Bilder. Eine leichte Irritation des Betrachters ist also in ihren Arbeiten durchaus beabsichtigt. Alle ihre Fotografien entstehen ausschließlich analog, auch wenn einige Negative häufig im Nachhinein digitalisiert und zum Teil bearbeitet werden. Diese Nachbearbeitung soll bei Birgitta Thaysen jedoch keine zentrale Komponente sein und nicht die Manipulation des Betrachters bewirken.

Neben den Werkserien, die in dieser Ausstellung in Auszügen vertreten sind, ist für die Künstlerin eine Abfolge von Fotografien wichtig, auf denen sie ihren ganz persönlichen *Wolkenatlas* festhält sowie einige Videoarbeiten. Seit ungefähr 1990, als sie in die Klasse von Nan Hoover kam, bedient sich Birgitta Thaysen auch des Mediums Video. Hierbei ist im Gegensatz zu ihren Fotoarbeiten die Farbe gestalterisches Element. Die Fotografie nimmt jedoch den größeren Teil ihrer Arbeiten ein und so nähert sie sich der Videokunst eher im Sinne einer Fotografin.

Marliesa Komanns

---

[1] Interview mit Birgitta Thaysen, geführt von Marliesa Komanns am 28.06.2013 in Düsseldorf.

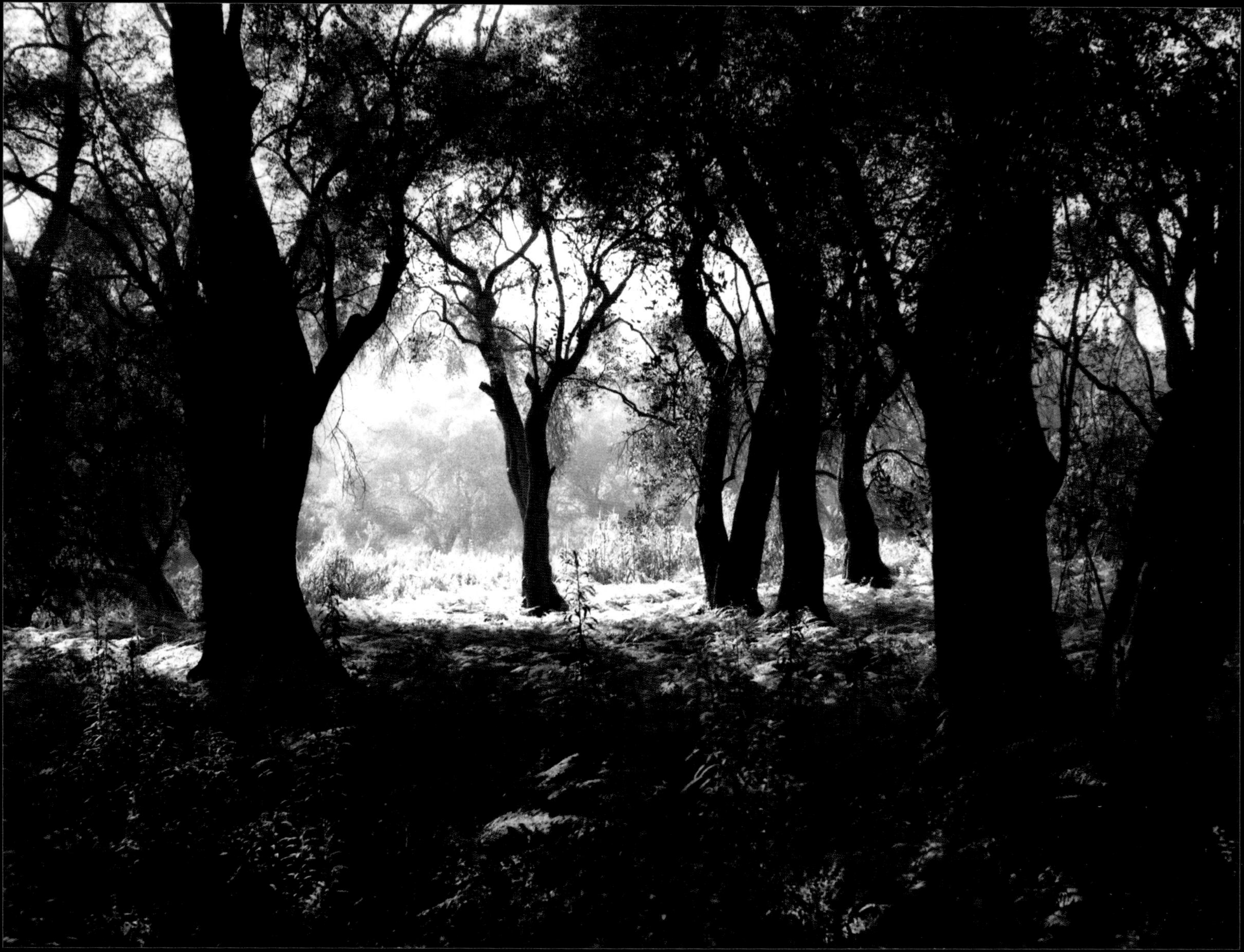

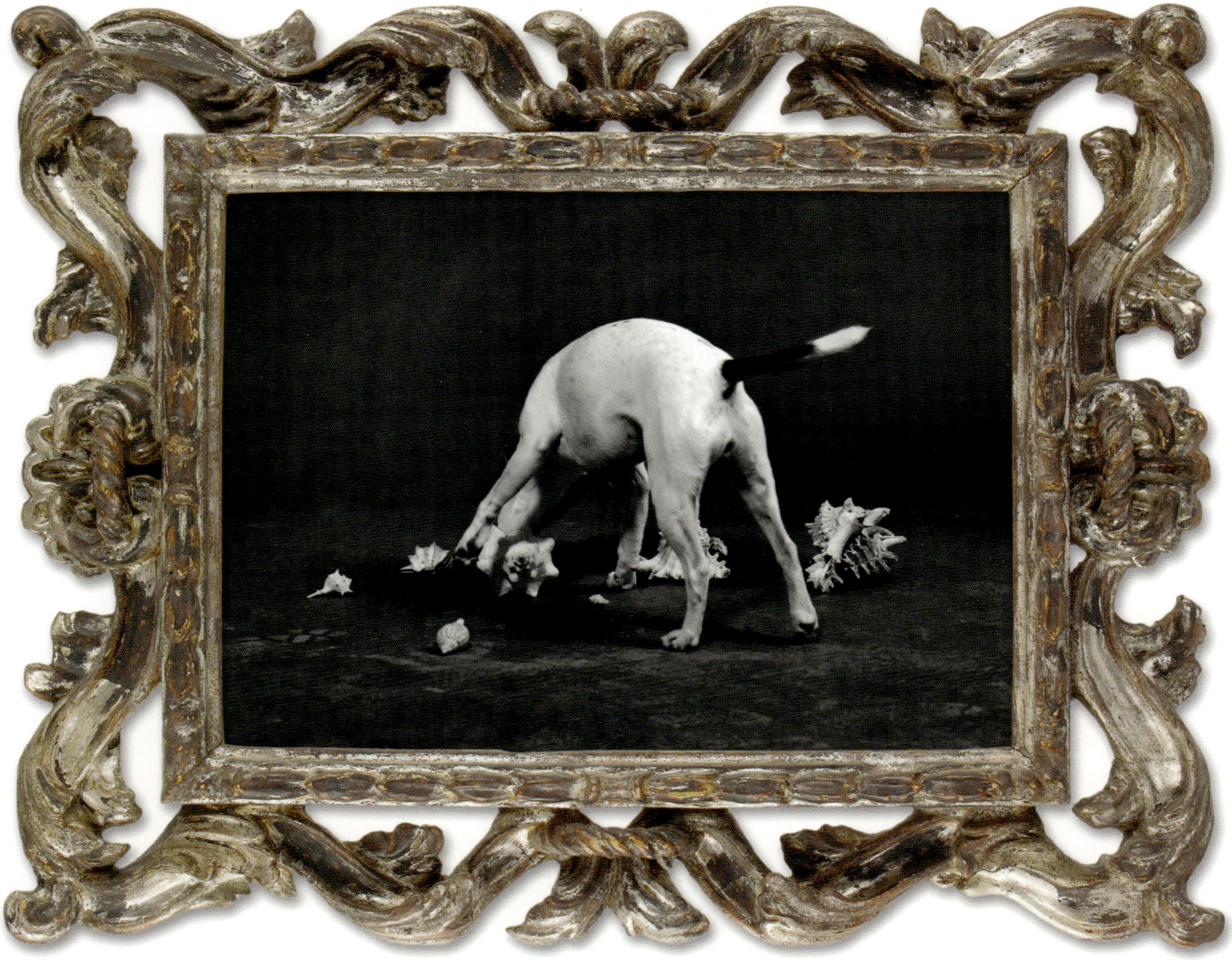

Der polimentversilberte Rahmen besteht aus einem kastenförmigen Innenrahmen, welcher von geschnitztem Rankwerk umwachsen ist. Die Lichtkante des Innenrahmens bildet eine kleine Hohlkehle. Darauf folgt ein Lorbeerstab, welcher mittig auf den Rahmenschenkeln von Spangen zusammengehalten wird. Um den Innenrahmen rankt sich durchbrochene, florale Ornamentik, diese wird an den Schenkelmitten von Tauen zusammengehalten. An den Seitenschenkeln werden Taue und Ranken zusätzlich von einer Jacobsmuschel hinterfangen. Ähnliche Rahmen lassen sich im Barock des 17. und 18. Jahrhunderts in Bologna finden. Diese bestehen häufig aus einem Innenrahmen mit Lorbeerstab, welcher umrankt wird und bei denen, wie auch bei unserem Beispiel, die Ranken jeweils in den Schenkelmitten enden.[1] Typisch für diese Bologneser Laubwerkrahmen ist zudem die „Betonung der Mitten durch muschelähnliche Ornamente" und das Zusammenhalten von Ranken durch Volutenspangen.[2] Parallelen lassen sich auch bei einem deutschen Laubwerkrahmen um 1639 finden. Bei diesem vergoldeten Rahmen „schlingen sich üppige Akanthusranken, die mit großen Schwüngen nach den Seiten und nach oben ausladen", um den Innenrahmen mit Lorbeerstab und überschneiden ihn, im Kontrast zu diesem Rahmen teilweise.[3]

Auf der Fotografie ist der Hund Dido gezeigt, der an Schneckenhäusern schnuppert. Man sieht den Hund von der Seite, sein Körper ist gebogen. Das Fell ist hell, einzig der Schwanz ist dunkel mit weißer Spitze. Der Hund steht auf allen Vieren, buckelt den Rücken und streckt den Schwanz wohl wedelnd nach oben. Er schnuppert an den unterschiedlichen Schneckenhäusern und Muscheln, die verteilt auf dem Studio-Boden liegen.

Der Rahmen nimmt durch seine maritime Ornamentik mit Muscheln und Tauen direkten Bezug zur Fotoreihe *Inner Ocean* von Birgitta Thaysen. Die Serie besteht aus Porträts von Menschen, welche über das Meeresrauschen in den Muscheln zur Selbstvergessenheit gelangen sollen. Der Hörsinn spielt in der Fotoserie eine wichtige Rolle, da er das Mittel zu einem anderen Geisteszustand ist. Der Hund Dido hingegen lauscht nicht an den Muscheln, sondern tut das Artgemäße für einen Hund: er schnuppert. Auf dieser Fotografie steht also nicht der Hörsinn sondern der Geruchssinn im Mittelpunkt - in doppelter Hinsicht, da der Hund in der Kunst unter anderem auch den Geruchssinn symbolisiert. Diesen Aspekt würde auch die Rahmung unterstreichen, da in den Bologneser Laubwerkrahmen oft Allegorien zu finden waren.[4] Im Kontrast zu den meisten Bildern der Serie, ist die Fotografie mit dem Hund lebendiger. Die meisten Porträtierten lauschen andächtig in die Muscheln hinein, der Hund hingegen schnuppert an ihnen, was im Gegensatz zum geräuschlosen Hören, eine lebendigere Tätigkeit ist. Unterstrichen wird das durch seinen gespannten Körper und seinen vermutlich wedelnden Schwanz. Die Fotografie wirkt dadurch wie ein Schnappschuss.

Die Künstlerin nennt René Descartes „Ich denke also bin ich" im Zusammenhang mit der Serie *Inner Ocean* und erläutert, dass nach Descartes nur der Mensch im Gegensatz zum Ding oder Tier in der Lage sei „sich selbst zu vergessen oder zu negieren".[5] Aber ist der Hund oder das Tier nicht immer selbstvergessen? Im Unterschied zum Menschen sicherlich auf unbewusste Art. Hier stellt sich nun die Frage nach dem Zusammenhang von Selbstvergessenheit und Bewusstsein. Ist dem Menschen seine Selbstvergessenheit in jenem Moment bewusst oder schließt das Eine, das Andere aus?

Vielleicht ist es viel banaler als angenommen und die Aufnahme des Hundes ist in der Serie mit einem gewissen Augenzwinkern zu sehen! Vielleicht kommentiert sich die Künstlerin mit dieser Aufnahme ihrer Serie *Inner Ocean* auf selbstironische Art und Weise.

Laura Verena Heymer

[1] Vgl. Schmitz, 2003, 258f, Sabatelli, 2009, 339-349.
[2] Schmitz, 2003, 258.
[3] Bayrische Staats- und Gemäldesammlung, 2010, 78.
[4] Vgl. Schmitz, 2003, 258f.
[5] Vgl. Thaysen, 2009, 8.

Birgitta Thaysen | Dido | 2011 | Pigmentdruck auf 300g seidenmatt Papier

Laubwerkrahmen | 17. oder 18. Jh. | vrmtl. Bologna
Außenmaß 50,5 x 64 cm | Lichtmaß 29,5 x 40,5 cm | Profilbreite 11 cm

Die Bibliothek, heilige Halle des Wissens, ist der Ort, an dem sich die Gedanken der Welt versammeln. Birgitta Thaysen zeigt eine Innenansicht der Königlichen Bibliothek in Kopenhagen. Von einem erhöhten Standpunkt des Betrachters ausgehend, reihen sich links und rechts von einem Gang in zwei Etagen Bücherregale. Auch wenn nur der Beginn der Bücherkorridore zu sehen ist, scheinen sie sich endlos fortzusetzen. Das Gebäude wird durch ein gusseisernes Gerüst aus Säulen und Gittern gegliedert und schließt nach oben hin mit einem hohen Rundtonnengewölbe ab. Auf Augenhöhe des Betrachters führt die Balustrade des ersten Geschosses in fluchtenden Linien nach hinten. Dort befindet sich das einzige im Bild sichtbare Stück Mauer der Außenwand, das mit einem von der Sonne angestrahltem Rundfenster durchbrochen ist. In der Mitte des unten zu sehenden Ganges stehen Computer auf Tischen aufgereiht.

Der dem Bild hinzugegebene Kabinettrahmen aus dem 17. Jahrhundert kommt aus den Niederlanden oder Süddeutschland. Seine besondere Farbigkeit erhält er durch die Verwendung von schwarzem Ebenholz und rot hinterlegtem Schildpatt. Die Lichtkante besteht aus einer ansteigenden Flammleiste. Darauf folgt ein doppelter Wechsel von breiten abfallenden Wülsten aus Schildpatt mit ebenfalls abfallenden Flammleisten aus Ebenholz. Die stark nach außen hin abfallende Tendenz des Rahmens bewirkt, dass die Fotografie von der Wand weg, dem Betrachter entgegen geschoben wird und er sich ganz auf das Bild konzentrieren kann. Die innere Flammleiste, die zur Fotografie hin abfällt, unterstützt dies noch. Die Kombination von Bild und Rahmen erzeugt einen extremen Tiefensog und eine unendliche Staffelung der Bücherregale, denn das auf den Betrachter Zulaufende, findet seinen Gegenpart, sogar seine Umkehrung in den stark nach hinten fluchtenden Linien der Innenaufnahme. Auch die Außenmauer, die Grenze dieser Unendlichkeit und der eigentliche Bildmittelpunkt, kann nur schwer als diese ausgemacht werden, denn die sichtbare Mauermasse ist durch die davor stehenden Bücherregale und das Okulus auf einen kleinen Part in der Fotografie reduziert. Verstärkt wird die Tiefenwirkung durch die Reihung wechselnder Einzel- und Zwillingssäulen, deren Abfolge sich nach hinten so verdichtet, dass sie kaum noch zu zählen sind. Gleichzeitig korrespondieren diese mit den Flammleisten des Rahmens: Das Auf und Ab des geschnitzten Ebenholzes lässt sich in dem Davor und Dahinter der Brüstung wiederfinden, in der die Gitter die Säulen in der Mitte halbieren.

Des Weiteren strahlen sowohl Fotografie als auch Rahmen eine gewisse Erhabenheit aus. Eine Bibliothek ist immer ein ruhiger Ort, ein Platz der Konzentration, an dem der Geist sich auf eine Reise begeben kann. Hier erhält das Gebäude sogar eine sakrale Atmosphäre. Nicht nur erinnert das Rundtonnengewölbe an die Architektur früher Kirchen, sondern die Schwarzweiß-Aufnahme zeigt auch einen Moment, in dem der obere Bereich der Bibliothek in gleißendes Sonnenlicht getaucht ist. Der Rahmen besteht aus kostbaren Materialien, die nur unter großen Mühen zu beschaffen waren. Wurde das Schildpatt aus den Panzern der Schildkröten der Weltmeere gewonnen, musste das Ebenholz aus fernen Ländern fremder Kontinente eingeschifft werden.

Bei der Kombination dieser beiden Werke ist auffallend, dass ausschließlich der Rahmen farbig ist. Auf diese Weise grenzt sich der Rahmen klar von der Fotografie ab. Er dient zwar einerseits als Vermittler zwischen Betrachter und Bild, andererseits lässt er sich durch seine Plastizität, der Materialität und der Farbigkeit eindeutig in die reale Welt des Betrachters einordnen. Die schwarz-weiße Fotografie wird also auf sich selbst verwiesen. Doch so sehr der Rahmen die Aufnahme als fiktive Wirklichkeit kenntlich macht, so sehr spricht er ihr auch Qualität und Wertschätzung zu. Wie ein wertvolles Schatzkästchen umgibt er sie und präsentiert dem Betrachter einen Einblick in die kostbare Welt des menschlichen Gedankengutes.

Marliesa Komanns

Birgitta Thaysen | Königliche Bibliothek in Kopenhagen | 2003 | Pigmentdruck auf 300g seidenmatt Papier

Kabinettrahmen | 17. Jh. | Niederlande/Süddeutschland
Außenmaß 50,8 x 44,5 cm | Lichtmaß 33,3 x 27 cm | Profilbreite 8,8 cm

83

Ein Haus ist vielmehr als ein konkreter Aufenthaltsort. Es schützt einen vor Wettereinflüssen und gibt Sicherheit. Fühlt man sich in ihm wohl, kann es sogar zu einem Zuhause werden. Auch eine Meeresschnecke besitzt ein Haus. Unter hohem Energieaufwand baut sie es selbst aus Kalk auf. In dieses kann sie sich zurückziehen, wenn sie Zuflucht vor Feinden sucht. Elke Ulrich, die hier auf dem Foto zu sehen ist, hält ein solches Exemplar in ihrer rechten geöffneten Hand. Auf ihrem leicht gewölbten Handteller, der sich um das Schneckenhaus schmiegt, wie um es vor dem Herunterfallen zu schützen, präsentiert sie es vor ihrer Brust, ein Stück oberhalb ihres Herzens. Sie trägt einen gestreiften Pullover mit Knopfleiste und Brusttasche und ist im Dreiviertelporträt dargestellt, wobei der von der Fotografin gewählte Ausschnitt nur ihren Oberkörper und den Kopf einfängt. Ihren linken Arm hält sie auf den Rücken, während der rechte angewinkelt ist und so das Schneckenhaus nah an ihr Gesicht rückt. Ihre Lippen sind geschlossen und mit einem dunklen Lippenstift betont. In den zurückgebundenen Haaren, die dem Betrachter das Gesicht vollständig enthüllen, trägt sie eine hochgeschobene Sonnenbrille, die in einer anderen Situation zum Schutz der Augen vor zu starkem Licht dient. Die Stirn ist in feine Falten gelegt, ihre Augenbrauen hat sie etwas angehoben, doch ihr Blick führt verträumt nach rechts aus dem Bild hinaus.

Ein toskanischer oder neapolitanischer Plattenrahmen aus der zweiten Hälfte des 16. Jahrhunderts umgibt diese Fotografie. Über eine vergoldete Hohlkehle führt ein weit ausschwingender schwarz-gold gestreifter und unterkehlter Wulst zur Platte des *oro e negre*-Rahmens. Die Schenkelmitten und -ecken der Platte sind mit einem zierlichen floralen Muster in S*graffito*-Technik versehen. Abgeschlossen wird der Rahmen mit einem schmalen Steg, dessen Sichtkante vergoldet ist und der in getreppter Form zur Wand hin abfällt.

Augenfällig ist das sich wiederholende Streifenmotiv in Wulst und Pullover. Rahmen und Fotografie scheinen füreinander geschaffen worden zu sein. Wie ein Schutzwall umgibt das Innenprofil das Bild. Auf dem Weg der Bildbetrachtung bereitet er die Fotografie vor, leitet zu ihr hin, doch wirkt er auch als schützendes Hindernis. Neben diesem auffallenden gestreiften Wulst wirkt die schlichte Platte beruhigend. Sie weist das nach außen ragende Innenprofil auf sich zurück, indem die Farbigkeit des Wulstes zurückgenommen und harmonisiert wird. Die filigranen Blumenranken auf der Platte setzen zarte Konzentrationen auf die wesentlichen Achsen des Rahmens und geben ihm dadurch Stabilität. Ebenso bauen sie auch eine Beziehung zur Fotografie auf. Die zierliche Linienführung des Musters passt zu der graziösen Körperhaltung der Frau im Bild. Die kleinen Blümchen des Plattenrahmens unterstreichen ihre Zerbrechlichkeit. Durch die schwarz-weiße Aufnahme und den monochromen Hintergrund wird die Oberflächenstruktur der Haut betont, sodass sie eine gewisse Verletzlichkeit ausstrahlt. All dies verdeutlicht, wie empfindsam der hier dargestellte Moment festgehalten ist. Birgitta Thaysen zeigt mit dieser Fotografie einen Augenblick, indem die Porträtierte sich ganz ihren Träumen und Sehnsüchten hinzugeben scheint. Ihre Sonnenbrille, die sonst ihre Augen verdecken würde, hat sie beiseitegeschoben. Blicke von außerhalb scheint sie weder abwehren zu wollen, noch lässt sie sich von ihnen stören. Rahmen und Fotografie erschaffen gemeinsam eine Aura, welche die dargestellte Frau gleichzeitig deutlich erkennbar, verletzlich und doch unerreichbar und dadurch unzerstörbar erscheinen lässt.

Marliesa Komanns

Birgitta Thaysen | Elke Ulrich, Inner Ocean Nr. 92 | 2010 | Pigmentdruck auf 300g seidenmatt Papier

Plattenrahmen mit unterkehltem Innenprofil | 2. Hälfte des 16. Jh. | Toskana/Neapel
Außenmaß 109 x 95,5 cm | Lichtmaß 85 x 70 cm | Profilbreite 12,3 cm

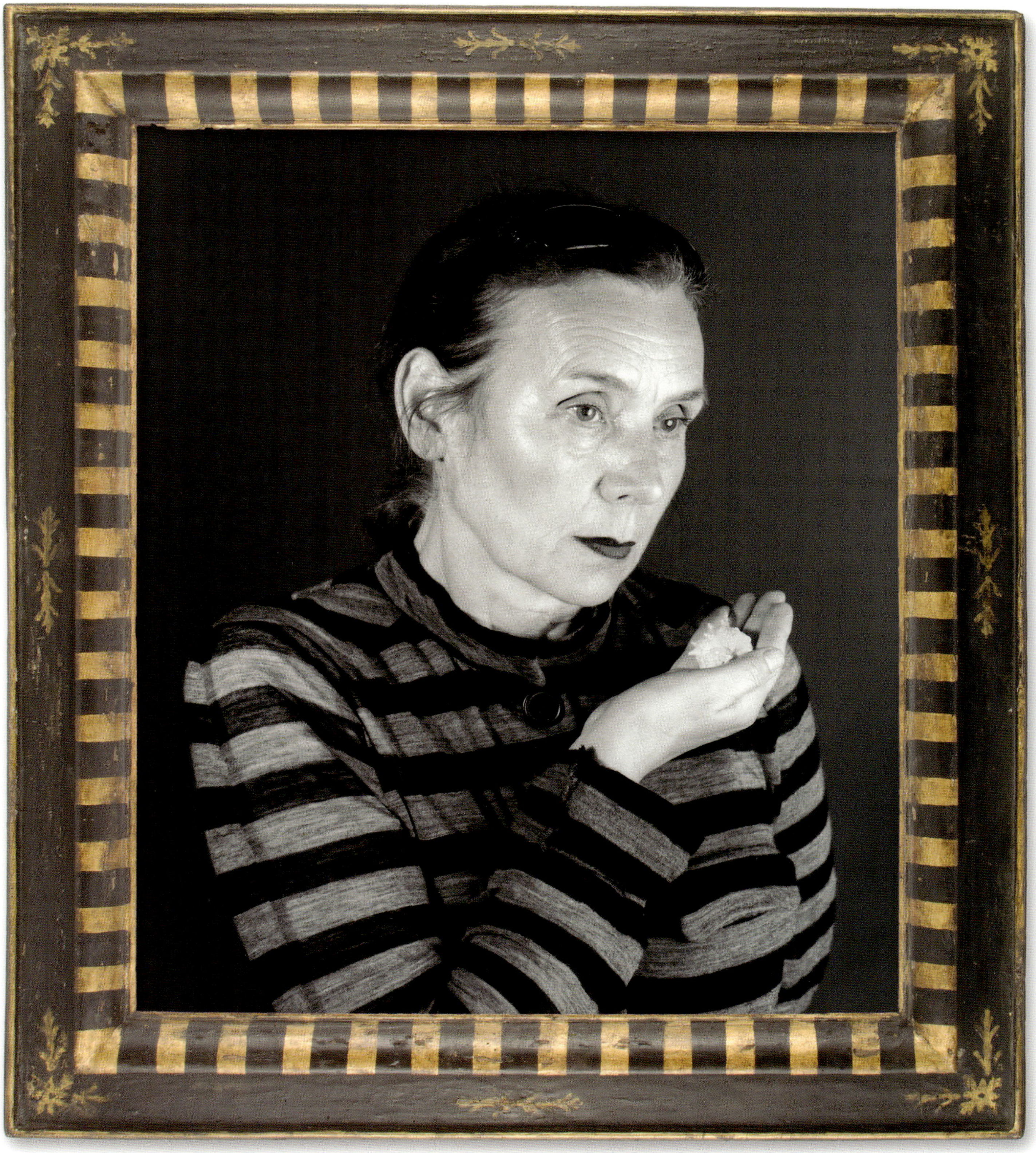

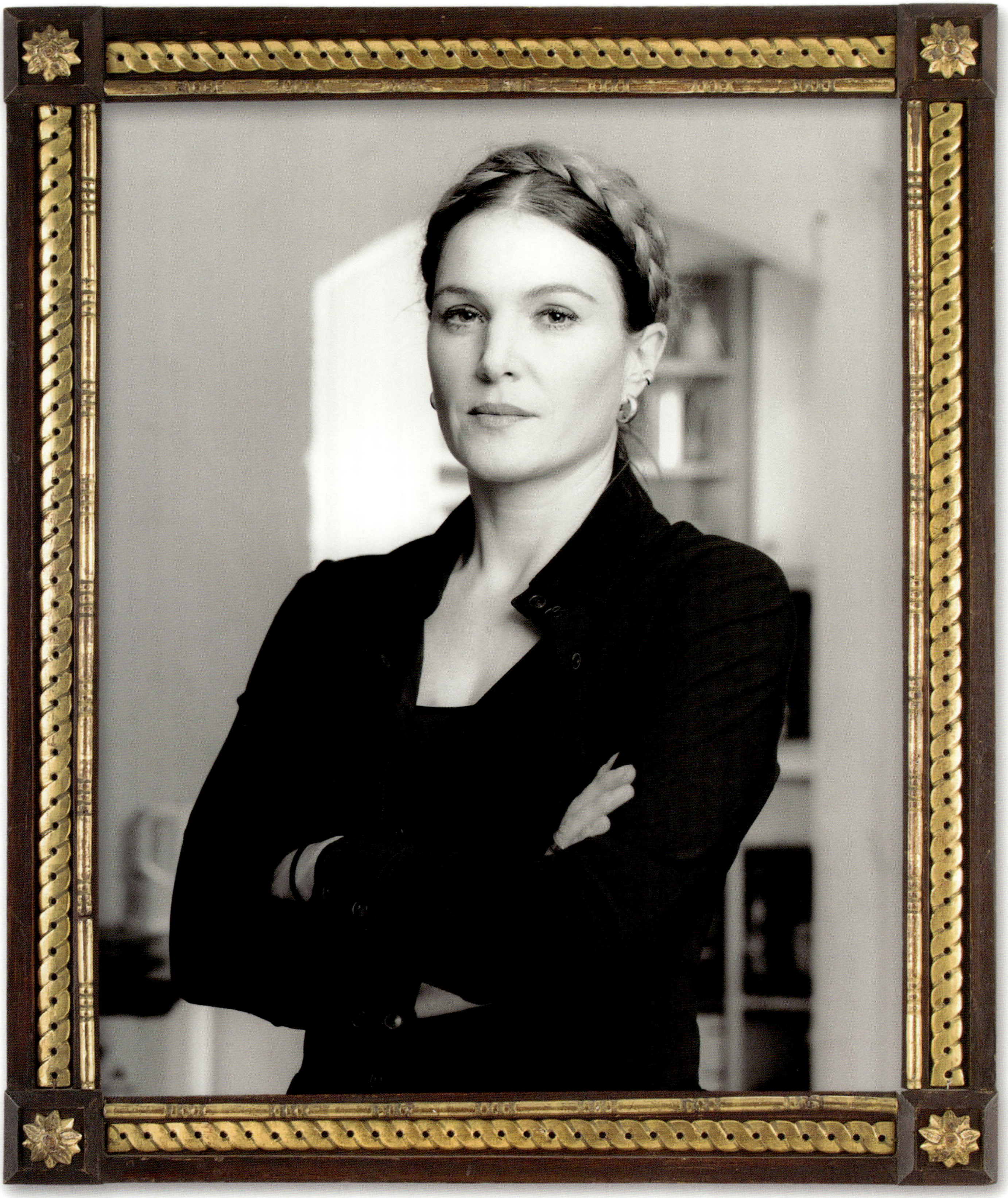

Dass das Biedermeier bis heute Aktualität behält, beweist die vorliegende Kombination einer Rahmung jener Epoche mit einem Porträt unserer Zeit. Der Bilderrahmen, dessen Plattenleisten sich in drei Ebenen untergliedern, beginnt innen mit einem vergoldeten *Astragal* auf einer schmalen Leiste. Das daran anschließend eingelegte, aus Holz gearbeitete und goldgefasste Flechtband füllt die zurückgesetzte Platte bis auf Höhe der inneren Leiste auf. Der höher liegende äußere Kantstab bildet in gleicher Breite wie das Ornamentgeflecht den schlichten Abschluss des Rahmens. An den Ecken sitzen, leicht erhöht, minimal verkröpfte Quader, deren Kanten zu ihren Mitten hin trapezoid ansteigen. Diese Trapezquader treten vor allem durch die zentral in quadratischen Vertiefungen angebrachten Goldrosetten hervor, die den Blüten von Edelweiß ähneln. Von der vergoldeten Zier abgesehen, erscheint der Rahmen farblich einheitlich in dunkel gebeiztem Holz.

Die hölzernen Schenkel umfassen eine Porträtfotografie Birgitta Thaysens, die ihre Künstlerkollegin Iris Zogel zeigt; die Eckquader nehmen sie in solch einer Weise ins Fadenkreuz, dass die hellen Partien ihres Gesichts und des Dekolletees gesondert hervortreten. Das Motiv des geschraubten Ornamentbandes greifen weniger die verschränkten Arme, als vielmehr der geflochtene Kunstzopf in den sonst streng zusammengebundenen, dunkleren Haaren Zogels auf. Der Kontrast zwischen Zopf und Eigenhaar, sowie Rahmendekor und Holzleiste findet Ergänzung in der Intention Thaysens, die den „interessanten Bruch zu ihrer [Zogels] sonstigen Wirkung"[1] zeigen will. So liegt dem Gesichtsausdruck der Porträtierten eine emotionslose Strenge inne, die ihre Körperhaltung unterstreicht: Die von einer dunklen Bluse verhüllte Verschränkung der Arme suggeriert zunächst Passivität, was nicht im Sinne einer Abwehrhaltung geschieht, sondern sie in eine Beobachterposition bringt, bei der ihre Augen den Betrachter aus einem Viertelprofil direkt anblicken. Alleine das verspielte Zopfband sorgt für Auflockerung in der sonst von klaren Formen bestimmten Fotografie.

Diese Klarheit findet sich auch in dem Raum, der die Künstlerin hinterfängt: Neben dem wenigen erkennbaren Mobiliar ist vor allem eine glatte, helle Wand zu sehen, die von einem Durchgang unterbrochen ist, dessen Segmentbogen der Gestalt Zogels einen zusätzlichen Rahmen gibt. Die Kargheit des Innenraums entspricht der betonten Schlichtheit des Biedermeiers mit seinen rar möblierten und möglichst weißen Zimmern,[2] dessen Geist in der vorliegenden Einheit aus Bild und Rahmen aufzuleben vermag.

Arne Zyprian

---

[1] E-Mail von Birgitta Thaysen an den Verfasser vom 12.07.2013.
[2] Boehn, 1911, 455.

Birgitta Thaysen | Iris Zogel Bildhauerin, Düsseldorf | 2008 | Pigmentdruck auf 300g seidenmatt Papier

Biedermeier-Plattenrahmen | 1. Hälfte 19. Jh. | Deutschland/Österreich
Außenmaß 65,5 x 53,8 cm | Lichtmaß 55,2 x 43,3 cm | Profilbreite 5,3 cm

In dieser Renaissance-Rahmung offenbaren sich dem aufmerksamen Betrachter Spuren eines Verbrechens.

Die schmale, schwarze Innenleiste des Plattenrahmens steigt über eine kleine Wulst-Kehle-Wulst-Gliederung auf und schließt mit einem runden Dreiviertelstab ab. In die zurückgesetzte Platte aus dunklem, poliertem Walnussholz sind Elfenbeinintarsien eingelegt. Sie bilden ein flaches Ornament mit achtblättrigen Rosetten in den Ecken und jeweils zwei Palmetten, die in den Schenkelmitten eine Kreisform flankieren. Ein kleiner Karnies leitet die äußere Leiste ein, die, der Innenleiste gleich, aus durchgängig schwarzem Holz gearbeitet ist; darauf folgen eine Hohlkehle und ein Absatz, sowie ein flacher Vierkantstab. Die Materialien dieses Renaissance-Rahmens wurden wahrscheinlich im 16. Jahrhundert in Italien zusammengesetzt.

Darin fügt sich nun die Fotografie eines Frauenaktes ein, bei dem die helle Haut des Modells einen ebenso starken Kontrast zu den das Mobiliar bedeckenden Stoffbahnen herstellt, wie die Einlegearbeiten des Rahmens zu dessen dunklem Holz. Unter dem faltenschlagenden Textil zeichnet sich ein Bettgestell ab, welches der Nackten ein Lager bietet. Sie selbst wendet dem Betrachter den Rücken zu, während sie auf ihrer rechten Seite lastend, einen Arm von der Kante des Möbels herunterhängen lässt, der wie schmerzlich verdreht wirkt. Der Oberarm ist wie ihr Gesicht, von dem nur noch ein hangbeschmücktes Ohr sichtbar ist, durch ihre Haare verdeckt. Den schutzlosen, schneeweißen Hinterbacken über die angewinkelten Schenkel folgend, verbergen sich ihre Füße in hochhackigen Schuhen, sodass sich der Betrachter mit der Frage konfrontiert sieht, ob die Liegende als nackt zu bezeichnen ist, oder doch eher als entkleidet.

Zwischen diesen vermeintlich synonymen Zustandsbeschreibungen gibt es einen entscheidenden Unterschied: Während die völlige Nacktheit ein Verweis auf die Natur, den Zustand eines Neugeborenen, ist und auch mythologisch überhöht wird, verweist die Entkleidetheit auf den gesellschaftlich *natürlichen* Zustand der Bekleidetheit,[1] sodass das Fehlen ausreichender Hüllen um so aufmerksamer macht. Vor allem die Art der einzig verbliebenen Bekleidung unterstreicht einen leicht anzüglichen Charakter, der hier unterstellt werden kann, da doch gerade Absatzschuhe weibliche Reize betonen – was der Betrachter weiß, obwohl diese Wirkung im Liegen nicht zum Tragen kommt.

Neben den geschilderten frivolen Anklängen tritt allerdings noch eine weitere Empfindung, welche durch die hervortretenden Rückenwirbel wachgerufen wird. Die vertebral perforierte Epidermis verweist auf die Verletzlichkeit des Körpers bar jeder künstlichen Schutzschicht, was die von Stoffbahnen umhüllten, aber nur oberflächlich verborgenen Möbel und die skelettartige Konstruktion der beinernen Intarsien nochmals verdeutlichen. In Verbindung mit dem Rahmenornament vermeint man gar, die Rippenbögen der Frau zu erahnen, gleichwohl ihr weiches, fast leblos scheinendes Fleisch diese in sich bettet.

Es entsteht somit ein widersprüchlicher Eindruck, da die Entkleidete einerseits mit Attributen der Verführung spielt: Dazu gehören nicht nur ihr Schuhwerk, sondern auch das Verbergen der geschlechtspezifischen Merkmale, was den Betrachter zum Phantasieren anregt. Andererseits verbietet der Anschein von Empfindlichkeit und Passivität, dass die Assoziation einer selbstbewussten Verführerin hervorgerufen wird. Bei dem Versuch, die Situation einzuschätzen, werden vielmehr Szenarien des Missbrauchs lebendig, da der Frauenkörper wie liegengelassen wirkt. Genauere Betrachtung der historisch gerahmten Aktfotografie lässt die vorschnelle Annahme sinnlicher Verlockung der Erkenntnis weichen, dass es sich um die Folgen eines Verbrechens handeln könnte.

Arne Zyprian

---

[1] König, 1990, 29.

Birgitta Thaysen | Frauenakt auf Stoff | 2009 | Pigmentdruck auf 300g seidenmatt Papier

Renaissance-Plattenrahmen | 16. Jh. | Italien
Außenmaß 31 x 41 cm | Lichtmaß 21,5 x 31,2 cm | Profilbreite 4,7 cm

89

90

Die vorliegende Bild-Rahmen-Kombination nimmt einen Transfer zeitgenössischer Fotografie in das frühe 19. Jahrhundert vor, bei dem die hölzerne Fassung als Vehikel fungiert.

Die vergoldete Lichtkante des schlicht gestalteten Rahmens steigt nach außen leicht an. Darauf folgt eine breite Hohlkehle, an die eine flache Kante ansetzt und mit einem kleinen Absatz abschließt. Die Rahmenecken treten durch erhöht ansetzende Würfelquader hervor, deren Sichtflächen kreisförmige Mulden unterbrechen, in denen jeweils eine im Verhältnis kleinere goldgefasste Kugel sitzt. Abgesehen von den goldfarbenen Details ist der Rahmen schwarz lackiert.

Das glatte Hohlkehlenprofil lässt auf eine Datierung im Hochklassizismus zwischen 1800 und 1830 schließen, obwohl die schwarze Fassung dafür untypisch ist.[1] Tatsächlich führt eine Spur in das Rheinland um 1815, aus dem schwarz gebeizte und polierte Hohlkehlenrahmen mit sperrig wirkenden Eckklötzen bekannt sind,[2] die der Erscheinung des vorliegenden Rahmens mit Ausnahme der vergoldeten Elemente gleichen. Aller Wahrscheinlichkeit nach ist es also ein Grafikrahmen des frühen 19. Jahrhunderts.

Am 19. August 1839 wird in Paris über das erste praktikable fotografische Verfahren berichtet, das nach ihrem Erfinder Daguerreotypie benannt wird und der Druckgrafik langfristig den Rang abläuft.[3] Dem mediengeschichtlichen Umbruch entsprechend befindet sich eine Schwarzweißfotografie in diesem Grafikrahmen des Biedermeier, die den Londoner Wane Campbell vor einem schwarzen Hintergrund zeigt, während er sich verschlossenen Auges eine große Muschel an sein rechtes Ohr hält. Das Licht fällt ihm von oben herab auf seine linke Schulter und bedeckt neben der Brustpartie nur noch die Rundungen seiner Stirn, seiner charakteristischen Physiognomie und die der Muschel; von den Armen abwärts verliert sich der Rest des Körpers in der Dunkelheit des Schattens.

Die runden Ausformungen, die dem Betrachter durch die Lichtreflexe entgegenstreben, werden im Rahmen von den vergoldeten Kugeln wieder aufgenommen und gleichzeitig in den Hohlkehlen der Rahmenleisten als Negativ abgebildet. Würden die kontrastierenden Lichtkanten nicht interagieren, verlöre sich die Fotografie vollends im dunklen Sog des Rahmens. Die vorhandene Situation hilft, dem Protagonisten Halt zu geben, ohne ihn in seiner Konzentration zu stören. Sein Gesichtsausdruck spiegelt ein Vergessen von der unmittelbaren Umwelt und gar sich selbst wider. Einzig das Licht scheint ihn noch mit der für den Betrachter sichtbaren Welt zu verbinden, ehe er gänzlich in transzendenten Tiefen versinkt.

Sowie die stillen Klänge des Muschelinnern Campbell zu einer Reise in sich hinein anregen, so nimmt im 19. Jahrhundert die Lust zu, in die Ferne aufzubrechen.[4] Forschungs- und Vergnügungsfahrten bleiben noch immer einer Minderheit vorbehalten, doch durch Reisebeschreibungen wird unter anderem eine Orientbegeisterung geschürt,[5] die es den Lesenden erlaubt, im Sinne Pierre Bayards zu „sesshaft Reisenden" zu werden.[6]

Die Muschel auf der Fotografie nimmt sinnbildlichen Charakter für die Reiselust an, zeugt von Sehnsüchten und Erinnerungen. Es sind eben solche Gegenstände, welche die Bürger im Biedermeier in der Servante präsentierten, jenem verglasten Schrank, der ihre kleinen Kostbarkeiten beherbergt und in ruhigen Momenten auf eine Reise einlädt.

Arne Zyprian

[1] Spindler, 2007, 122.
[2] Baatz, 2008, 18.
[3] Becher, 1990, 204.
[4] Ebd., 121.
[5] Bayard, 2013.
[6] Boehn, 1911, 458.

Birgitta Thaysen | Wayne Campbell, Inner Ocean Nr. 54, London | 2008 | Pigmentdruck auf 300g seidenmatt Papier

Grafikrahmen | 1. Hälfte 19. Jh. | Rheinland
Außenmaß 68 x 56 cm | Lichtmaß 53,8 x 42 cm | Profilbreite 4 cm

Das Bildnis, auf dem die blinde Fotografin Isa Pabst dargestellt ist, ist von einem auffällig prachtvollen Rahmen eingefasst. Die quadratische Innenleiste des Trophäorahmen besteht aus einer dünnen Lichtkante, gefolgt von einem Eierstab, an dem ein Kantstab anschließt. Der lyraförmige Außenrahmen steht auf Löwenfüßchen, die sich auf der Rahmenplatte in akanthusartigen Ranken fortsetzten. Auf dem unteren Schenkel enden die Ranken mittig in Voluten und Rosetten. Seitlich wachsen sie bis unter den oberen Schenkel. Auf dem oberen Schenkel sind drei geflügelte Engelsköpfchen dargestellt, die Girlanden halten: zwei seitlich und eines mittig. Über ihnen lagert ein Gesims mit einem Blattstab (Kyma). Darüber wird der Rahmen durch zwei Medaillons, aus denen seitlich Füllhörner mit Früchten, vor allem Weintrauben wachsen, bekrönt. Mittig über den Medaillons ist eine Palmette. Auf den Medaillons sind Kelch und Karaffe abgebildet. Die seitlich herabhängenden Lorbeergirlanden sind ein typisches Merkmal für französische Louis-XVI-Rahmen des späten 18. Jahrhunderts, unterstrichen wird dies durch klassische Ornamentformen, wie das lesbische Kyma am Innenrahmen.[1]

Der Betrachter blickt auf dem Bild einer alten Frau frontal in das Gesicht. Sie hat die Augen geschlossen, ihr mähnenhaftes, krauses Haar geht in ihren opulenten aber alten Fellmantel über. Zwischen ihren Haaren und dem Mantel schaut ihr ungeschminktes Gesicht hervor.

Sie trägt einen ursprünglich wertvollen, inzwischen aber abgenutzten Pelzmantel. Ihr Gesicht macht durch die geschlossenen Augen einen ruhigen, aber auch würdevollen Eindruck, auch wenn sie nicht zurecht gemacht ist. Auffällig ist ihre wilde Haartracht - diese wirkt durch ihr Voluminosität eindrucksvoll und nimmt viel Raum im Bild ein. Dem Haar sind kulturgeschichtlich verschiedene Bedeutungen zu gewiesen, so steht es als Zeichen für Sexualität, es charakterisiert den Träger und steht in Verbindung mit mystischen Kräften. Haare sind auch Symbol der Macht, da sie die körperliche Gesundheit und Kraft des Trägers widerspiegeln – so verliert Samson in der Bibel seine Stärke als man ihm sein Haar abschneidet. „Und sie ließ ihn entschlafen auf ihrem Schoß und rief einem, der ihm die sieben Locken seines Hauptes abschöre. Und sie fing an ihn zu zwingen; da war seine Kraft von ihm gewichen."[2] Gerade lange Haare waren in der Vergangenheit unter anderem ein Herrschaftszeichen, wohin gegen Sklaven rasiert wurden.[3]

Trophäorahmen wurden in der Regel für Porträts hergestellt und enthielten oft typische Attribute des Dargestellten und repräsentative Elemente. Repräsentativ wirkt der Rahmen auch hier. Er unterstreicht das Würdevolle in dem Porträt der blinden Fotografin und fügt einen herrschaftlichen Aspekt hinzu. Er stellt den heruntergekommenen Mantel und die wirren Haartracht in einen neuen Interpretationsrahmen. Die Löwenfüße des Rahmens stellen einen Bezug her zur mähnenähnlichen Frisur und dem Fellmantel. Gleichzeitig stützen sie das Bild und den Rahmen wortwörtlich. Sie erheben das Porträt ein Stück weit und fordern den Zuschauer auf, das Erhobene und damit das Besondere genau zu betrachten.

Birgitta Thaysen gelingt es mit ihrer Fotografie, einer auf den ersten Blick ihr Äußeres vernachlässigenden alten Frau eine fast majestätische Würde zu verleihen. Der Louis-XVI-Rahmen betont oder überbetont dies.

Laura Verena Heymer

[1] Vgl. Schmitz, 2003, 58-60.
[2] Ri 16,19.
[3] Vgl. Balabanova, 1990, 29.

Birgitta Thaysen | Isa Pabst | 2008 | Pigmentdruck auf 300g seidenmatt Papier

Trophäorahmen | spätes 18. Jh.
Außenmaß 72 x 57,5 cm | Lichtmaß 27 x 26,5 cm | Profilbreite 7,5 cm

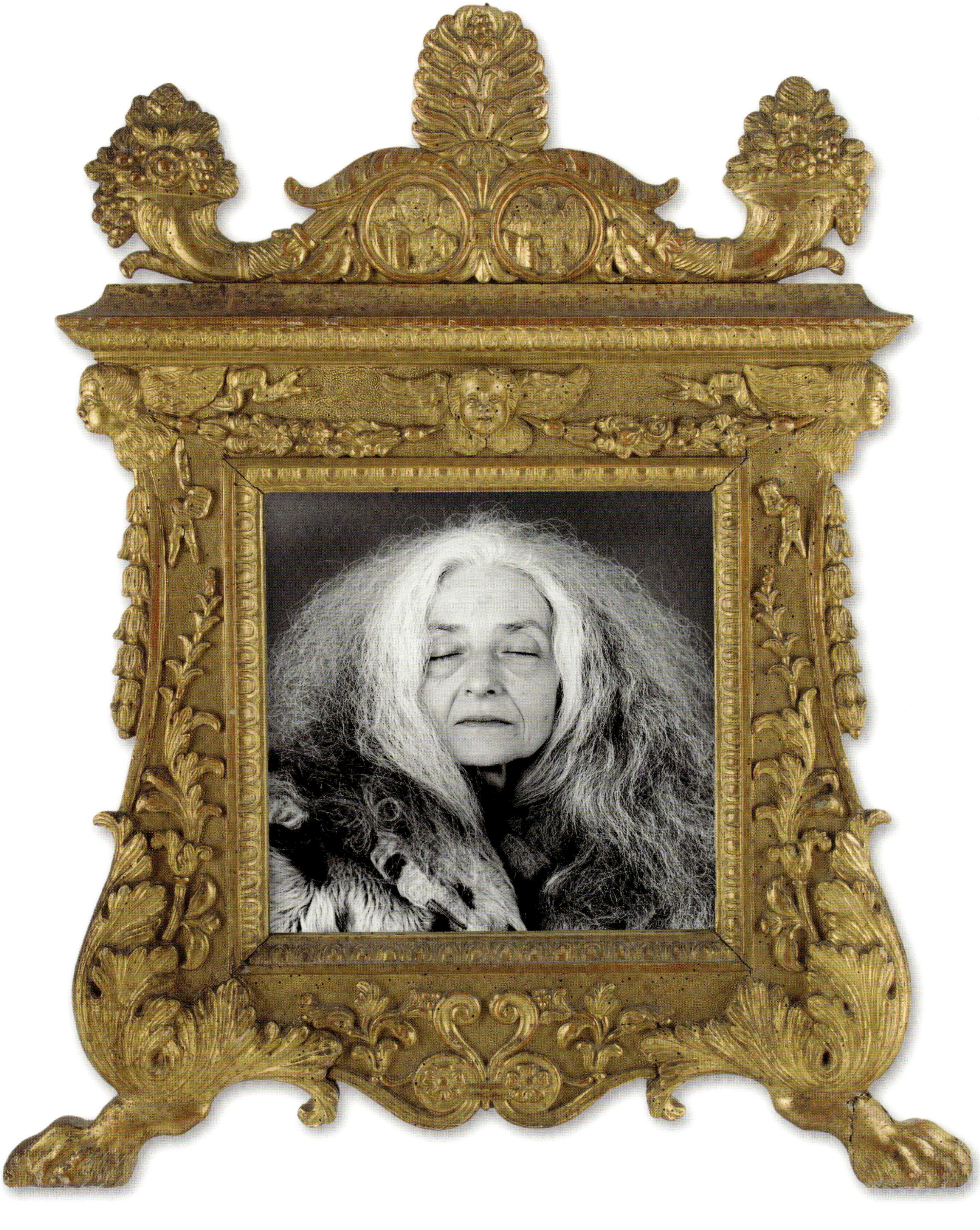

Wie aus einer anderen Zeit trägt der Porträtierte, der Schauspieler Grant Stimpson, einen Hut mit Zierband, eine Hornbrille, Krawatte und Manschettenknöpfe und wird als Halbfigur mit dunklem Sakko und weißem Hemd dargestellt. Die Augen sind aufgerissen, der Blick wirkt wach und aufmerksam. Vor der Brust und über seiner rechten Schulter hält der Mann je ein Schneckenhaus, das er mit seinen feinen gepflegten Fingern zwischen den unregelmäßigen Zacken der Schnecke, behutsam umfasst. Handelt es sich hierbei um Requisiten für ein Theaterstück? Wie kommen die Muscheln an diesen Ort und was macht Stimpson mit ihnen? Seine rechte Handfläche ist dem Betrachter zugewandt, als würde er ihm eine der Schnecken zuwerfen wollen, doch sein Gesichtsausdruck verrät, dass er nicht den Kontakt zu einem Publikum sucht, denn sein Blick führt am Betrachter vorbei.

Der Rahmen, der dieses Foto umgibt, stammt aus dem 17. Jahrhundert und wird von goldenen Akanthusblättern dominiert, die sich symmetrisch um das Bildfeld winden. Das Bild wird zunächst mit geraden Linien eingefasst, die in Form eines aufsteigenden Karnies hinüberführen zu kleinen kompakten Blättern, die sich eng an den abschließenden Wulst schmiegen. Exakt auf den Schenkelmitten treffen hierbei die nach außen gewölbten stilisierten Volutenenden zweier Blätter aufeinander, die dann in entgegengesetzter Richtung in leicht gefächerter Form fortgesetzt werden. An den Rahmeneckpunkten hingegen erscheinen neue Blätter, die zum Bildfeld diagonal verlaufend die Ecken unterfangen und ihre Blattspitzen dem Betrachter entgegenrecken ohne jedoch die Höhe des abschließenden Wulstes zu überragen. Der Gehrungsschnitt des inneren Rahmenprofils wird so in der Mittellinie dieser Blätter aufgegriffen, sodass er gleichzeitig zu einem weiteren, darunter liegenden Blattkranz überleitet. In diesem wird die Symmetrie und Formensprache des ersten wiederholt, wobei nun das Profil gänzlich nach außen abfällt. Die ornamentalisierten Blätter an den Schenkeln nehmen einerseits die Biegung der inneren auf, andererseits wölben sich ihre Voluten ins Rahmeninnere. So entstehen kleine Durchbrüche innerhalb des Rahmens, die ihm etwas Luftiges und Beschwingtes verleihen. Doch prägen ihn auch strenge Symmetrieachsen. In den Schenkelmitten werden die aufeinandertreffenden Akanthusblätter von feinen Linien und schmalen, nach außen führenden Blattpartien getrennt. Diese vertikalen und horizontalen Achsen lassen sich auch in der Fotografie wiederfinden. Der Hintergrund über dem Kopf des Mannes erscheint heller als im übrigen Bild. Der Blick führt über die Stirnfalte, den Nasenrücken, den Mund und das Kinn im leicht schräg gehalten Kopf bis zur Krawatte, die im Dunkeln des unteren Bildrandes verschwindet. In der Horizontalen wird die Fotografie durch die Schatten einerseits und den hellgrauen Hintergrund andererseits in zwei Bereiche eingeteilt. Dies stabilisiert das Bild und hält es in der Rahmenmitte.

Das abfallende Profil des Rahmens, das durch die Diagonalen noch betont wird, erzeugt aber auch eine Gegenbewegung. Das Bildfeld wird nach außen hin erweitert. Ein solches Hinausstreben lässt sich in der Fotografie nicht wiederfinden. In ihr erscheinen kleinere diagonale Linien, die den Blick auf die Schneckenhäuser lenken und eine inhaltliche Korrespondenz zwischen ihnen und dem Mann schaffen. So kann der Betrachter das Bild auch auf einer synästhetischen Ebene wahrnehmen. Es sieht so aus, als ob Stimpson eine der Schnecken sanft an sein Ohr drückt. Sein konzentrierter Blick und der Spot auf seinem anderen Ohr erwecken den Eindruck, als ob er den Geschichten der Muschel lausche. Unter diesem Aspekt erscheinen auch die Voluten der Akanthusblätter im Rahmen wie die Rundungen eines Schneckenhauses und deren gefächerte Enden wie die Wogen einer Welle und vermitteln so den in der Fotografie festgehaltenen Moment des In-sich-Versunken-Seins. Das Lauschen an einer Muschel, das jedem bekannt ist und doch für jeden etwas anderes bedeutet.

Marliesa Komanns

Birgitta Thaysen | Grant Stimpson, Inner Ocean Nr. 77 | 2008 | Pigmentdruck auf 300g seidenmatt Papier

Offener Blattrahmen | 17. Jh. | Toskana
Außenmaß 56 x 50 cm | Lichtmaß 37,3 x 31,7 cm | Profilbreite 9 cm

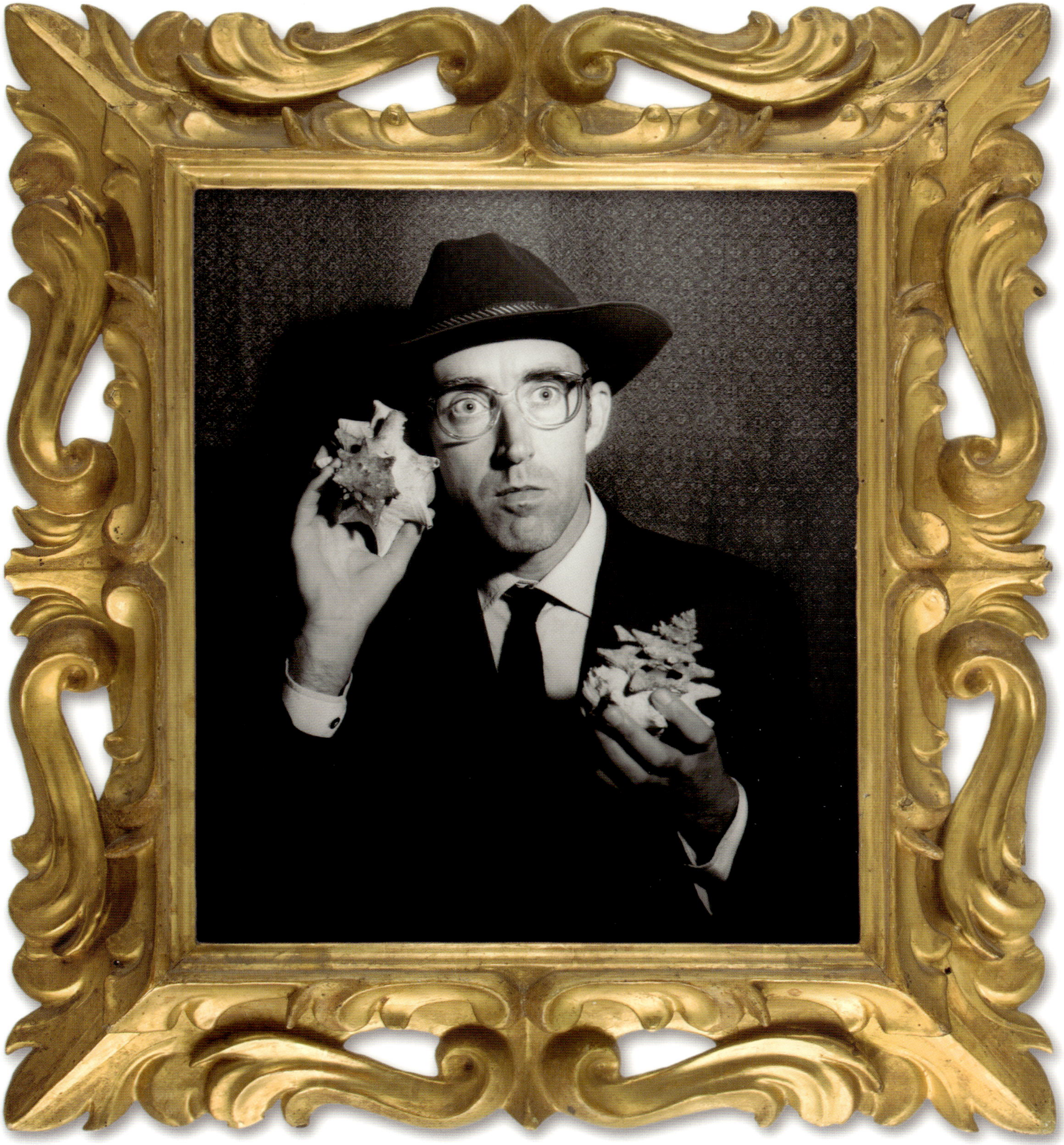

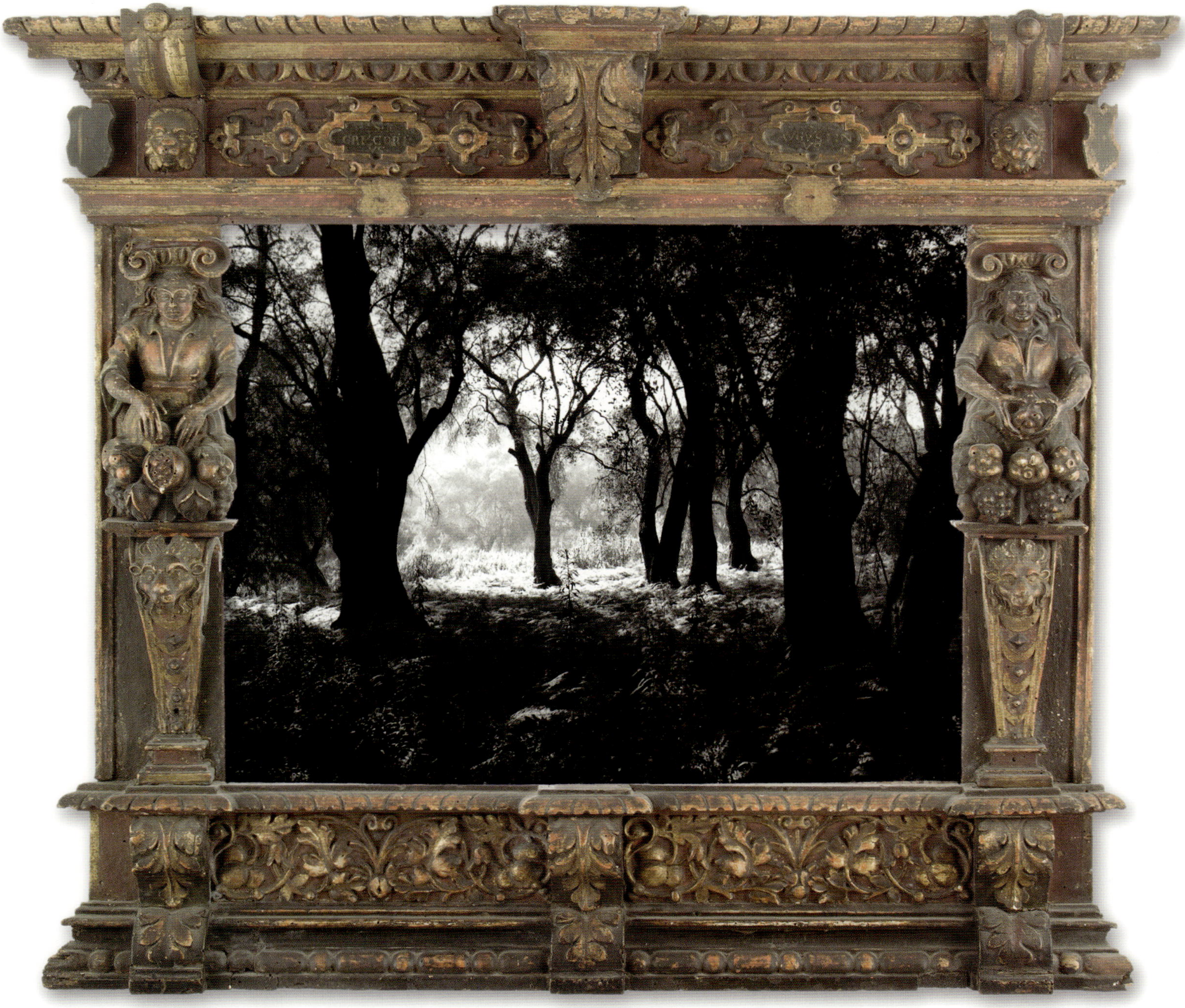

Dieser ungewöhnliche Rahmen entstammt der Renaissance-Ausstattung einer Kirche. In erster Nutzung war er Teil einer Kanzel oder eines Chorgestühls der zweiten Hälfte des 16. Jahrhunderts.[1] Trotzdem sind die architektonischen Formen als Rahmentypus kein Novum. In der Renaissance kam erstmals die Form des sogenannten *Ädikula*-Rahmens auf.[2] Bei diesem Typus werden die seitlichen Rahmenleisten als Stützen oder Säulen ausgebildet, die obere Rahmenleiste als ein Gebälk oder Gesims. Daher die Bezeichnung als Häuschen, auf Griechisch *Ädikula*.

Die Stützelemente bei diesem Rahmen sind als Karyatidhermen ausgebildet, d. h. als Halbfiguren, die auf ihrem Kopf das ionische Säulenkapitell tragen. Die Figuren selbst werden getragen von langgezogenen Konsolen, die mit Löwenköpfen geschmückt sind. Die Karyatidhermen sind in diesem Fall Marktfrauen in groben Arbeitshemden, die mit vergnügten Gesichtern üppige Früchte präsentieren. Auch in der Sockelzone ist der Fries mit Früchten und Blattranken verziert. Die drei Konsolen, die den Sockel unterteilen, sind mit dicken Akanthusblättern versehen. Auf das Gebälk sind über den Karyatidhermen Löwenköpfe aufgesetzt, Spangen umgreifen das Gesims darüber. Die Mitte markiert eine weitere Konsole, doppelt so groß wie diejenigen in der Sockelzone. Die Frieszone ist hier nicht mit Ornamenten geschmückt, sondern mit Plaketten, deren Rahmen wie Eisenbeschläge ausgebildet sind. Innen stehen die Namen zweier Kirchenväter: Gregorius und Augustinus. Architrav und Rahmenseiten sind mit je zwei leeren Wappenfeldern geschmückt.

Diese reiche plastische Gestaltung weist nur noch Reste der wohl ebenso reichen farbigen Fassung und teilweisen Vergoldung auf. Heute sieht man das bloße Holz, viele Stellen sind zudem mit nachgedunkelten Fassungsresten bedeckt und der Rahmen macht trotz der eher drolligen Gesichter der Karyatidhermen auf den ersten Blick einen düsteren Eindruck.

Genauso düster wie auf den ersten Blick Birgitta Thaysens Fotografie eines Olivenwaldes auf Korfu, Griechenland, wirken mag. Die unmittelbare Umgebung des implizierten Betrachters ist verschattet, uralte Bäume heben sich schwarz gegen den Hintergrund ab und verstellen den Blick. Der Wald wirkt gefährlich und geheimnisvoll, als wäre er den Gesetzen der Realität entrückt. Doch je weiter der Blick in den Bildraum vordringt, desto heller und lichter wird der Wald, Licht strömt durch die dunklen Bäume auf den Betrachter zu.

Die Fotografie gehört zur Serie *Memories*, die sich nicht nur in erster Linie auf Reiseerinnerungen bezieht, sondern auch auf Phänomene der Erinnerung an sich. In diesem Kontext bekommt die heutige Holzsichtigkeit der Rahmens zusätzliche Bedeutung: Die mystische Stimmung der Fotografie suggeriert eine Verbindung zwischen dem Holz der Olivenbäume und dem Holz aus dem der Rahmen besteht. Des Weiteren fasziniert und beschäftigt die Kombination durch zahlreiche Kontraste und Ungereimtheiten im Detail: Was haben die vergnügten, vollbusigen Marktfrauen mit den Kirchenvätern Gregorius und Augustinus zu tun? Wo besteht der Zusammenhang zwischen den beiden frühchristlichen Gelehrten und der Lichtmetaphorik der Fotografie? Auf jeden Fall beeinflusst hier der Rahmen jeden Versuch der Interpretation der Fotografie.

Vanessa Arndt

[1] Vgl. Dietrich / Conzen, 1983, 49.
[2] Zum Typus des Adikularahmens vgl. Schmitz, 2003, 240.

Birgitta Thaysen | Olivenwald auf Korfu (Griechenland), Memories | 2000 | Pigmentdruck auf 300g seidenmatt Papier

Ädikularahmen | 2. Hälfte 16. Jh. | Deutschland
Außenmaß 69 x 78 cm | Lichtmaß 40 x 50,7 cm | Profilbreite 9 cm

Dieser schöne und dennoch schlichte Rahmen arbeitet mit klassischen Stilformen: Die Ecken des Plattenrahmen sind mit stilisierten Akanthusblättern betont, deren Konturen in die vergoldete Platte eingraviert sind. Durch die umliegende mit einem Schuppenmuster bedeckte Oberfläche werden die glatten Blätter noch hervorgehoben. Auf den Schenkelmitten befinden sich einfach nur glatte Spiegelflächen. Während die Rahmenplatten vergoldet sind, sind Innen- und Außenprofil holzsichtig und lediglich klar lackiert. Innen steigt eine Leiste in mehreren kleinen Stufen leicht nach außen an, darauf folgt die nach außen leicht abfallende Rahmenplatte und ganz außen schließt eine ähnlich fein getreppte Leiste zur Wand hin ab. Das warme Holz bildet einen schönen Kontrast zur metallischen Oberfläche des Goldes.

Das Bild in diesem Rahmen ist ein Selbstporträt der Fotografin Birgitta Thaysen. Die Konturen des Gesichts und des Körpers sind bei diesem Porträt kaum erkennbar. Die schemenhaften Konturen einer Gestalt heben sich dunkel gegen den hell leuchtenden Hintergrund ab. Ihre Knie sind gebeugt, die Hände darauf abgestützt und der Kopf nach vorne geneigt, wo er gegen eine unsichtbare Barriere zu stoßen scheint. Die Linien der Arme und Oberschenkel werden von den Diagonalen zwischen den die Rahmenecken akzentuierenden Akanthusblättern betont. Obwohl uns am nächsten, ist das Gesicht nicht erkennbar: Durch die unsichtbare Barriere sind wie durch einen Schleier nur vage Schatten zu erkennen, wo wir Augen, Nase und Mund vermuten.

An den dunkelsten, verschattetsten Stellen der Fotografie sehen wir Wassertropfen, Schlieren und Kratzer auf der Oberfläche der Barriere, die unsere Realität von der Realität im Bild trennt. Sie erinnern an die glänzende, geschuppte Oberfläche um die Akanthusblätter im Rahmen. Man vermeint zwischen der Porträtierten und dem Betrachter eine mit Wassertropfen beschlagene Glasscheibe zu erkennen. Den Kopf gegen die Scheibe gedrückt und den Körper rund gemacht, nach innen und zur Mitte gerichtet springt der Eindruck, den wir von der Gestalt haben, zwischen zwei Polen hin und her. Einerseits wirkt sie kontemplativ, nach innen gerichtet und konzentriert, geschützt vor äußeren Einflüssen hinter der Scheibe. Andererseits wirkt der gegen die Scheibe gedrückte Kopf, als ob sie dahinter gefangen wäre.

Aber handelt es sich bei der Scheibe um Fensterglas oder um Spiegelglas? Ist es eine Fensterscheibe, so erblickt der Betrachter durch sie ein Stück fremde Wirklichkeit. Der Rahmen wird Fensterrahmen und das Bild zum Bildraum. Zusammen bilden sie eine illusionistische Einheit, die das Auge des Betrachters bis zum letzten Moment täuscht. Das Fenster zeigt und präsentiert die Gestalt dahinter, kann aber auch abschirmen wie eine Vitrine. Sie trennt gleichzeitig und erlaubt den Blick auf das Bild dahinter, allerdings nicht uneingeschränkt, da die Wassertropfen den Blick behindern. Die Wirklichkeit, die dem Betrachter gezeigt wird und gleichzeitig durch die beschlagene Scheibe verborgen wird, ist klar getrennt von derjenigen des Betrachters und zeigt und verbirgt etwas fremdes, andersartiges: die Realität Birgitta Thaysens.

Ist es eine Spiegelscheibe, so erblickt der Betrachter auf dieser Fläche die zurückgeworfene Abbildung der eigenen Realität. Das Bild existiert auf der Fläche des Spiegels, der Rahmen wird zum Spiegelrahmen. Dann bezieht sich die Fotografie nicht auf die fremde Wirklichkeit der Porträtierten, sondern auf die eigene und die Art wie wir sie wahrnehmen. Die beschlagene Scheibe, die unsere Sicht behindert wird zum Modus der Selbstwahrnehmung. Birgitta Thaysen hält sich und dem Betrachter den Spiegel vor.

Beide Sichtweisen sind hier möglich, aber beide ermöglichen es nicht, die Gestalt hinter dem Glas klar zu deuten. Ihre Umrisse, ihre Identität bleiben vage und verschwommen. Der Impuls den Schleier von Wassertropfen abzuwischen bleibt bestehen.

Vanessa Arndt

Birgitta Thaysen | Selbstportrait | 2003 | Pigmentdruck auf 300g seidenmatt Papier

Barocker Plattenrahmen | 17. Jh. | vrmtl. Frankreich
Außenmaß 46,3 x 37,5 cm | Lichtmaß 36,5 x 27,8 cm | Profilbreite 5 cm

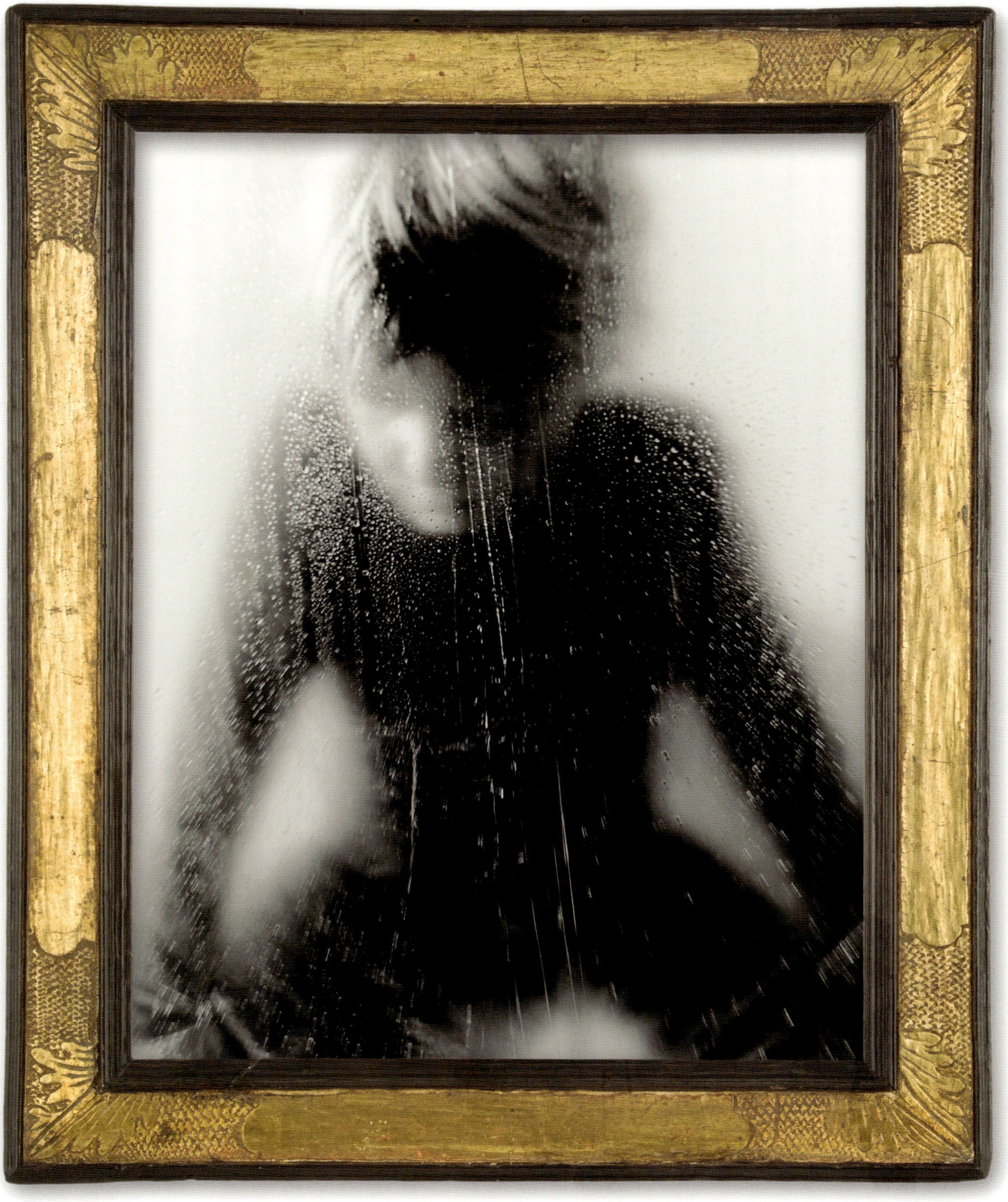

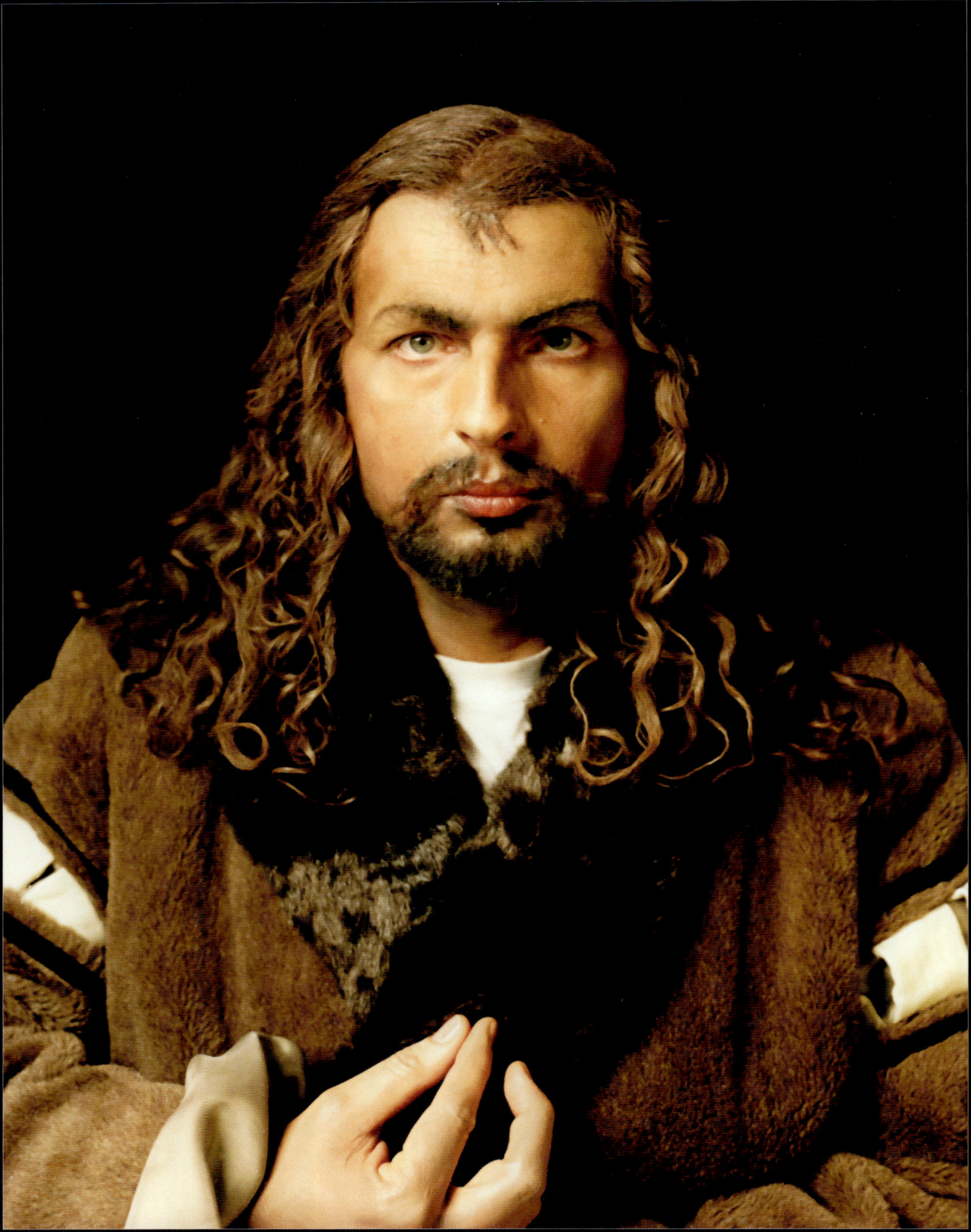

Ingolf Timpner

1963   geboren in Mönchengladbach
Studium der Kunstgeschichte und Philosophie an der Kunstakademie Düsseldorf
lebt und arbeitet in Düsseldorf

„[…] die Photographie ist ‚die Momentaufnahme dessen, was in einer Person von Dauer ist'"
Brassaï nach Marcel Proust

Ingolf Timpner begann im Alter von 15 Jahren mit einer gefundenen Kamera zu fotografieren. Er betrachtet die Kamera als ein Instrument, analog zu Musikinstrumenten oder medizinischen Geräten.

Die Auseinandersetzung mit der Kunstgeschichte und im Speziellen den Künstlern Albrecht Dürer, Théodore Géricault, Edgar Degas, Antonin Artaud und Balthus bildet die zentrale Quelle für Timpners Arbeiten. Dabei sind seine drei großen Themen „die Zeit, das Sein und der Tod". Timpner äußerte sich in einem Gespräch mit Studierenden der Heinrich-Heine-Universität Düsseldorf im Juni 2013 mit folgenden Worten: „Meine Arbeit besteht aus der Schaffung komplexer Bilder, die durch eine Verdichtung von Realität entstehen."

Die Bilder haben keine eindeutig festgelegte Aussage. Beziehungen, Bezüge, verschiedene Schichten von Zeitebenen machen sie spannungsreich. Allgemein betrachtet entstehen Timpners Bilder nicht nur in dem Moment, in dem der Auslöser gedrückt wird, auch Konzeption, Vorbereitung des Modells und Entwickeln im Labor gehören dazu. Es handelt sich um Handabzüge, die vom Künstler selbst hergestellt werden. Aquarellartige Ausflockungen an den Bildrändern entstehen durch das Auftragen des Entwicklers mittels eines Naturschwammes auf das belichtete Fotopapier. Jedes Bild wird so zu einem Unikat und macht andererseits an diesen Stellen den chemischen Prozess sichtbar, der an der Bildentstehung beteiligt ist.

Ingolf Timpner fotografiert in Schwarz-Weiß. Die Kolorierung einiger seiner Bilder entsteht nachträglich. Dafür verwendet er ein frühes Verfahren der Handkolorierung von Schwarz-Weiß-Fotografien mit Eiweißlasurfarben, d. h. mit pigmentfreien, transparenten Farben. Das fertige Ergebnis wird eingescannt und auf spezielle archivfeste Fotopapiere im Pigmentdruck geprintet.

Timpner inszeniert seine Modelle durch auffälliges Schminken, Haltung, Gesten und Gesichtsausdruck sowie die Platzierung im Atelier oder in ausgewählten Außenräumen. Bei der Inszenierung der Modelle ist es wichtig, dass durch Timpners Herangehensweise Individualität auf verschiedensten Ebenen transformiert und zu etwas Überpersönlichem geführt wird. Es sind keine Porträts im engeren Sinne, sondern überpersönliche Bildnisse.

Anna Reisch, Marius Alexander Stiehler und Ruth Wehning

Nicht nur seine Farbgebung macht diesen rot-schwarzen, teils vergoldeten französichen Rahmen so einzigartig. Es ist hauptsächlich seine Form, die die Aufmerksamkeit des Betrachters auf sich zieht. Die spiralartige Form des Drehstabes trägt dazu bei, dass ein großer Teil des Rahmens förmlich aus Luft besteht. Dadurch wird sowohl eine gewisse Leichtigkeit signalisiert als auch eine geheimnisvolle Note verliehen. Denn als Betrachter kann man in den Rahmen wortwörtlich hineinschauen. Der eingelegte rote Drehstab mit Blattverzierung führt den Blick des Betrachters um den ganzen Rahmen herum. Bei dieser Blickwanderung entdeckt der Betrachter vergoldete Akanthusblattecken und ebenfalls Akanthusblattverzierungen in der Mitte der Rahmenschenkel. Den Abschluss bildet die Hinterkehlung mit dem schwarz gefärbten Blattwerk, die den roten Drehstab mit den vergoldeten Akanthusblättern noch gesondert hervorhebt und gleichzeitig von der Wand abgrenzt.

Die Schwarz-Weiß-Fotografie präsentiert eine Frau, die am Tisch sitzt. Die blonde, in Schwarz gekleidete Frau stützt sich mit ihren Ellbogen auf den Tisch. Sie lehnt ihren Kopf an ihre Finger, die ineinander greifen. Hinter der dargestellten Frau befindet sich ein Vorhang. Die Frau starrt ins Leere. Durch ihren Blick wirkt sie gedanklich abwesend. Die schwarze, langärmlige Kleidung steht im Kontrast zu den anderen Bereichen der Fotografie. Sie konzentriert den Blick des Betrachters auf die Hände der Frau und führt diesen auf ihr Gesicht. Der Vorhang erinnert an Theater und verweist somit auf eine Inszenierung des Dargestellten. Was wird hier vorgeführt?

Da der Tod ein wichtiges Thema in Ingolf Timpners Arbeiten ist, könnte dieses Thema hier inszeniert sein, was sich an der schlichten schwarzen Kleidung, die an ein Trauergewand erinnert, und der erstarrten Pose der Frau erahnen lässt. Die Positionierung der Frau könnte aber auch als eine Denkerpose gedeutet werden. Denkt die Frau vielleicht über ihr Leben nach? Bei dieser Interpretation wird ein weiteres wichtiges Thema des Künstlers, nämlich das Sein, angesprochen. Durch den Gestus der Frau und ihren abwesenden Blick könnte die Szene sogar als Beten gedeutet werden. Die Entscheidung für eine von den möglichen Interpretationsalternativen bleibt also dem Betrachter überlassen.

Die Farbverläufe am Rand der Fotografie vermeiden eine starre Abgrenzung vom Rahmen. Der Rahmen zieht zuerst die Aufmerksamkeit des Betrachters auf sich. Doch gerade deshalb, weil der Rahmen in seiner Form und Farbigkeit so spezifisch ist, hat man gar keine andere Möglichkeit, als das zu betrachten, was davon umrahmt wird. Beim Betrachten der Fotografie entdeckt man, dass diese durch verschiedene Elemente mit dem Rahmen kommuniziert.

Die gerundeten Falten des Vorhangs und die spiralartige Form des Rahmens harmonieren miteinander. Der Drehstab des Rahmens erinnert ebenfalls an die Positionierung der Hände der Dargestellten. Außer der Form findet man ebenfalls Gemeinsamkeiten zwischen dem Rahmen und dem Bild in Bezug auf Symbolik. Da der Akanthusdekor des Rahmens mit Vitalität in Verbindung gebracht werden kann, wird hier ein Bezug zur Fotografie hergestellt, unabhängig davon, ob die Fotografie das Sein oder den Tod thematisiert.

Durch seine Einzigartigkeit zieht der Rahmen zunächst die Blicke auf sich, stellt die Fotografie aber nicht in den Schatten, sondern macht auf sie aufmerksam. Die Fotografie ihrerseits korrespondiert mit der Form des Rahmens. Eben dieses Zusammenspiel macht diese Fotografie-Rahmen-Kombination harmonisch, aber auch spannend.

Anna Reisch

Ingolf Timpner | Ohne Titel (Werknummer P 3) | 2010 | Fotoarbeit auf Barytpapier, 51 x 51 cm

Französischer Rahmen | 18. Jh.
Außenmaß 75 x 92,5 cm | Lichtmaß 60,9 x 78,5 cm | Profilbreite 6,8 cm

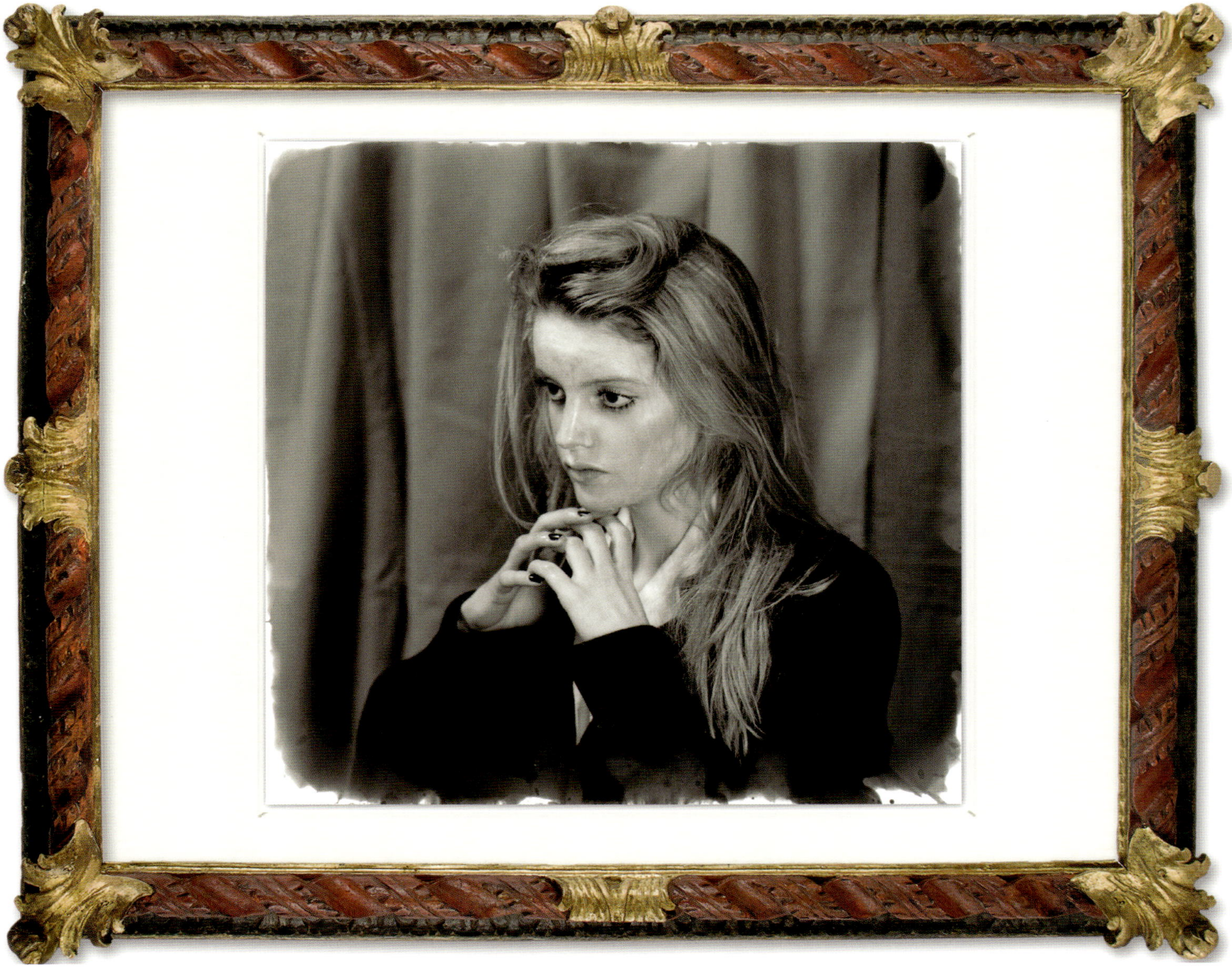

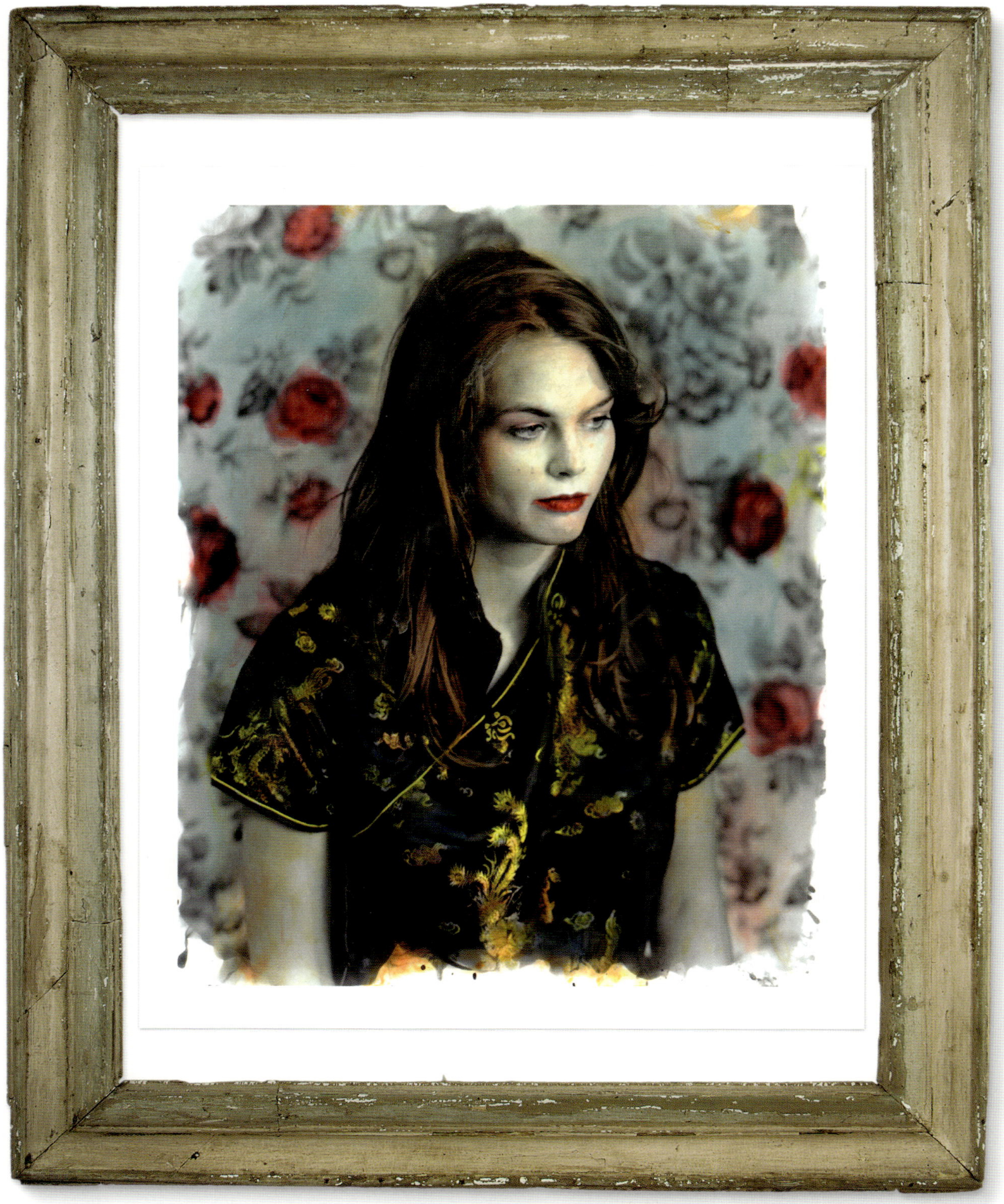

Dieser auf den ersten Blick durch seine Form einfach gehaltene italienische Profilrahmen präsentiert sich durch seine Farbgebung im interessanten Licht. Die Farbübergänge von Hellgrün bis Hellbraun verwirren optisch den Betrachter, da man diese oft nicht von Abfolgen von Karnies bzw. Halbrundstab unterscheiden kann. Das Durchschimmern der Farbtöne führt dazu, dass diese nur erahnt werden. Dies gibt dem Rahmen seine geheimnisvolle Note. Deutlich wird, dass die Zeit ihre Spuren hinterlassen hat. Man möchte darin ein Bild umrahmt sehen, das ebenfalls etwas Geheimnisvolles in sich trägt und zum Nachdenken anregt.

Die Fotografie präsentiert uns eine Frau bis zur Taille, die in schwarze asiatische Kleidung mit gelben Ornamenten gekleidet ist. Die Frau trägt rötlichen Lidschatten und leuchtend-roten Lippenstift. Im Hintergrund befindet sich eine Tapete, die ähnliche Ornamente wie auf der Kleidung der abgebildeten Frau erkennen lässt. Darüber hinaus springen große Rosen ins Auge. Sonst findet man die Grau-, Grün-, Schwarz- und Gelbtöne in der Tapete, die sich in der Hautfarbe der Frau zu spiegeln scheinen. Der Blick der Frau ist gesenkt, ihre Augen scheinen nicht auf etwas fixiert zu sein. Sie wirkt nachdenklich oder möchte nachdenklich wirken. Ihre Schultern und ihr Kopf sind leicht gebeugt, was auf eine ehrfürchtige Rolle der asiatischen Frauen gegenüber Männern hindeuten könnte. Warum trägt die Frau asiatische Kleidung, obwohl diese nicht ihrer Herkunft entspricht? Ihre Gesichtszüge verraten, dass es sich um eine Inszenierung handeln muss. Es ist nicht nur ein Kleidungsstück, das die Frau anprobiert. Sie schlüpft in eine andere Rolle. Wie bei den Schauspielern liegt ein gewisser Reiz darin, eine fremde Persönlichkeit oder in diesem Fall eine fremde Kultur „anzuprobieren". So wird in der Fotografie eine gewisse Spannung aufgebaut. Als Betrachter möchte man das Geheimnis der Persönlichkeit der Dargestellten hinter der angenommenen Rolle lüften.

Die Fotografie und der Rahmen harmonieren auf den ersten Blick durch ihre Farbgebung miteinander. Grau-, Grün-, Gelb- und Brauntöne findet man auch in der Fotografie wieder. Doch werden in der Fotografie ebenfalls Farben entdeckt, durch welche diese sich in den Vordergrund stellen möchte. Der Glanz der Kleidung der Frau und der Schwarz-Gelb-Kontrast heben sich vom Rahmen ab. Aber auch das leuchtende Rot der Lippen, das man ebenfalls in der Tapete findet, lenkt den Blick des Betrachters vom Rahmen auf die Fotografie.

Der Aspekt der Inszenierung der Frau in der Fotografie und die Besonderheit der Farbenbeschaffenheit des Rahmens machen beide geheimnisvoll. Wer weiß, vielleicht möchte die dargestellte Frau, was man ihrem nachdenklichen Blick entnehmen könnte, auch das Geheimnis des Rahmens lüften?

Die aquarellartigen Farbverläufe am Rand der Fotografie schaffen einen fließenden Übergang zum Rahmen und tragen zur Verschmelzung der beiden miteinander bei.

Die oben genannten Gemeinsamkeiten verbinden die Fotografie und den Rahmen miteinander. Durch ihre Farbgebung dominiert hier jedoch die Fotografie. Vergleichbar mit zwischenmenschlichen Beziehungen kennzeichnen sowohl Harmonie als auch Spannung diese Rahmen-Fotografie-Kombination.

Anna Reisch

Ingolf Timpner | Ohne Titel (EXP 49) | 2009 | Pigmentdruck auf Hahnemühle Photo Rag Ultra Smooth | Blatt 82 x 69 cm | Bild 75 x 62 cm

Italienischer Profilrahmen | 17. Jh.
Außenmaß 113,8 x 91,6 cm | Lichtmaß 91,5 x 68,6 cm | Profilbreite 8,5 cm

Dieser rot-braune, vergoldete, klassizistische Rahmen besteht von innen nach außen gelesen aus einer Platte, einem schmalen Vierkantstab, einer ansteigenden, breiten Kehle mit Blattverzierungen (Akanthusdekor) und einem Vierkantstab als Abschluss. An einigen Stellen wird unter der Vergoldung die rot-braune Farbe sichtbar, was auf den Alterswert des Rahmens verweist. Die Übergänge von Rot-Braun zu Gold wirken harmonisch. Die Vielschichtigkeit der Farben hat gleichzeitig etwas Geheimnisvolles.

Die Kehle des Rahmens ist mit Akanthusdekor gefüllt. Seit der klassischen Antike wird Akanthusdekor als ein weit verbreitetes Dekorationselement eingesetzt. Die Akanthusverzierung des Rahmens kann unterschiedlich gedeutet werden. Akanthus steht vor allem für Vitalität.

Die Fotografie präsentiert dem Betrachter eine dunkelhaarige Frau, die ein schwarzes Kleid mit weißen Blumen trägt. Zur Rechten der Frau befindet sich ein Schädel mit einer Pelzmütze, der darauf hindeutet, dass es sich hier um eine *Vanitas*-Darstellung handelt, die für die Vergänglichkeit alles Irdischen steht. Die Pelzmütze auf dem Schädel, die auf irdische Reichtümer anspielen könnte, irritiert auf den ersten Blick den Betrachter. Doch verstärkt sie gerade die Aussage der Vergänglichkeit. Weiße Blumen am Kleid können ebenfalls mit der Vergänglichkeit assoziiert werden, da Blüten nicht lange blühen. Die Frau hält sich mit ihrer linken Hand an einem Stuhl fest, als ob sie am irdischen Leben festhalten will. Sie schaut den Betrachter direkt an, und teilt mit ihm so das Wissen um die Vergänglichkeit des Irdischen aufmerksam. Die Schwarz-Weiß-Fotografie eignet sich gut zur Thematisierung des Todes, der ein wichtiges Thema in Ingolf Timpners Arbeiten ist. Hinter der dargestellten Frau befindet sich ein Vorhang, der dem Betrachter verdeutlicht, dass es sich hier um eine Inszenierung handelt. Gleichzeitig verleiht dieser der Darstellung eine geheimnisvolle Note. Was wird sich wohl dahinter verbergen? Der Vorhang kann als der Tod, als eine Schranke zwischen dem Dies- und dem Jenseits interpretiert werden. Die Farbverläufe am Rand der Fotografie gehen fließend zum Rahmen über.

Der rot-goldene Rahmen konzentriert die Aufmerksamkeit des Betrachters auf die schwarz-weiße Fotografie. Bei dieser Rahmen-Fotografie-Kombination gibt es ein zentrales Thema, das die Fotografie und den Rahmen miteinander verbindet. Sowohl der Akanthusdekor des Rahmens als auch die *Vanitas*-Darstellung bei der Fotografie nehmen Bezug auf das Sein, das ebenfalls ein wichtiges Thema in Timpners Werken ist. Doch dieses Thema wird durch die Fotografie und den Rahmen unterschiedlich aufgegriffen. Akanthus als Dekorelement des Rahmens kann als ein Symbol für Vitalität betrachtet werden. Bei der Fotografie hingegen werden die weißen Blumen am Kleid der Frau und der Schädel mit der Vergänglichkeit des Irdischen in Verbindung gebracht. Eine Gemeinsamkeit von Rahmen und Fotografie ist, dass der repräsentative Rahmen und die Pelzmütze in der Fotografie als eine Anspielung auf irdischen Reichtum interpretiert werden können. Doch das wird umgehend in Frage gestellt, da die *Vanitas*-Darstellung auf die Vergänglichkeit alles Irdischen hindeutet, und der Rahmen sichtlich gealtert ist.

Anna Reisch

Ingolf Timpner | Ohne Titel (P 36) | 2011 | Fotoarbeit auf Barytpapier | 51 x 51 cm

Klassizistischer Rahmen | 19. Jh.
Außenmaß 72,1 x 66 cm | Lichtmaß 59 x 52,2 cm | Profilbreite 5,5 cm

107

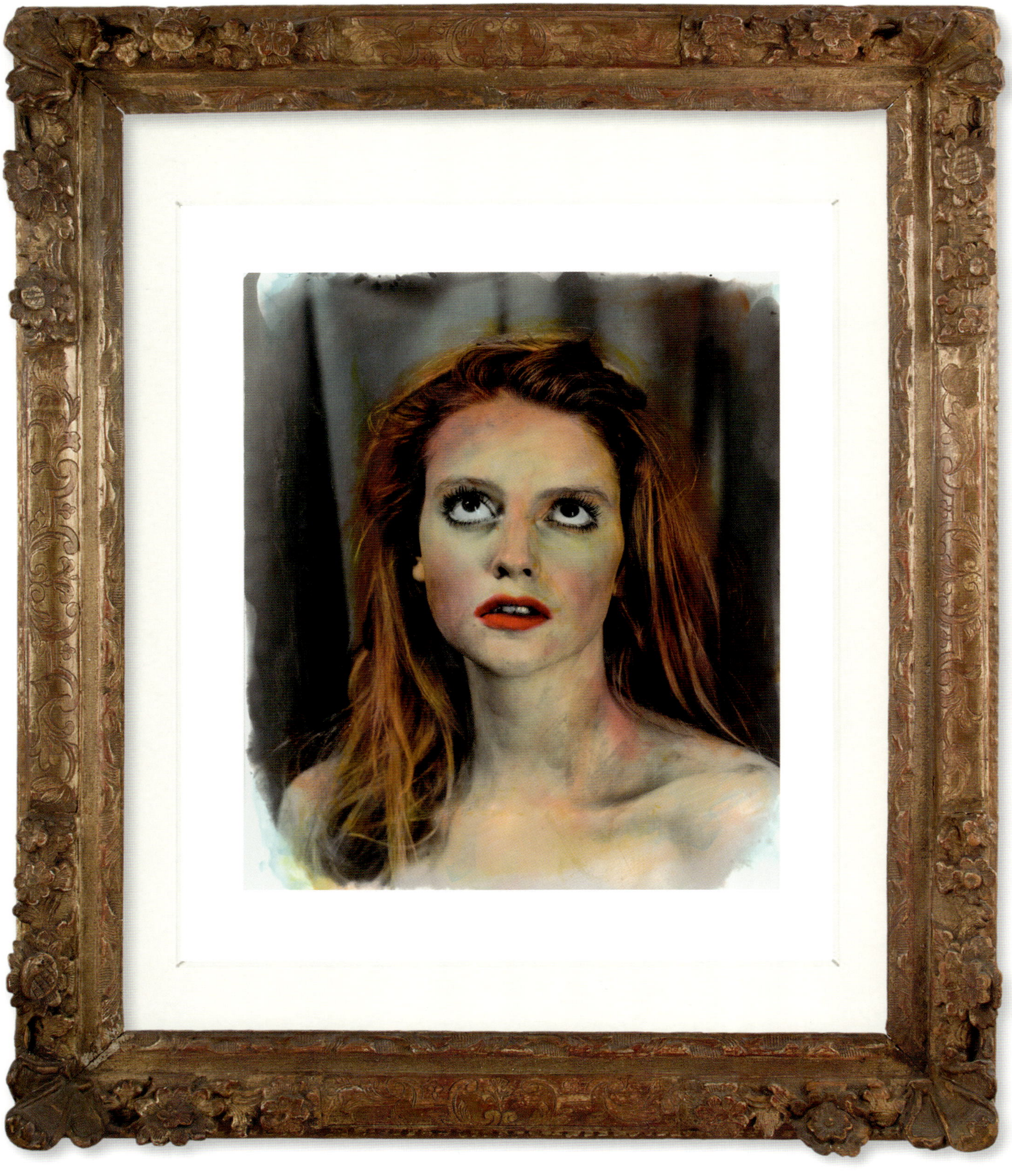

Der einst glanzvergoldete und luxuriöse Eck-Blatt-Blütenrahmen zeichnet sich aus durch filigran gravierte Schenkelmitten mit Band-, Blatt- und Blütenwerk und kräftig betonten Ecken aus Blattfächern, zu beiden Seiten flankiert von großen stilisierten Blatt- und Blütenzweigen auf grober Grundschraffur. Die Sonnenblumen sind als Hommage an den französischen Sonnenkönig Ludwig XIV. zu verstehen. Die fein verzierte Kehle mit stilisierten Blattspitzen als Sichtleiste wird gefolgt von einer schmalen gesandelten Platte und der breiten, ansteigenden sowie seitlich unterkehlten Wulst. Die Oberfläche lässt Spuren ihres einstigen goldenen Glanzes erkennen, büßte aber an Feinheit über die Jahre ein.

Der Rahmen umschließt das Bild einer aufblickenden jungen Frau, die nach Ingolf Timpners Aussage als Referenz Mariendarstellungen hat und daher in Beziehung zur betenden Maria (Maria orans) aus frühchristlicher Zeit und der Himmelfahrt der Maria (Abb.1) steht. Die junge Frau zeigt unverhüllte Schulterpartien, woraus sich schließen lässt, dass sie möglicherweise nackt ist. Stellt diese Frau etwa gar keine Maria dar, sondern eine Eva? Doch auch Maria kann nackt dargestellt werden. Georg Kolbes Assunta wäre ein Beispiel dafür. (Abb.2) Der himmelwärts gerichtete Ausdruck mit leicht gehobenem Kopf, geöffnetem Mund und den steil nach oben gerichteten Augen wird von Timpner jedenfalls als Verweis auf die Himmelfahrt Mariens verwendet.

Der Hintergrund ist ein faltiger Vorhang und erinnert an einen Passbildautomaten, einen Theatervorhang oder einen Atelierhintergrund; der eine oder andere mag sogar unwillkürlich an Stefan Lochners Madonna im Rosenhag (Abb.3) denken, wo Engel einen schweren roten Brokatstoff-Vorhang zusammenraffen und den Blick auf die Madonna mit Jesuskind im Kreise der Engel in einem Paradiesgarten freigeben. Das Timpner'sche Frauenbildnis mit Vorhang würde dadurch auf den behütenden, blumenbesetzten Rahmen mit einer Assoziation zu einem *hortus conclusus*-Motiv antworten. Die florale Symbolik, die im ursprünglichen Zusammenhang die Herrlichkeit Ludwigs XIV. anpries, steht in Verwandtschaft zu den typischen Marien-Symbolen wie Wickenblüten, Erdbeeren, Maiglöckchen, Veilchen, Gänseblümchen, Akeleien, Madonnen-Lilien und Rosen für Jungfräulichkeit, Reinheit, Keuschheit und unbefleckte Empfängnis. Sie sind als Rahmenbesatz Teil unserer Wirklichkeit und machen die assoziierten Themen greifbar.

Die helle und leuchtende Haut der jungen Frau in der Schwarz-Weiß-Fotografie verweist auf Reinheit, während durch die pastellartig wirkenden Lasurfarben in Rot-, Orange- und Gelbtönen in diesem Zusammenhang weitere Bezüge hergestellt werden können: Sie hat leuchtend rote Lippen, die auf Blut, Passion Christi und Tod verweisen könnten, und ihr ungeordnetes langes Haar, das auf die Schultern fällt und so ihren Kopf rahmt, gestaltet Timpner in Orange-Gelb, wie einen Heiligenschein.

Ingolf Timpner inszeniert eine junge Frau als Maria, die am häufigsten dargestellte Frau der Kunstgeschichte. Die Maria, wie man sie von Skulptur und Gemälde kennt, ist von Timpner im Medium der Fotografie mit einem lebenden Modell umgesetzt worden, das in seiner Darstellungsweise konkreter, gegenwärtiger und menschennäher wird. Somit steht die junge Frau der Fotografie als Individuum in Konkurrenz mit einer Ikone, die ihr Bildnis überlagert, entindividualisiert und überpersönlich macht.

Marius Alexander Stiehler

Tizian | Mariä Himmelfahrt
1516-1518 | Abb.1

Georg Kolbe | Assunta | 1921
Abb.2

Stefan Lochner | Maria im Rosenhag
um 1450 | Abb.3

Ingolf Timpner | Ohne Titel (EXP 54) | 2010 | Pigmentdruck auf Hahnemühle Photorag Ultra Smooth | Blatt 63 x 55 cm | Bild 48 x 40 cm

Louis-XIV-Rahmen | um 1700 | vrmtl. Süddeutschland
Außenmaß 98 x 82 cm | Lichtmaß 79,3 x 66,8 cm | Profilbreite 7,6 cm

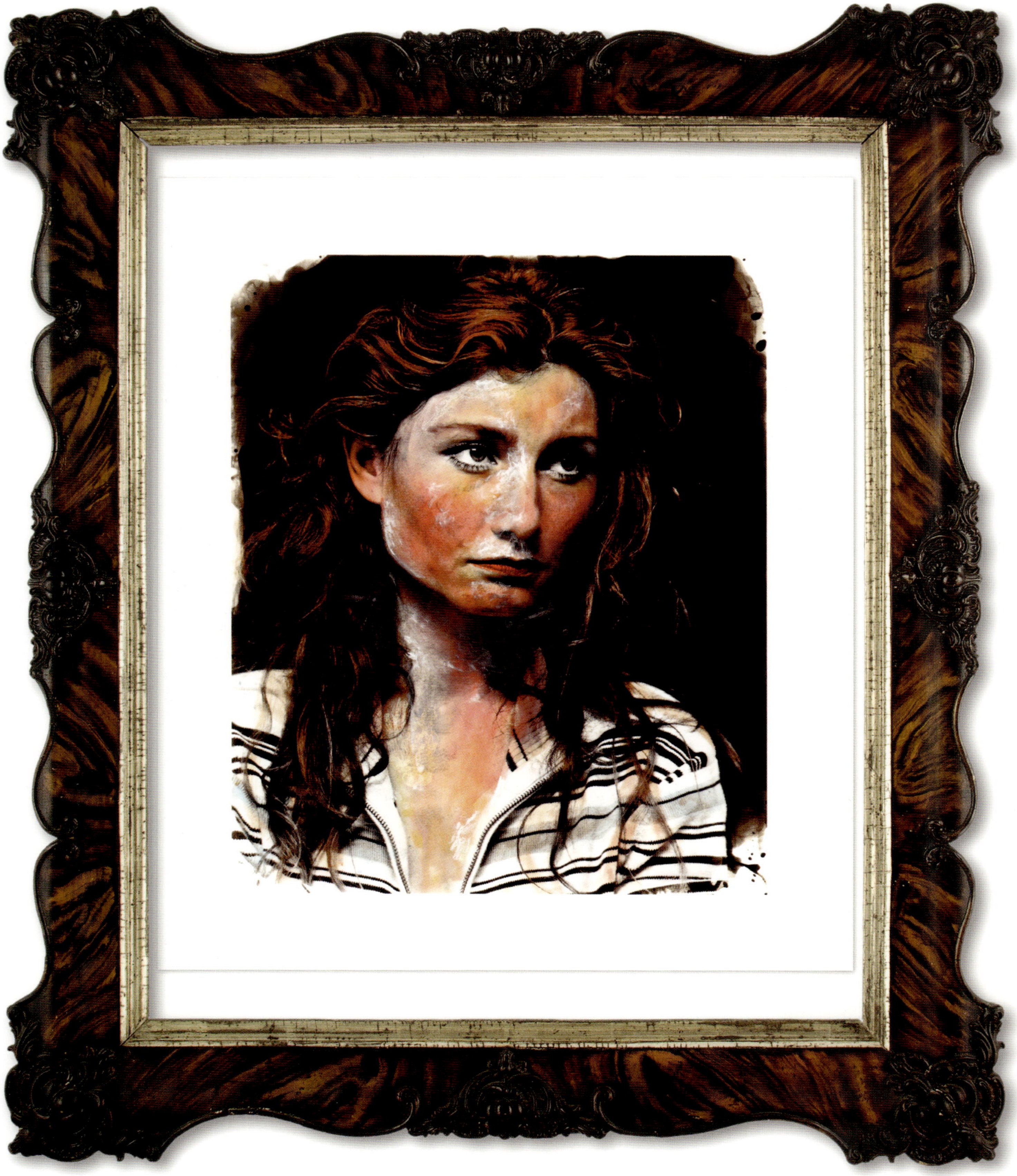

Dieser seltene und beeindruckende Louis-Philippe-Rahmen stammt aus der Zeit des Zweiten Rokoko, ein Stil, der im 19. Jahrhundert das Rokoko des 18. Jahrhunderts wiederaufleben lässt. Er ist benannt nach dem französischen Bürgerkönig Louis-Philippe, der von 1830 bis 1848 regierte. Beliebt war der Louis-Philippe-Stil sowohl bei Aristokraten als auch Bürgern. Für diesen Rahmen sind kurvierte Formen typisch. Keine geraden Kanten unterbrechen das gleichmäßige Fließen. Die S-förmig geschwungenen Bänder der Außenkanten zwischen den Kartuschen sind gerissen und an den Enden verknorpelt. Die Ecken und Schenkelmitten sind mit symmetrischen Rokoko-Kartuschen besetzt, wo Rocaillen von Rollwerk und Akanthusblättern umfasst werden. Das dunkel lasierte Holz hat eine große ausdrucksstarke Maserung auf den Schenkeln. Unter der versilberten Holzsichtleiste verbirgt der Rahmen ein kleines Geheimnis. An der unteren rechten Ecke biegt sich die Leiste nach vorne und ein aufwendig und filigran geschnitzter Fries aus Wellenranken kommt zum Vorschein, der die ursprüngliche Sichtleiste darstellt.

Der dunkle, edle Rahmen nimmt in der Ausstellung ein Frauenbildnis im Drei-Viertel-Profil in sich auf. Die junge Frau mit leicht gesenktem Kopf und ernstem Blick scheint ein Ziel fixiert zu haben, aber gleichzeitig wirkt ihr Blick verloren. Der Ausdruck enthält je nach Wahrnehmung des Betrachters vielleicht Melancholisches, Ernstes, gar Skepsis, Bedrängnis, Angst und Trauer oder ist lediglich eine wartende und passive Haltung.

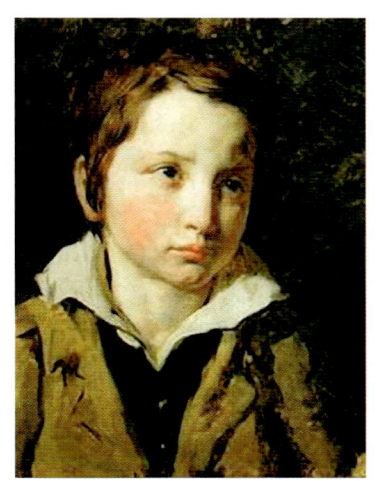

Inspiriert von dem *Knabenbildnis des Olivier Bro* (Abb.4) von Théodore Géricault, lässt Ingolf Timpner an Stelle des Knaben eine junge Frau treten. Géricault porträtierte einfache und auch angesehene Leute, so wie die Familie des Baron Bro de Comères, die neben Lehoux und Jamar hauptsächlich im Besitz der Werke Géricaults war.[1] Sucht man in der Kunstgeschichte, so stößt man auf eine faszinierende Metamorphose vom Knaben zur Frau, in der Balthus ein wichtiges Bindeglied zwischen Géricault und Timpner darstellt. Das Knabenbildnis wurde von Balthus kopiert und bei den Mädchenbildnissen der *Thérèse* (Abb.5) neu interpretiert. Ähnlichkeiten sind deutlich erkennbar.

Théodore Géricault
Knabenbildnis des Olivier Bro | Abb.4

Balthus | Portrait der Thérèse | 1934
Abb.5

Durch das Schminken des Modells hat Timpner vor dem Abfotografieren bereits den Schritt der nachträglichen manuellen Kolorierung des Schwarz-Weiß-Fotos vorbereitet. Es ist für Timpner eine Möglichkeit, in den Körper des Modells optisch einzugreifen und diesen gewissermaßen nicht nur in der Maske, sondern noch einmal nach dem Entwickeln auf Fotopapier zu „modellieren". Weiche pastellartige Lasurtöne von Violett, Rot, Orange, Gelb und Weiß streicht Timpner über seine Fotografie, wie über echte Haut. Jede Strähne des Haars überzieht er per Hand mit lebendigem Rot-Braun. Die schmalen aufeinanderliegenden Lippen koloriert er mit dunkelroter Farbe. Fotografierte Schminke und Lasurbemalung ergänzen sich zu einer unlösbaren Einheit. Das lockige kastanienbraune Haar verschmilzt mit dem Bildhintergrund und nimmt brauntönige Farbe, große Maserung und weites Schwingen des Rahmens auf. Geschwungene Linien der quergestreiften Strickjacke unterstreichen den bewegten Eindruck, trotz verharrender, erstarrter Haltung der Frau.

Timpner lenkt zudem ganz bewusst chemische Prozesse beim Entwickeln des belichteten Fotopapiers, welche wolkenhafte aquarellartige Ausflockungen des Bildrandes entstehen lassen. Die verschwimmenden, weichen Ränder treten als bildinterner Rahmen in Erscheinung und stellen eine Beziehung zur Holzmaserung des Louis-Philippe-Rahmens und den Farbverläufen der Haut her. Zusammen mit der Darstellungsweise der Frau überbrücken die Ausflockungen die Distanz des weißen Randes des Barytpapiers hin zum Rahmen. Das Ganze aus Rahmen und Bild gerät so in Bewegung und ufert in seiner Dynamik in den Umraum aus.

Marius Alexander Stiehler

[1] Vgl. Aimé-Azam, 1967, 219.

Ingolf Timpner | Ohne Titel (N 43) | 2008 | Pigmentdruck auf Hahnemühle Photorag Ultra Smooth | Blatt 61,2 x 53,2 cm | Bild 42,2 x 38,2 cm

Louis-Philippe-Rahmen | 19. Jh.
Außenmaß 89 x 79 cm | Lichtmaß 67 cm x 53,2 cm | Profilbreite 9 cm

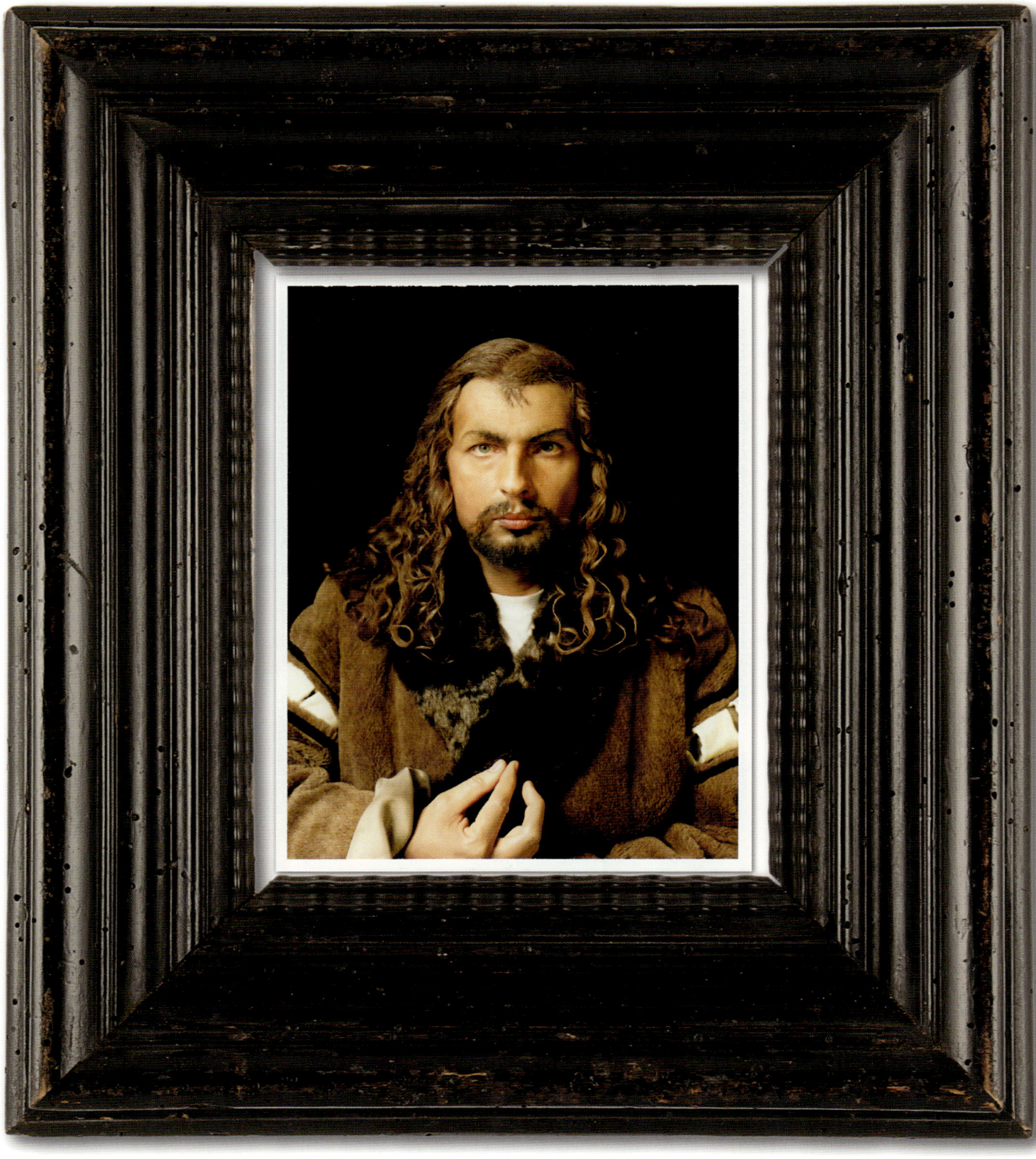

Zu sehen ist ein niederländischer Profilrahmen des 17. Jahrhunderts. Bewegte Flammleisten vermitteln zwischen der Fotografie und den strengen Geraden der Profilleisten. Die eng aufeinander folgenden, aufwendigen Profile von ansteigenden und abfallenden Kehlen, Rundstäben und Karniesen aus tiefdunklem Holz sowie die reduzierten Verzierungen unterstreichen das niederländische Understatement eines Zusammenkommens von Luxus und Einfachheit. Kratzer, Dellen und Scharten der Oberfläche berichten von Ereignissen eines Rahmenlebens, die im Dunkeln bleiben werden.

Albrecht Dürer
Selbstbildnis im Pelzrock | 1500
Abb.6

Die Wellenlinien nehmen das lange gelockte Haar des Dargestellten auf. Der schwarze Holzrahmen lässt das an sich aus verschiedensten Brauntönen bestehende und vor allem im Hintergrund großflächig dunkle Bildnis heller erscheinen und lenkt den Blick auf den lichtbeschienenen Körper. Sucht man in der Kunstgeschichte nach Selbstbildnissen, so zählen solche von Albrecht Dürer zu den bekanntesten. Dürer schuf das erste „autonome" Künstlerselbstbildnis[1] und stellte sich durch Gestik und Attribute als Mann mit gesellschaftlichem Einfluss dar. Dürer überhöhte so sich und seine Kunst. Die Stellung des bildenden Künstlers wandelte sich allmählich vom Handwerker zum Schöpfer. Vielen wird Dürers *Selbstbildnis im Pelzrock* (Abb.6) aus dem Jahre 1500 ein Begriff sein, das Vorlage für diese Polaroid-Fotografie wurde. An die Stelle Dürers ist hier der Fotokünstler Ingolf Timpner getreten.

Spannungsvoll wird ein Selbstportrait von fremder Hand angefertigt, das die Künstlerin Irene Andessner mit ihrem Team und der Fotokünstler Ingolf Timpner in einer komplexen Inszenierung generierten. Bei dem gemeinsamen Projekt *Collaborations* erarbeiteten sie das Konzept und führten gegenseitig Regie beim „Selbstporträt". Timpner drückte nicht selbst den Auslöser, sondern saß Modell. Das Rollenspiel mit entsprechendem Kostüm, Bart und Haar ist wichtiger Bestandteil dieses Werkes. Dürer bediente sich einer Pose, die bis zu diesem Zeitpunkt nur in Darstellungen Christi oder von Königen Verwendung fand. In diese Tradition der Ikone und Herrscherbildnisse gestellt, blickt Dürer den Betrachter frontal an und präsentiert den wertvollen Marderpelz als Insignie. Marderpelz war allein den städtischen Eliten, also reichen und ratsfähigen Adeligen und Patriziern, vorbehalten. Doch Dürer war 1500 weder reich genug noch ratsfähig,[2] was einige Forscher vermuten ließ, die Datierung sei möglicherweise gefälscht und das Bild nach 1509 entstanden, als Dürer in den Großen Rat von Nürnberg gewählt worden war.[3] Diesen Widerspruch kann man stehen lassen, denn Dürer wollte sich zunächst selbst erhöhen. Er usurpierte und maßte sich an, was sich vorher kein Maler angemaßt hatte.

Das Timpner-Polaroid und das Dürer-Selbstbildnis scheinen sich zu überlagern. Es wirkt fast so, als versuchte das im Bildgedächtnis des Betrachters eingebrannte Vorbild sich das Bildnis Timpners einzuverleiben. Dabei würde Timpners Physiognomie so weit wie möglich ihrer Individualität entzogen und dennoch deutlich vorhanden sein. Das überpersönliche Bildnis oszilliert zwischen Kunst, Geschichte und Gegenwart.

Die Fotografie ersetzte weitgehend gemalte oder plastische Bildnisse und hat im Zeitalter der technischen Reproduzierbarkeit die seltsame Eigenschaft, das Bildnis seinen Anfängen in der Ikone wieder näherzubringen. Die analoge Technik des Sofortbildes ermöglicht es, ausgehend vom Modell über den Vermittler Licht seinen Abdruck auf das Fotopapier zu transferieren, so wie einst das Antlitz Christi ein wahres Abbild auf dem Schweißtuch der Veronika hinterlassen haben soll.[4]

Da nun das Dürer-Selbstbildnis in der Nähe von Christusdarstellungen (*imitatio Christi*) steht, so gewinnt auch die Tatsache Bedeutung, dass der Pelzrock für Richter der Dürer-Zeit kennzeichnend war[5] und somit Dürer und nachfolgend Timpner in die Rolle des Schöpfergottes und Weltenrichters treten.

Marius Alexander Stiehler

1 Vgl. Ulrich, 1964, 27.
2 Vgl. Grote, 1964, 26ff.
3 Vgl. Zitzlsperger, 2008, 63ff.
4 Vgl. Honnef, 2012, o. S.
5 Vgl. Zitzlsperger, 2008, 85ff.

Irene Andessner und Ingolf Timpner | Ohne Titel (*Collaborations*-IAIT-Dürer(2)) | 2011 | Polaroid | Blatt 13,2 x 10,2 cm | Bild 11,8 x 8,9 cm

Niederländischer Profilrahmen | 17. Jh.
Außenmaß 25,5 x 23 cm | Lichtmaß 14 x 11,6 cm | Profilbreite 5,5 cm

Der italienische, vielleicht Florentiner Plattenrahmen ist vom Typ *oro e negre*. Er ist schwarz gefärbt und mit Gold verziert. Das Innenprofil bildet eine vergoldete und aufsteigende Hohlkehle. Dem schließen sich mehrere kleinere aufsteigende Hohlkehlen an, die in einer Wulst ihren Höhepunkt finden. Wieder absteigend reihen sich Hohlkehle und Karnies abwechselnd aneinander. Es folgt eine breite Platte mit goldenen aufgemalten Blatt- und Blütenranken in den Rahmenschenkelmitten und in den Rahmenecken. Der Rahmenplatte folgt ein Viertelrundstab. Dem schließt sich erneut ein Wulst an. Dieser ist vergoldet und wird so optisch hervorgehoben. Damit tritt die Rahmenplatte zurück. Seinen Abschluss findet der Rahmen in Folgen aus Hohlkehle und Karnies.[1]

Anmutig wirkt auch die Frau in der Fotografie von Ingolf Timpner. Wir sehen das Bildnis einer Frau, die mit dem Rücken zum Betrachter steht, ihre rechte Schulter hochgezogen hat und die Arme an den Körper presst. Sie scheint unbekleidet zu sein. Am unteren Bildrand lässt sich ein Tuch erahnen, mit dem sie ihren Körper bedeckt. Ihre Haare, hochgebunden und dunkel, verschmelzen fast mit dem Bildhintergrund. Sie blickt über die Schulter, deutlich über den Betrachter hinweg. Verführerisch wirken ihre roten Lippen.

Die Fotografie entstand in Anlehnung an das Frauenporträt *Femme nue* von Francis Picabia (1879–1953) von ca. 1942.[2] (Abb.7) Die Ähnlichkeiten zwischen dem Ölgemälde von Picabia und der fotografischen Arbeit von Timpner sind deutlich zu erkennen. Der gewählte Bildausschnitt, die Pose der porträtierten Frauen, die Gesichtszüge, die Staturen und die Frisuren lassen klare Bezüge erkennen. Auch die Farbgebung und der Duktus weisen Ähnlichkeiten auf. Dennoch ist die Wirkung dieser Bilder unterschiedlich. Die Frau auf Picabias Porträt hat zwar auch die rechte Schulter bis an den Mund hochgezogen, verdeckt diesen jedoch fast. Ihre Augen sind nach oben verdreht. Sie wirkt kokettierend oder verschreckt. Während Picabia auf eine Fotografie als Vorlage für sein Ölgemälde zurückgriff, nutzte Timpner für das Anfertigen seiner Fotografie ein Gemälde.[3] Mit dieser unterschiedlichen Medienreferenz spielt Timpner und zeigt mit dem Rückbezug auf ein Ölgemälde die Möglichkeiten und Grenzen der Fotografie auf. Der Fotograf hat das Modell in diese Pose gerückt. Während Picabia sein Fotomodell verändern und anpassen konnte, besteht diese Option in der Fotografie nicht.

Die neue Fotografie stimmt zu ihrem alten Rahmen. Harmonisch fügen sich die aquarellartigen Ausflockungen an den Bildrändern an die Innenprofile des Rahmens. Der dunkle Hintergrund der Fotografie setzt sich in der Bemalung des dunklen Rahmens fort. Die Kolorierung und die Pinselführung lassen die Fotografie einem Gemälde ähneln. Der Rahmen nimmt die ursprüngliche Funktion als Porträtrahmen wieder wahr.

Die Rahmen-Bild-Kombination rückt den Betrachter in eine Beobachterrolle. Wie durch ein Schlüsselloch oder eine Linse blickend, beobachtet dieser eine intime Szene. Die Ausflockungen an den Bildrändern unterstreichen diesen Eindruck. Doch etwas stört. Die unnatürliche Haltung des Modells reißt den Betrachter aus dieser Empfindung und erhebt das Porträt zu einem gestellten Bildnis. Der Rahmen mit seinen vergoldeten Verzierungen wird ein Teil der Inszenierung. Er hält den Moment, „indem alles passt und indem das perfekte Bild ausgelöst wird",[4] fest.

Ruth Wehning

Francis Picabia | Femme nue
ca. 1942 | Abb.7

[1] Schmitz, 2003, 16f.
[2] Francis Picabia, Femme nue, ca. 1942, Öl auf Karton, Ursula Hauser Collection, Schweiz.
[3] Felix, 2012, 120-121.
[4] Gespräch mit Ingolf Timpner am 10.06.2013.

Ingolf Timpner | Ohne Titel (Picabia II) (W 15) | 2013 | Pigmentdruck auf Epson Traditional Photopaper, kaschiert auf Alu-Diabond | 80,5 × 63 cm

Italienischer oder auch Florentiner Plattenrahmen vom Typ oro e negre | Ende 15. bis Mitte 17. Jh.
Außenmaß 107 × 90 cm | Lichtmaß 78,3 × 61 cm | Profilbreite 14,5 cm

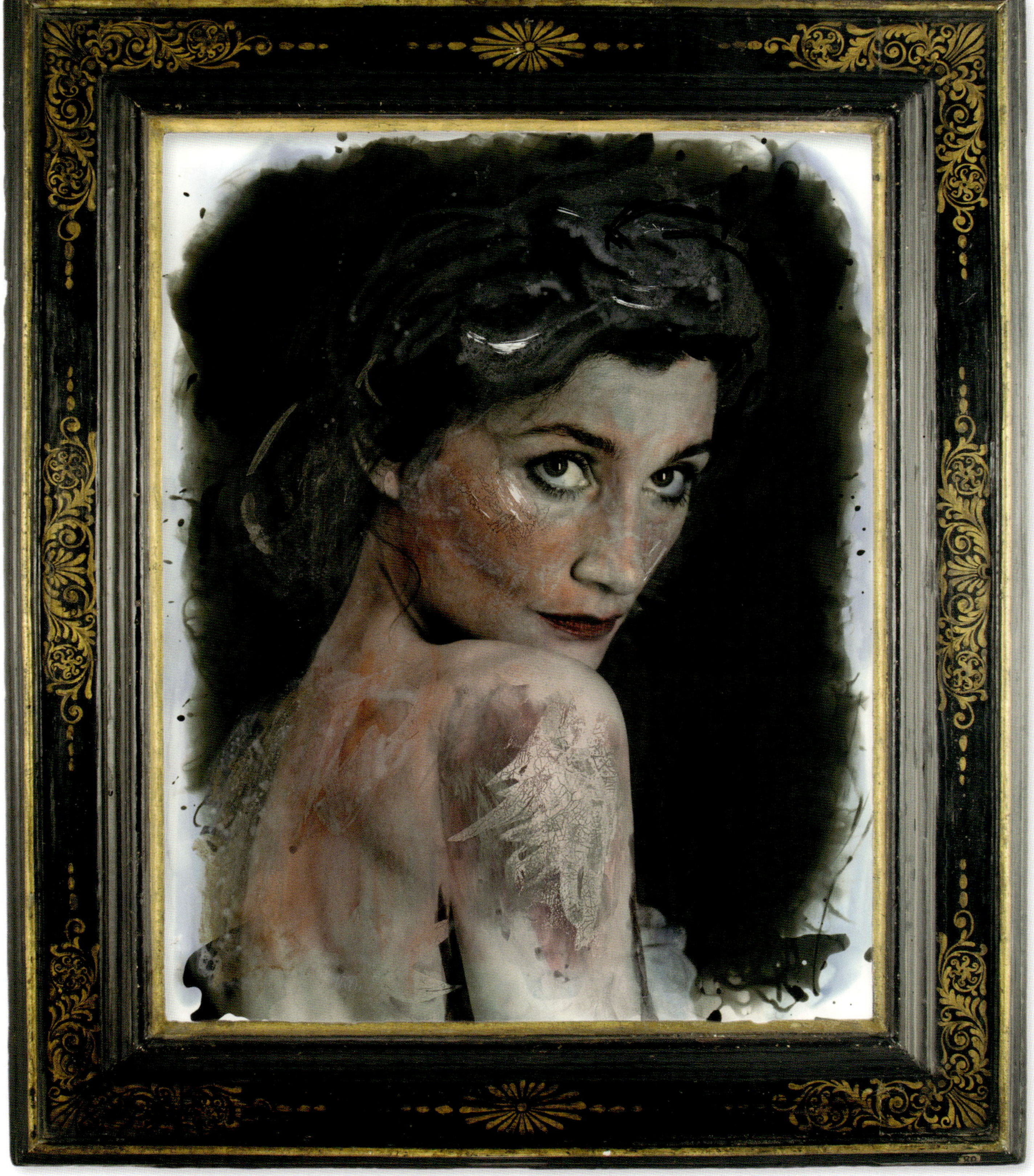

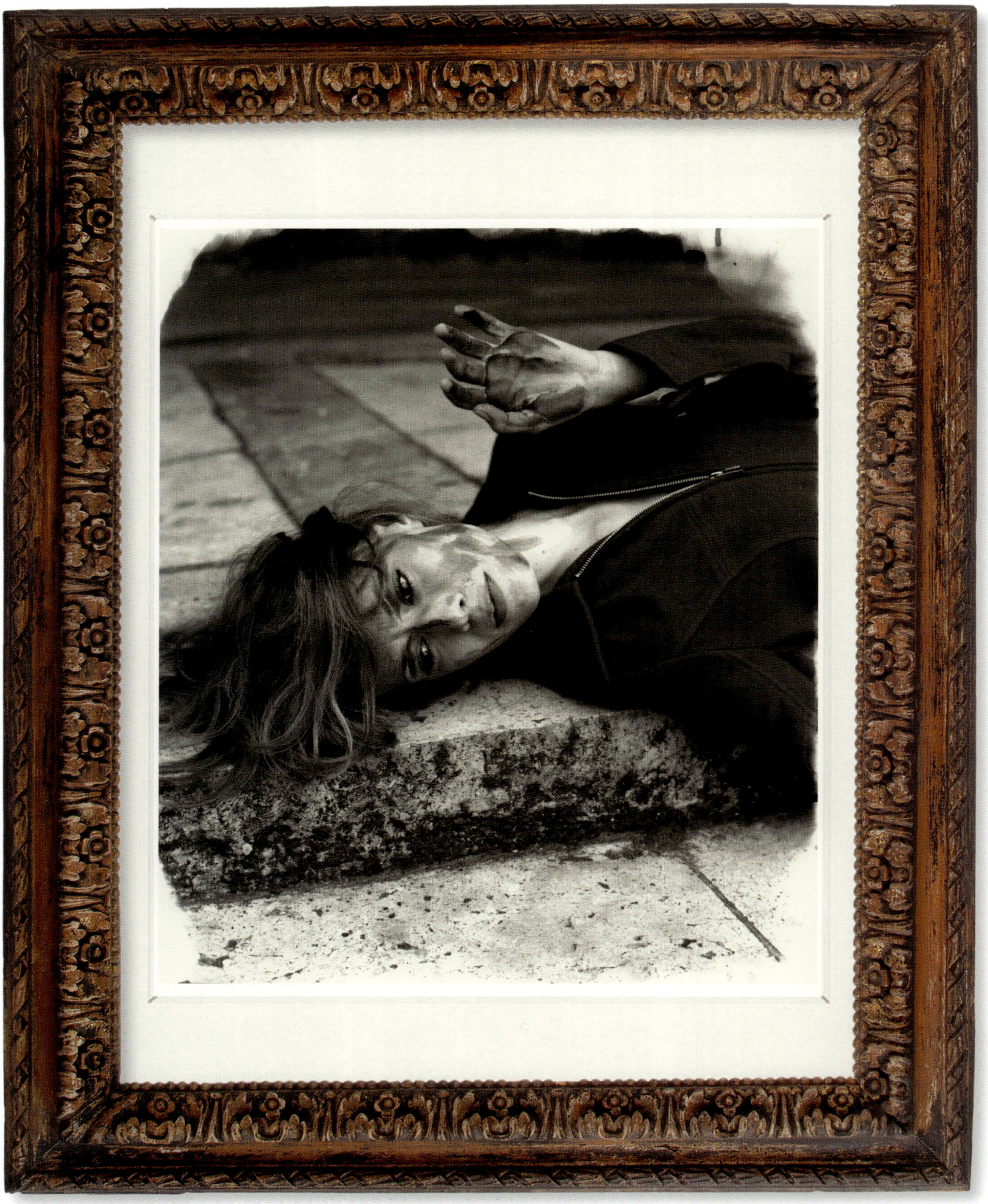

Die Schwarz-Weiß-Fotografie von Ingolf Timpner zeigt ein Frauenbildnis. Aufgenommen in Paris im öffentlichen Raum sind ihr Kopf und ihr Oberkörper bis zur Brust dargestellt. Ungewöhnlich ist ihre Position. Sie liegt an der Kante eines Gehweges oder einer Treppe und trägt eine dunkle Jacke mit Reißverschluss. Ihr verschmutztes Gesicht ist dem Betrachter zugewandt. Sie blickt diesen jedoch nicht an, sondern an ihm vorbei. Ihr Blick wirkt verloren und matt, dies wird noch einmal verstärkt durch die erhobene Hand, die auf den ersten Blick abwehrend, auf dem zweiten Blick jedoch zu kraftlos wirkt, um jemanden abzuwehren. Auch ihre Hand ist schwarz und dreckig. Die Verfärbung erinnert an Blut. Was ist passiert? Ist überhaupt etwas passiert? Denn ihre Haare fallen unnatürlich nach vorne. Ihre Jacke wirkt für diese Situation ungewöhnlich korrekt angezogen. Der Kragen liegt ordentlich, der Reißverschluss befindet sich an der richtigen Stelle, ist nicht verdreht, wie man es vermuten könnte. Insgesamt wirkt die Frau platziert. Eben diese Details nehmen der Szenerie die Bedrohlichkeit. Timpner setzt sein Modell in Szene. Er positioniert es, legt es zurecht und bemalt/schminkt es. Für ihn ist die Bemalung/Schminke ein zusätzliches bildnerisches Mittel, um in die Anatomie des Bildes einzugreifen.[1]

Reale Gewalt oder Inszenierung? Diese ambivalente Botschaft wird durch den Rahmen unterstützt. Auf nahezu ironische Weise kontrastieren Rahmen und Fotografie. Während die florale Motivik des Rahmens und das Holz rein, warm und lebendig wirken und die gewaltvoll anmutende Szene nahezu unschuldig einrahmen, sticht die Fotografie durch ihren schwarz-weißen Kontrast hervor - hart wie Stein, dem Tod nahe. Durch die Rahmung wird die Szenerie in den Mittelpunkt gerückt, die zentralen Themen von Timpner Tod und Sein aufgenommen und die Auseinandersetzung bewusst forciert.

Das Innenprofil des vorliegenden Rahmens weist eine symmetrische Perlenschnur auf. Das Augenmerk liegt auf dem anschließend aufsteigenden Karnies, der dekorativ beschnitzt ist. Gleichmäßig reihen sich hier zur Bildmitte weisend, kleine einzelne Blüten aneinander. Sie sind von einem Blattwerk umgeben. Die Gleichmäßigkeit des Blüten- und Blattschnitzwerkes lässt darauf schließen, dass diese gesondert angefertigt wurden. Nach der Fertigstellung wurde dieses Zierkarnies auf den Konstruktionsrahmen aufgesetzt. Ferner ist das Karnies unterkehlt. Es folgt eine weitere Hohlkehle mit einem Absatz, dem sich ein Drehstab anschließt mit spiralförmig verlaufenden Bändern. Nach einem weiteren Absatz bildet das Außenprofil eine abfallende Hohlkehle.

Bei diesem Holzrahmen handelt es sich um einen italienischen Barockrahmen des 17. Jahrhunderts. Eine nähere Spezifizierung ist nicht möglich. So ähnelt dieser Rahmen zum einen dem Typus des Louis-XIII-Rahmens. Dieser hat Elemente des Bologner Blattrahmens übernommen. Kennzeichnend ist ein mächtiger Wulst mit Akanthusblättern in den Rahmenecken, die jedoch bei dem vorliegenden Rahmen fehlen.[2] Zum anderen sind Merkmale des Plattenrahmens aus Bologna und der Emilia aus dem 16. und 17. Jahrhundert zu erkennen. Dieser ähnelt dem in der Ausstellung gezeigten aufgrund der gleichmäßig verlaufenden und an den Ecken konsequent fortgesetzten Blatt-, Blüten- und Rankenmotive.[3]

Ursprünglich war dieser Rahmen vergoldet. Nur vereinzelt, an der Perlenschnur im Innenprofil, können noch wenige Überreste dieser Vergoldung entdeckt werden. Somit zeigt auch der Rahmen, wie das Bildnis von Timpner, nicht auf den ersten Blick das wahre Gesicht. Erst bei der genaueren Betrachtung sowohl des Rahmens als auch der Fotografie werden kleine Makel, Gebrauchsspuren und Unstimmigkeiten entdeckt. Und die Frage wird wieder laut: Was ist passiert?

Ruth Wehning

[1] Gespräch mit Ingolf Timpner 10.06.2013.
Timpner setzt sich mit dieser Fotografie mit einer Illustration von Balthus zu Emily Brontës *Wuthering Heights* aus den 30er Jahren auseinander. *Wuthering Heights* wurde 1847 von Emily Bronte (1818–1848) verfasst und ist ein Klassiker der britischen Romanliteratur des 19. Jahrhunderts.
[2] Schmitz, 2003, 100-105.
[3] Ebd., 12-15.

Ingolf Timpner | Ohne Titel (EXP 21) | 2009 | Fotoarbeit auf Barytpapier/Gelatin silver print | 61 x 50,8 cm

Italienischer Barockrahmen | 17. Jh.
Außenmaß 97 x 78,5 cm | Lichtmaß 77,1 x 57,7 cm | Profilbreite 10 cm

Ernst, sehnsüchtig oder desinteressiert schaut eine junge Frau in Ingolf Timpners Schwarz-Weiß-Fotografie in die Ferne. Sie sitzt in einem Raum auf einem Stuhl und trägt ein gemustertes Kleidchen mit verspielten Puffärmeln. Ihre Schultern werden von dem Kleid nicht bedeckt. Ihr dunkles Haar umspielt ihr Gesicht und grenzt sich deutlich vom hellen Bildhintergrund ab. Der rechte Arm ruht auf der Fensterbank. Unter ihrem rechten Arm ist ein Stofftiertiger geklemmt. Ihre rechte Hand liegt unmittelbar neben dem Stofftier, berührt es jedoch nicht. Sie scheint das Stofftier gar nicht wahrzunehmen. Ihre linke Hand liegt in ihrem Schoß. Im Gegensatz zu ihrem streng und kühl wirkenden Gesicht, bringt die Materialität des Tigers Weichheit und Kindlichkeit in das Bild.

Timpner rekurriert auf das Gemälde *Louise Vernet enfant* von Théodore Géricault (1791–1824) (Abb.8) von 1818. Die Ähnlichkeit der Motive ist unverkennbar. Jedoch wirkt das Mädchen bei Géricault kindlich unschuldig. Hinzu kommt, dass aus dem Stofftiertiger eine Schoßkatze geworden ist, die das Mädchen umgreift und berührt. Mit der rechten Hand stützt sich das Mädchen ab. Sie blickt den Betrachter direkt an und vermittelt so den Eindruck, als setze sie sich vor dem Betrachter in Szene. Unbeschwert sitzt das Mädchen bei Géricault in einer Landschaft, während Timpner die junge Frau in einem geschlossenen Raum in Szene setzt. Mit der Bemalung auf den Händen und dem Gesicht, im Speziellen den Augen, wirkt seine Inszenierung dramatisch. Der Betrachter wird aus dem Blickfeld und den Gedanken der Dargestellten ausgeschlossen.

Théodore Géricault
Louise Vernet, enfant | 1818 | Abb.8

Der italienische Barockrahmen aus dem 17. Jahrhundert forciert diesen Eindruck. Der Fotograf verwehrt mit den Ausflockungen am Bildrand dem Betrachter die Möglichkeit, den Blicken des Mädchens zu folgen. Dies unterstützt der Passepartoutkarton. Es macht diese Leerstelle zwischen Rahmen und Motiv fast geradezu schmerzhaft deutlich.

Unterstützt wird dieser Eindruck im Rahmenprofil durch einen Wulst, welcher einem Vierkantstab folgt. Dieser Wulst ist dominierend aus einem Schmuckstab geschnitzt und besteht aus quer zum Rahmenprofil gedrehten Akanthusblättern. Dieses Element erinnert an Rahmen aus der Lombardei Ende des 16. und Anfang des 17. Jahrhunderts. Jedoch weist dieser Rahmentyp ein sehr schmales Rahmenprofil mit einem Schmuckstab auf.[1] Die Farbigkeit und die Formen der Akanthusblätter werden in dem Muster des Kleides der Porträtierten und in der Haarstruktur aufgegriffen. Dadurch bilden Rahmen und Fotografie eine Einheit. Dem Astragal-Rahmen folgt nach diesem Stilelement ein Absatz und eine sehr breite abfallende Kehle.[2] Das Außenprofil bildet eine abfallende Hohlkehle und ein Karnies. Die Vermutung liegt nahe, dass der Schmuckstab nachträglich auf die Rahmenkonstruktion aufgesetzt wurde. Dieses Prozedere war durchaus üblich, da gleichmäßige Muster und Ornamente, um die Ähnlichkeit zu wahren, separat angefertigt und dann zum Abschluss zusammengefügt wurden.

Interessant ist jedoch die Beobachtung, dass die Rahmenecken nicht gleichmäßig sind. Während auf der rechten Seite die Ecken mit Akanthusblättern einen harmonischen Abschluss finden, verläuft das Blattwerk auf der linken Seite unkoordiniert zusammen. Durch die Einheitlichkeit des Musters fällt dies jedoch nur bei näherer Betrachtung auf. Dies lässt den Rückschluss zu, dass der Rahmen nachträglich verändert und neu zusammengesetzt wurde.

Ursprünglich war dieser Rahmen versilbert und anschließend mit einem goldfarbenen Firnis überzogen. Indizien dafür sind nur noch für einen Experten ersichtlich. Eine solche Vergoldung wird auch Mekka-Gold genannt. Da der Firnis durchsichtig ist, scheint das Metall der Versilberung durch und durch die Tönung des Firnisses wirkt der Rahmen wie vergoldet. Mit dieser Anwendung erzielte man einen preiswerteren Goldeffekt.[3] Heute jedoch steht das Holz im Vordergrund. Diese Materialität findet sich auch in dem Bild in Form der Fensterbank wieder. Dies und die Ornamentik des Kleides sorgen trotz oder wegen der produzierten Leerstelle für eine harmonische Symbiose von Bild und Rahmen.

Ruth Wehning

---

[1] Schmitz, 2003, 144f.
[2] Newbery, 2007, 162.
[3] Karraker, 2009, 57. Und nach einem Telefongespräch zwischen Helena Kleine-Tebbe (F. G. Conzen GmbH) und der Autorin am 14.06.2013.

Ingolf Timpner | Ohne Titel (EXP 33) | 2009 | Fotoarbeit auf Barytpapier/Gelatin silver print | 75 x 75 cm

Italienischer Barockrahmen | 17. Jh.
Außenmaß 100 x 98 cm | Lichtmaß 82,2 x 79,5 cm | Profilbreite 9 cm

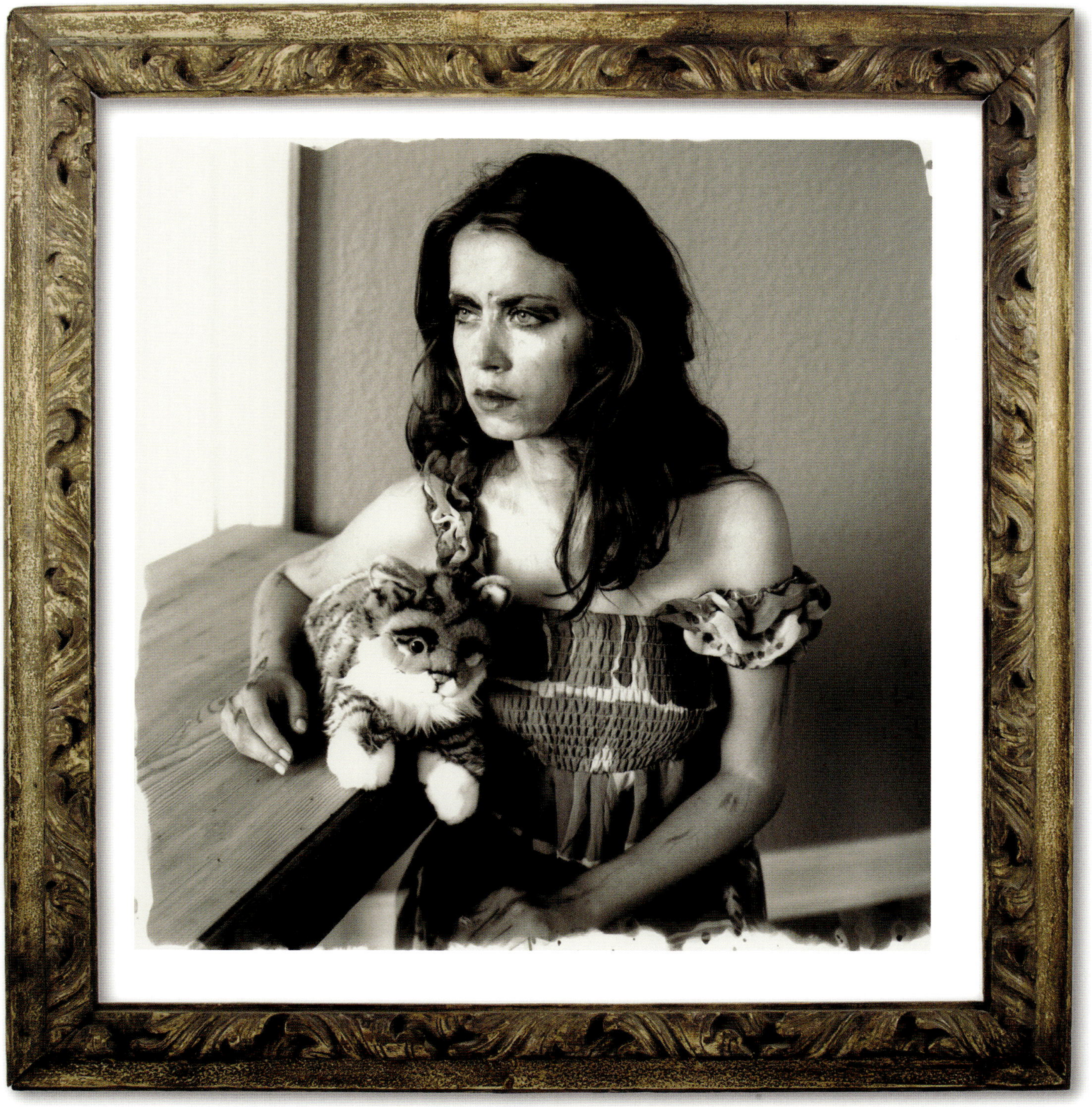

Bei dem in der Ausstellung gezeigten Exemplar handelt es sich um einen norditalienischen Profilrahmen aus dem 17./18. Jahrhundert.[1] Er ist vergoldet und mit seinem Aufsatz wirkt er prunkvoll. Im Gegensatz jedoch zu anderen goldenen Rahmen ist dieser schlicht und ohne florale Motivik gestaltet. Einzig bei der genaueren Betrachtung ist seine Profilierung eindrucksvoll.

Das Innenprofil bilden ein Vierkantstab und mehrere nach außen aufsteigende Kehlen. Dem folgt ein Halbrundstab, dem sich wiederum eine nach außen aufsteigende Kehle anschließt. Nach einem weiteren Halbrundstab wird mit einem seitlich unterkehlten Wulst der Höhepunkt des Rahmens gebildet. Das Außenprofil formen ein abfallendes Karnies und eine abfallende Kehle. Der Aufsatz widerspricht dem sonst so schlicht anmutenden Rahmen. Er zeigt geschwungene Rocailleornamente. In der Mitte befindet sich eine Blüte. Der Aufsatz wurde gesondert angefertigt und im Nachhinein an den Profilrahmen befestigt. Zwei kleine Scharniere sind auf dem oberen Profil links und rechts zu entdecken. Diese Besonderheit lässt vermuten, dass es sich hierbei um einen Rahmen handelte, bei dem das eingesetzte Bild mit einem Vorhang verhängt werden konnte. Es könnte sich aber auch um Halterungen für Kerzen oder eine andere Beleuchtung handeln. Indizien dafür, wie zum Beispiel Spuren von Ruß, gibt es jedoch nicht.[2]

In diesem Rahmen befindet sich eine Schwarz-Weiß-Fotografie von Ingolf Timpner. Sie zeigt ein kniendes Mädchen auf einem Bett. Timpner orientierte sich bei dieser fotografischen Inszenierung an den Werken der Künstlergruppe *Brücke* (Anfang 20. Jahrhundert). Wie diese nutzt Timpner Mädchenmodelle für seine Arbeiten. Ernst Ludwig Kirchner (1880 – 1938), Erich Heckel (1883 – 1970) und Max Pechstein (1881 – 1955) zeichneten die Modelle Fränzi und Marcella.[3] Timpner nutzt jedoch das Medium Fotografie und greift mit dem Bemalen der Modelle den Gestus der Expressionisten auf. Im Gegensatz zu den Arbeiten der Künstlergruppe, sind die Modelle bei Timpner nicht nackt. „Sein" Mädchen trägt ein überwiegend weißes Kleid mit einem dunkel abgesetzten rechteckigen Ausschnitt, kurzen Ärmeln und einem dunklen floralen Muster, welches zum Saum des Kleides an Formen und Intensität zunimmt. Ihre dunklen Haare gleichen einer Mähne. Die Hände liegen in ihrem Schoß nahezu andächtig übereinander. Am unteren Bildrand blitzt ein kleiner Teil ihres rechten Oberschenkels hervor. Der umliegende Raum, wie auch die Bettwäsche sind weiß und schlicht. Sie scheint in dem Bett zu versinken. Sowohl die Arme als auch das Gesicht und die Halspartie des Mädchens sind bemalt worden. Vor allem die Augen wurden betont. Sie wirkt wie eine lebendige Tote. Direkt blickt sie den Betrachter an. Ist sie traurig? Schaut sie verführerisch, womöglich ängstlich oder sogar provokativ?

Diese Arbeit von Ingolf Timpner stammt aus der Serie *Black Angels* aus dem Jahr 2009. Insgesamt besteht diese Serie aus ca. 40 Fotografien. „Kontrastreich, präzise in der Formensprache und mit ausdrucksstarken Gestus artikulieren [Timpners] unverwechselbare Arbeiten auf eine sehr zeitgenössische Weise Erhabenheit, Schönheit und Schrecken."[4] Mit seiner Bemalung setzt er den Modellen eine Maske auf und zeigt so Individuen die eine Rolle spielen.

So kontrastreich Timpner die Fotografie umsetzte, so schlicht wirkt dem gegenüber der Rahmen. Einzig durch die goldene Farbe und dem Aufsatz sticht er hervor. Diese Gradlinigkeit scheint in der Fotografie selbst aufgegriffen. Der Kopf des Mädchens scheint fast an den Aufsatz anzustoßen, als hätte man ihr eine Krone aufgesetzt.

Ruth Wehning

---

[1] Schmitz, 2003, 176f.
[2] Nach einem Telefongespräch zwischen Helena Kleine-Tebbe (F. G. Conzen GmbH) und der Autorin am 14.06.2013.
[3] Exemplarisch wird an dieser Stelle auf das Werk von Ernst Ludwig Kirchner *Marcella* von 1909-10, Öl auf Leinwand, 76 x 60 cm, Moderna Museet, Stockholm, verwiesen. Jedoch nutzte Timpner dieses Werk nicht zur unmittelbaren Auseinandersetzung.
[4] Galerie Bugdahn und Kaimer, 2010.

Ingolf Timpner | Ohne Titel (EXP 38) | 2009 | Fotoarbeit auf Barytpapier/Gelatin silver print | 61 x 50,8 cm

Profilrahmen | 17./18. Jh. | Italien
Außenmaß 85,5 x 70,2 cm | Lichtmaß 70,8 x 56,5 cm | Profilbreite 5,5 cm

121

Abbildungsverzeichnis zu den Texten über Ingolf Timpner

Abb.1 Tizian, Mariä Himmelfahrt, 1516-1513, Öl auf Holztafel, Santa Maria Gloriosa dei Frari, Venedig, aus: Humfrey, Peter, Tizian, Berlin 2007, S. 67.

Abb.2 Georg Kolbe, Assunta, 1921, aus: Binding, Rudolf G., Vom Leben der Plastik. Inhalt und Schönheit des Werkes von Georg Kolbe, Berlin 1933, S. 26.

Abb.3 Stefan Lochner, Maria im Rosenhag, um 1450, Eichenholz, Wallraf-Richartz-Museum Köln, aus: Sonntag, Stephanie/Blühm, Andreas (Hg.), Wallraf das Museum. Wallraf-Richartz-Museum und Foncation Corboud, Köln 2008, S. 69.

Abb.4 Théodore Géricault, Knabenbildnis des Olivier Bro, Öl auf Leinwand, 46,5 x 38 cm, Musée de Tessé, Le Mans, aus: Viéville, Camille, Balthus et le portrait, Paris 2011, S. 59.

Abb.5 Balthus, Portrait der Thérèse, 1939, Öl auf Leinwand, 60 x 54 cm, Privatsammlung, aus: Rewald, Sabine, Balthus – Aufgehobene Zeit. Gemälde und Zeichnungen 1932-1960, Ausstellungskatalog Museum Ludwig, Köln.

Abb.6 Albrecht Dürer, Selbstbildnis im Pelzrock, 1500, Alte Pinakothek, München, aus: Wolf, Norbert, Albrecht Dürer. 1471 – 1528. Das Genie der deutschen Renaissance, Köln 2010, S. 31.

Abb.7 Francis Picabia, Femme nue, ca. 1942, Öl auf Karton, Ursula Hauser Collection, aus: Francis Picabia, hg. v. Hans-Peter Wipplinger, Ausst.-Kat. Krems 2012, Wien 2012, S. 136.

Abb.8 Théodore Géricault, Louise Vernet, enfant, 1818, Öl auf Leinwand, Musée du Louvre, Paris, aus: Lessing, Erich / Pomarède, Vincent, Der Louvre. Alle Gemälde, Köln 2012, S. 654.

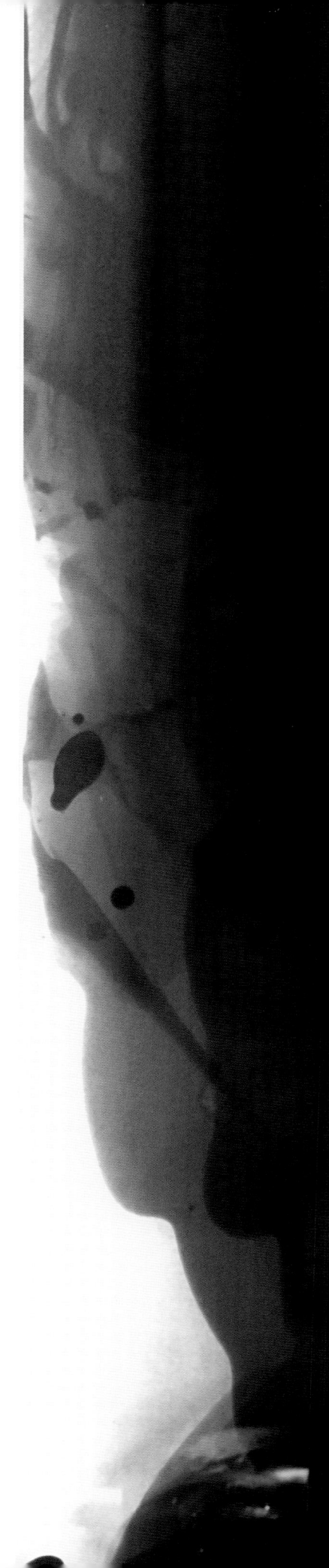

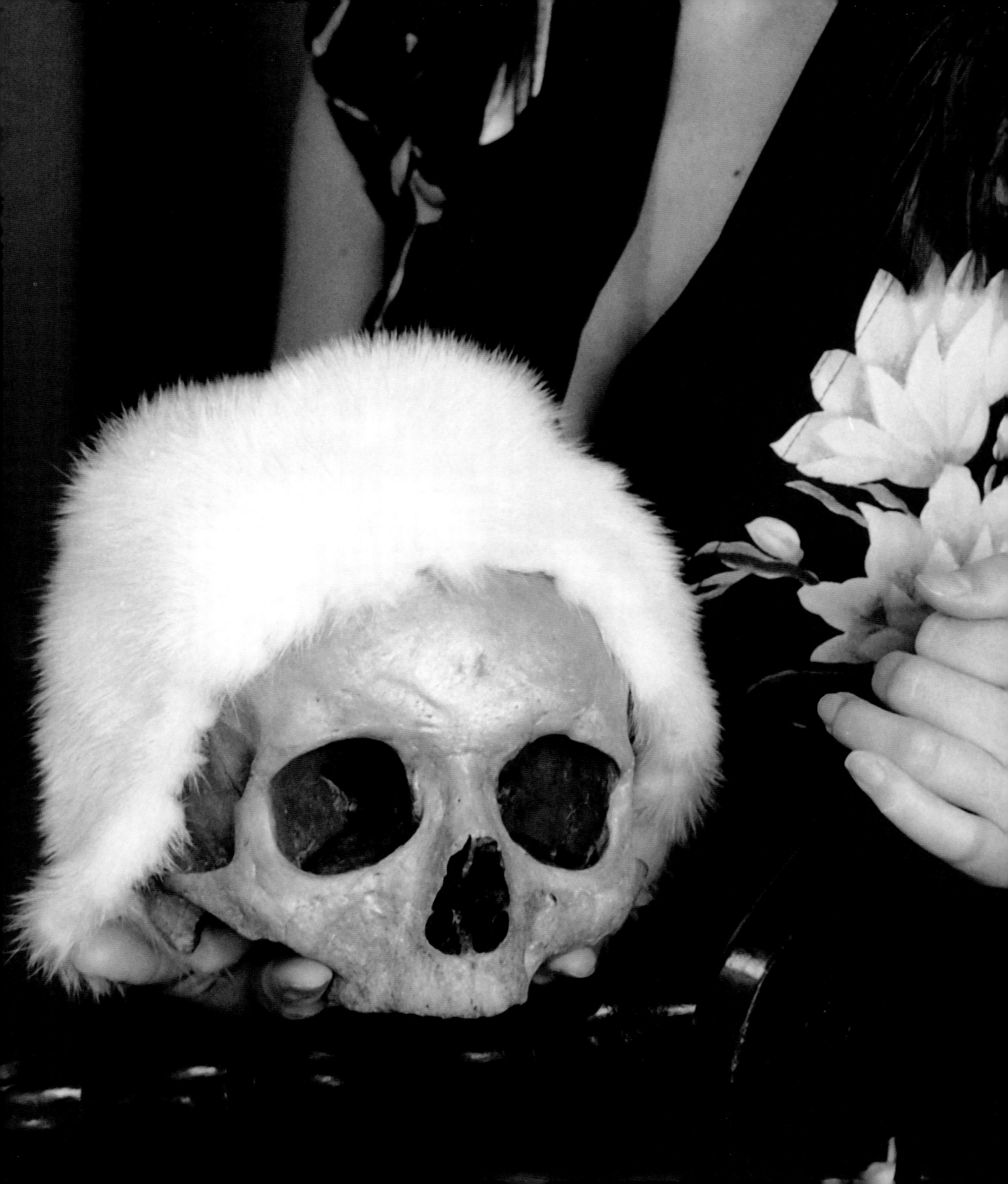

Annet van der Voort

1950 geboren in Emmen / Niederlande
1987-93 Studium der Visuellen Kommunikation an der Fachhochschule Dortmund, Abschluss als Diplomdesignerin
1998 Lehrtätigkeit am Higher Institute of Fine Arts in Antwerpen/Belgien
 lebt als freie Fotodesignerin und Publizistin in Drensteinfurt

Zu dem umfangreichen Werk der Fotografin Annet van der Voort gehören Porträt-, Landschafts- und Stillleben-Gruppen. Hier werden vier Arbeitsschwerpunkte gezeigt.

Annet van der Voort beschäftigt sich in ihren Fotografien oft mit dem Thema der Vergänglichkeit und versucht diese in immer wieder unterschiedlicher Art und Weise zu verstehen und künstlerisch zu erfassen. Sie ist fasziniert von zeitlichen Veränderungen und wandelt diese oft nicht auf Anhieb sichtbaren Prozesse in visuelle Formen um.

Für die Serie *Vanitas* setzte die Fotografin frische, welkende und getrocknete Blumen sowie Insekten und kleine Tiere zu präzisen Stillleben zusammen. Sie bezieht sich hier auf die niederländische Stillleben-Malerei des 17. Jahrhunderts.

Die Serie *still-life* entstand in anatomischen Sammlungen in ganz Europa. Hier werden anatomische Präparate unter Flüssigkeit in Glasbehältern aufbewahrt. Diese wurden in früheren Jahrhunderten zu Ausbildungszwecken gesammelt und präsentiert. Annet van der Voort möchte mit diesen Aufnahmen nicht schockieren, sondern mit den *Close-ups* dieser Gesichter den Tod als selbstverständlichen Teil des Lebens begreifen.

In der hier nicht gezeigten Serie *Oh my baby* wird das fragile Band zwischen sehr jungen Müttern mit ihren Neugeborenen zum Thema. Dabei begegnet Annet van der Voort den von ihr fotografierten Menschen mit großer Sympathie.

Kunsthistorische Themen wurden mehrfach aufgegriffen. Ihre Porträts von teils sehr alten, meist nicht restaurierten Madonnenstatuen, weisen deutliche Spuren längst vergangener Zeiten auf.

Für ihre Landschaftsserie *flow* fotografierte Annet van der Voort über Jahre hinweg immer wieder im exakt gleichbleibenden Ausschnitt sich im Wasser spiegelnden Bäume. Gerade der serielle Charakter dieser Bilder macht das Verstreichen der Jahreszeiten, das Vergehen der Zeit in oft abstrakt anmutenden Fotografien sichtbar.

Margarita Krecker

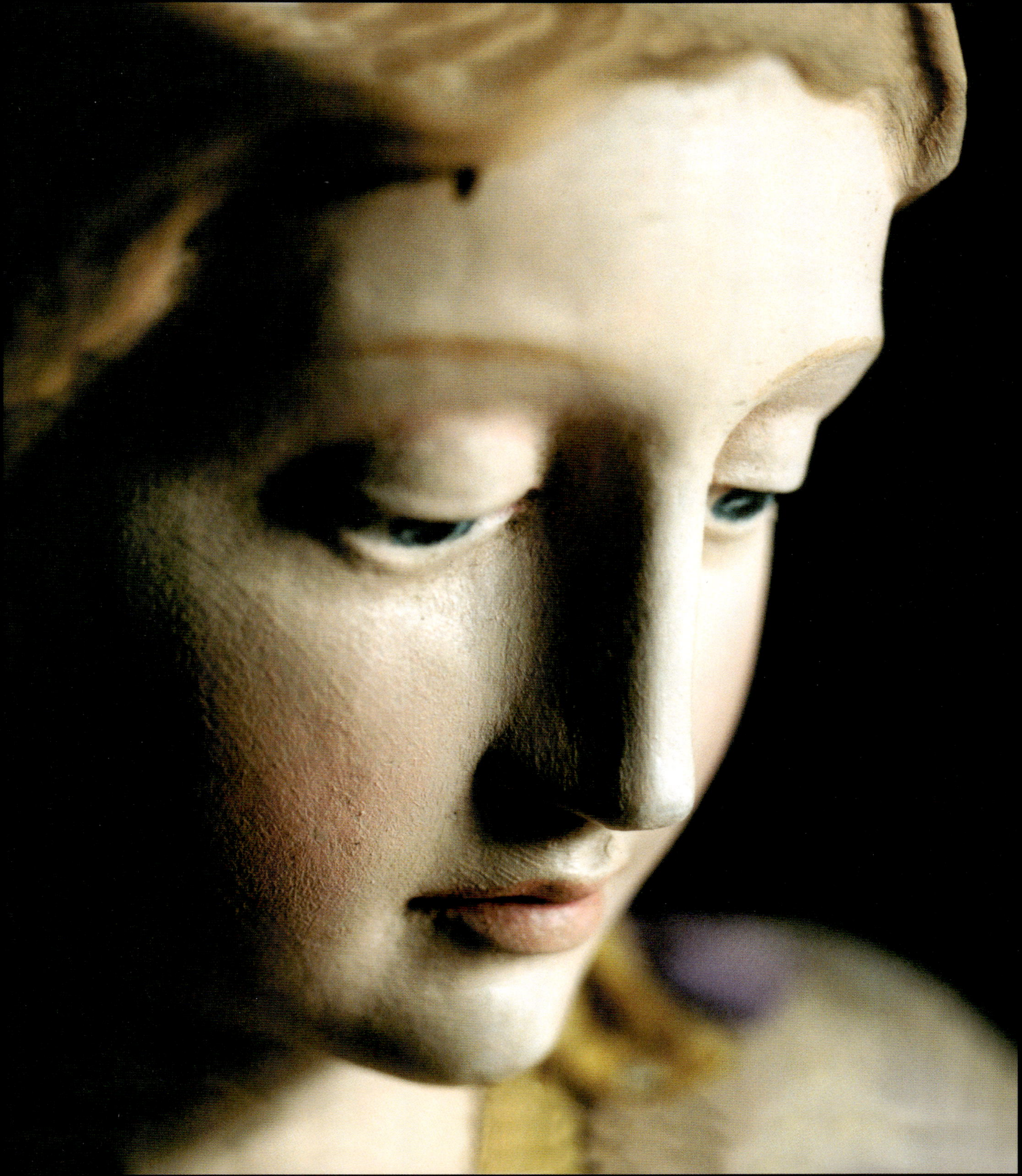

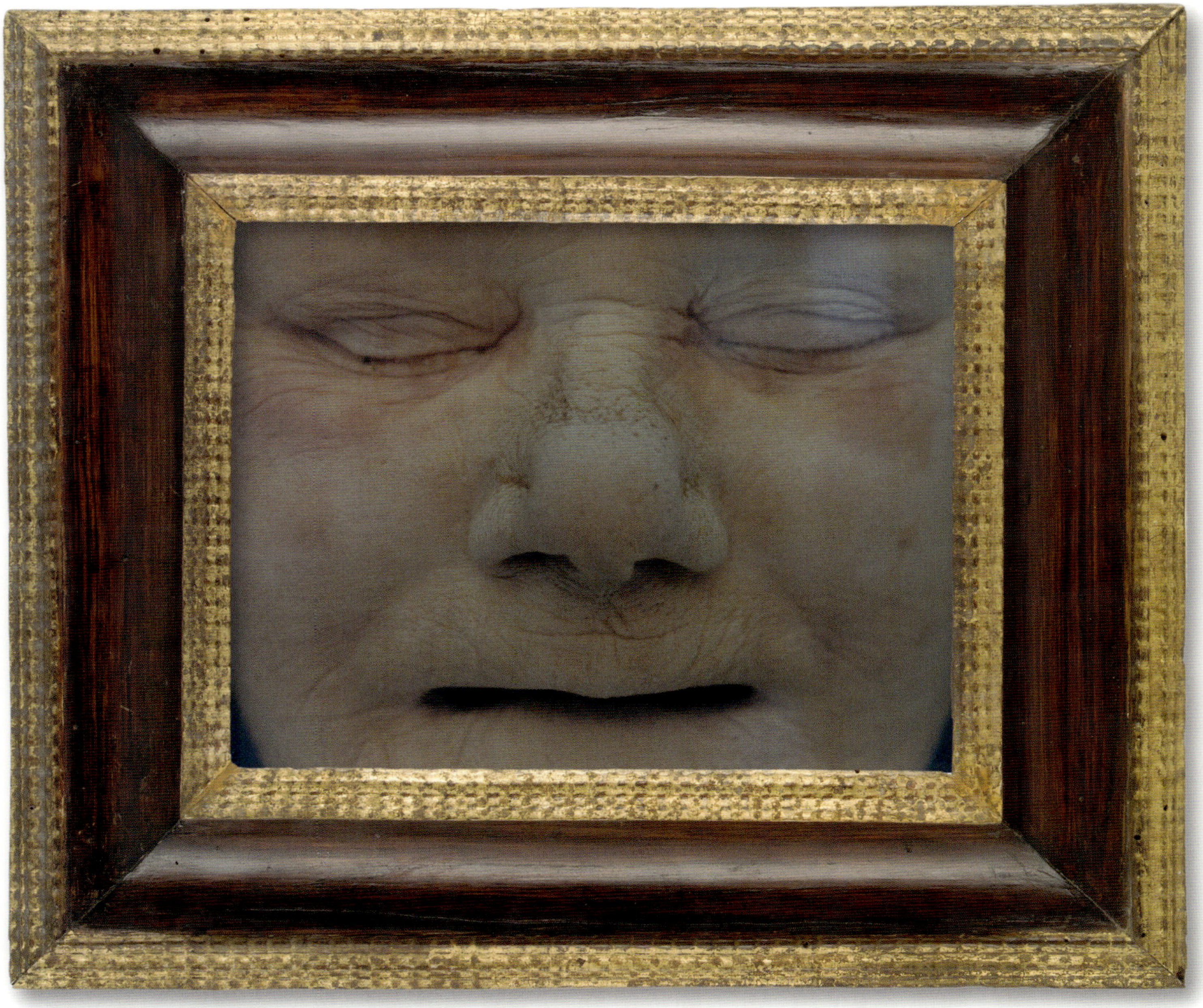

Ein rechteckiger, in goldenen und braunen Tönen gehaltener Flammleistenrahmen aus den Niederlanden der zweiten Hälfte des 17. Jahrhunderts fasst ein Werk der 25-teiligen Serie *Still-life* der Fotografin Annet van der Voort.

Auf eine dünne, goldene, geflammte Innenleiste folgt eine deutlich breitere, rot-braun aufsteigende, wulstige Holzkehle in der Mitte. Die abfallende äußere, ebenfalls goldene Flammleiste umschließt den Rahmen sorgfältig. Das unterkehlte Außenprofil charakterisiert die Mitte des Rahmens und zieht so, auch mit Hilfe der abfallenden Außenleiste, den Blick des Betrachters in das Bild hinein.

Die Serie still-life der niederländischen Fotografin entstand in verschiedenen anatomischen Sammlungen in ganz Europa und zeigt in Formalin zur Fixierung des menschlichen Gewebes eingelagerte Präparate. Diese wurden früher für den Anschauungsunterricht und zu unterschiedlichen Ausbildungszwecken aufbewahrt. Man fand sie gelegentlich auch in einigen Kunstkabinetten reicher Sammler. Bei diesem Bild der Serie handelt es sich um eine ältere Frau mit geschlossenen Augen. Der Mund verläuft gradlinig und ist durch einen schmalen Spalt leicht geöffnet. Die breite und etwas platte Nase verstärkt den Eindruck, dass dieser Teil des Körpers etwas an die Glasscheibe gedrückt wird. Die Aufnahme wird vollständig von ihrem Gesicht eingenommen, sodass sich nur an den unteren Enden, jeweils rechts und links im Bild, die Umrandung des Kopfes zu sehen ist.

Die Frau macht einen friedlichen, ruhigen Eindruck und der Betrachter, der nicht weiß, dass es sich hierbei um ein anatomisches Präparat handelt, kann den Eindruck gewinnen, diese Frau beim Schlafen zu beobachten. Nichts erinnert an einen toten menschlichen Körper. Im Gegenteil: Die Ruhe selbst, die die ältere Frau ausstrahlt, ist förmlich sichtbar. Die Rahmen-Bild-Kombination ist harmonisch. Fast scheint der Rahmen mit dem Bild so zu verschmelzen, dass er zum Behältnis des Präparats wird.

Wie auch in mehreren anderen Serien von Annet van der Voort ist hier die Vergänglichkeit der thematische Mittelpunkt. Doch in keiner anderen Serie wird deutlich, wie nah Tod und Leben beieinander stehen.

Margarita Krecker

Annet van der Voort | still-life | 1992-94 | Fine-Art-Print

Flammleistenrahmen | 2. Hälfte 17. Jh. | Niederlande
Außenmaß 33,3 x 38,5 cm | Lichtmaß 18 x 23 cm | Profilbreite 7,8 cm

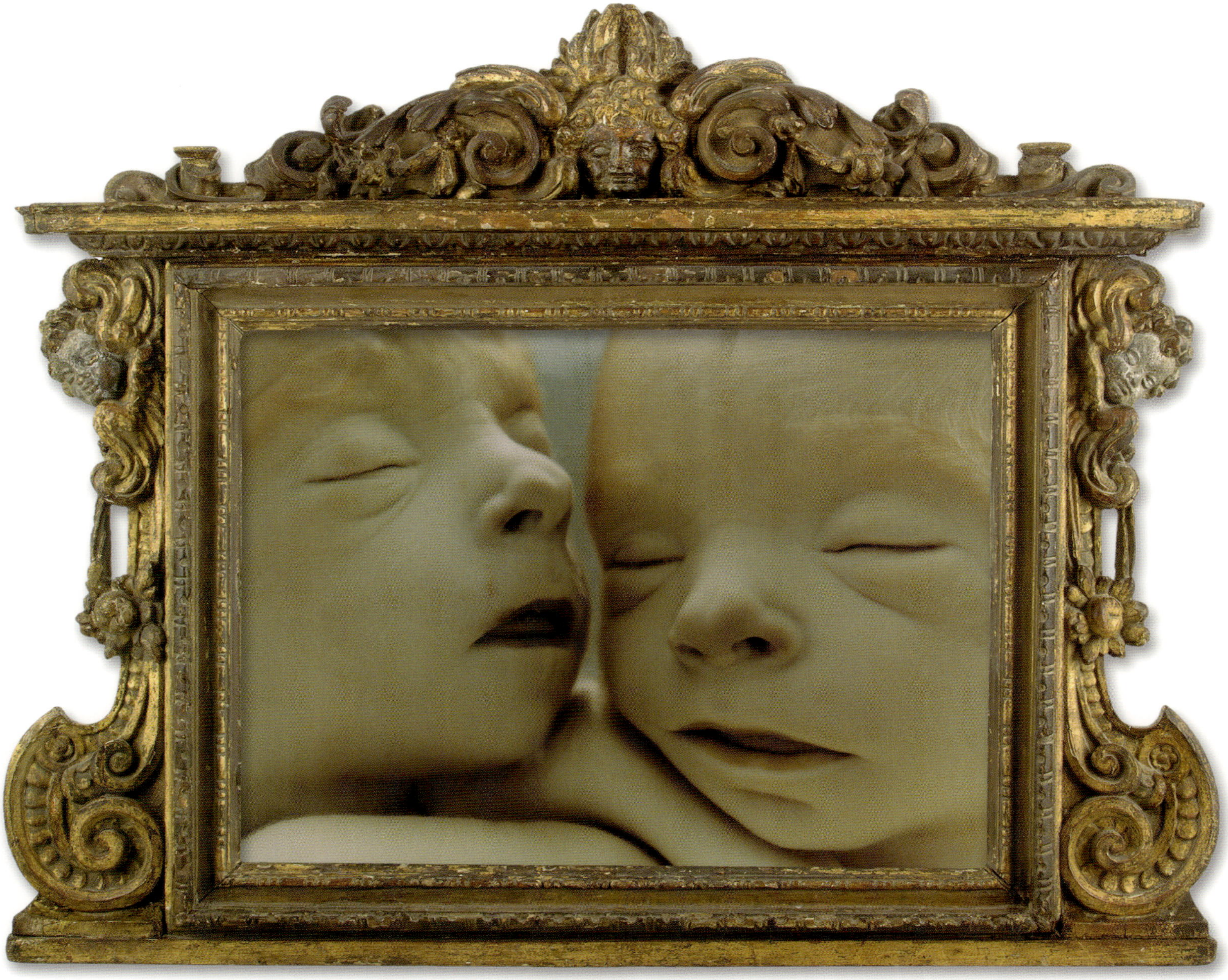

Zu sehen ist ein aus Holz geschnitzter goldbrauner Kombinationsrahmen aus der zweiten Hälfte des 16. Jahrhunderts,[1] welcher eine Fotografie aus Annet van der Voorts Stilllebenserie umrahmt. Der vermutlich in Norditalien hergestellte Rahmen[2] kombiniert Elemente eines Leistenrahmens mit architektonischen Elementen mit den des Ornamentrahmens.[3] Der Rahmenaufbau zeigt einen am Bild anliegenden schmalen Profilrahmen, eine „Sockel- und Giebelzone" sowie eine mit „Schnitzwerk geschmückte äußere Zone".[4] Zwei am Bild anliegende Stäbe leiten das Innenprofil ein, gefolgt von einem Eierstab und einer schmalen Rahmenplatte. Eine Kehle mit Pfeifenschnittmuster schließt das Innenprofil ab. Das Außenprofil, das aus an- und aufliegendem plastisch herausgearbeitetem Schnitzwerk besteht, erinnert in manieristischer Weise an architektonische Bauformen.[5] Große, verzierte Volutenspangen setzen am unteren rechten und linken Bildrand an und öffnen sich nach oben hin säulenartig zu Bandwerk, das jeweils in der Mitte der Rahmenschenkel mit Blütendekor verziert ist und hinauf zu Engelsköpfen mit seitlich anliegenden Flügeln verläuft. Die aufliegende Giebelzone wird durch ein klassisches Zierband - den Eierstab - hervorgehoben. Diesem folgt ein glatter Aufsatz, auf dem Rollwerk, Blütendekor und Akanthusvoluten ansteigend wie ein Giebel die Aufmerksamkeit zu einem in der Mitte prangenden Engelskopf mit aufgestellten Flügeln lenken.

Die Fotografie aus Annet van der Voorts Stilllebenserie öffnet einen Zugang zu einer längst vergangenen Zeit. Ein erster Blick wirkt irreführend und lässt glauben, zwei Säuglinge im Mutterleib zu sehen. Man befindet sich jedoch dicht vor einem Konservierungsglas des Museum Vrolik in Amsterdam. Vor Jahrhunderten fanden derlei Konservierungen Einzug in anatomische Sammlungen.[6] In Glasbehältern aufbewahrt, wurden sie der Vergänglichkeit entzogen und für Ausbildungs- und Forschungszwecke bereitgestellt. In ätherischer Stille schweben hinter dickem Glas zwei Säuglinge dicht beieinander und nur durch einen Arm voneinander getrennt. Die extreme Nahaufnahme der einander zugewandten Köpfe zieht den Betrachter nah an das Bild heran. Mit fest verschlossenen Augen und leicht geöffneten Mündern scheinen sie von einer Welt erzählen zu wollen, die sie nie verlassen werden. Der graue Farbton der Haut lässt die Zwillinge wie Tonfiguren erscheinen. Ihre ebenmäßigen Gesichter wirken wie aus Knetmasse geformt, lediglich die feinen goldenen Härchen auf der Stirn sind Indizien dafür, dass es sich um in Formalin eingelegte menschliche Föten handelt.

Auf den ersten Blick scheinen sakral anmutender Rahmen und moderne Fotografie auf den Betrachter eine dissonante Wirkung zu entfalten, die durch die klare Komposition der Fotografie und den Detailreichtum des Rahmens forciert wird. Bei längerer Betrachtung hingegen baut sich ein Verhältnis zwischen Rahmen und Bild auf. Die Köpfe der Föten gesellen sich den Engelsköpfen des Rahmens hinzu, die Ornamentik des Rahmens wiederum legt sich wie ein bekrönendes Element um die Fotografie. Die Rahmung holt die Zwillinge damit aus der Welt der anatomischen Sammlung, in der sie als Betrachtungs- und Forschungsobjekte ausgestellt sind und verleiht ihnen Würde. Die seitlich am Rahmen angebrachten plastisch herausgearbeiteten Engelsköpfe greifen nicht nur die dargestellten Formen in der Fotografie auf, sondern erwecken zugleich Assoziationen zu Gottheiten der griechischen Mythologie. Hypnos, als Gott des Schlafes, und Thanatos, als Gott des Todes, symbolisieren in der griechischen Mythologie als Zwillingspaar den Übergang zum Jenseits.

Angela Sigreki

[1] Michels, 1996, Katalog Nr. 1.
[2] Ebd.
[3] Michels, 1996, 36.
[4] Ebd.
[5] Ebd.
[6] van der Voort, 2011.

Annet van der Voort | still-life | 1992-94 | Fine-Art-Print

Kombinations-Rahmen (Spiegelrahmen) | 2. Hälfte 16. Jh. | Norditalien oder Toskana
Außenmaß 71 x 88 cm | Lichtmaß 40 x 51,8 cm | Profilbreite 12,5 cm

Der lindgrüne Plattenrahmen weist ein polimentvergoldetes Innenprofil auf, wobei die Vergoldung ziemlich gelitten hat und fast nicht mehr erhalten ist. Das Profil beginnt mit einer flachen Kehle, auf die eine steil ansteigende Kehle folgt. Dieser schließt sich die breite grüne Platte an. Das Außenprofil wird durch ein Karnies eingeleitet, auf dieses folgt dann eine halbrunde, stark nach außen tretende Wulst. Den Abschluss des Profils bilden wiederum zwei Kehlen, die erste etwas schmaler und flacher als die zweite, wobei diese schwarz gefasst sind. Der Rahmen von beachtlicher Größe wurde in Italien im frühen 17. Jahrhundert hergestellt.[1] Farbig gefasste Rahmen waren zur Zeit des Barock keine Seltenheit. Meist wurde die Farbigkeit an die Wandbespannungen und das Mobiliar angepasst.[2]

Die Fotografie stammt aus der Serie *Still-life* und zeigt einen Fötus, der mit seinen erhobenen Armen sein Gesicht teilweise verdeckt. Das sichtbare Auge ist geschlossen, die linke Hand weit geöffnet, ebenso der kleine Mund. Die Nase erscheint weit ausgestellt, so als würde er doch noch Luft atmen. Doch seine Haut zeigt, trotz ihrer Makellosigkeit, unmissverständlich die Leichenblässe. Der Fötus hält seine Arme vor sein Gesicht, als würde ihn etwas blenden, als wäre er gerade im Begriff aufzuwachen. Die geöffnete Hand scheint nach etwas zu greifen. Scheinbar ein Zeichen der Vitalität und Lebendigkeit. Der Fötus wurde also in einer Haltung konserviert, die Zeichen des Lebendigen aufweist. Ein Widerspruch zu seinem tatsächlichen Zustand. Es handelt sich bei dieser Serie um Fotografien von in Flüssigkeit eingelegten Präparaten aus anatomischen Sammlungen. Auf den Betrachter wirkt das zunächst beklemmend. Er weiß nicht, wie er mit den widersprüchlichen Zeichen umgehen soll. Dies wird noch durch die hochgezogenen Arme bekräftigt, die den Betrachter vom Fötus abgrenzen, ihn unzugänglich machen. Die Kameraperspektive rückt den Fötus nah heran. Er füllt den gesamten Bildausschnitt aus und drängt sich dem Betrachter geradezu auf. Er rückt so nahe heran, dass er nicht mehr ganz in das Blickfeld passt, indem seine Stirn und sein Kinn die Bildränder schneiden. Dies wird auch durch die Größe des Bildes unterstützt. Durch die Überlebensgröße des Motivs kann man seiner Präsenz nicht entkommen.

Der Rahmen bekommt in dieser Verbindung eine eigentümliche Funktion. Er erweitert den Bildraum einerseits, scheint ihn auf der anderen Seite jedoch auch zu begrenzen, indem er durch seine grüne Färbung den Raum des Glasbehälters mit der Flüssigkeit fortzusetzen scheint und selbst als ein Behälter wirkt, der den Fötus aufnehmen kann. Diese Ambivalenz erzeugt beim Betrachter ein Gefühl der unmittelbaren Konfrontation. Er wird aber auch durch das begrenzende Innenprofil und das stark nach außen steigende Außenprofil vor einem „Hineinfallen" ins Bild geschützt. Dies ermöglicht eine Distanz, die sonst durch die Größe des Motivs unmöglich wäre. Der Blick des Betrachters wird sanft in das Bild hineingeleitet und ermöglicht so eine „tiefergehende" Auseinandersetzung mit der Fotografie und lässt ihn eintauchen in die Intimität des Sterbens. Die Größe des Rahmens bedingt auch die Größe der Fotografie. Dadurch wird die Monumentalität eines Grabmals erzeugt und die Erinnerung an den Toten lebendig gehalten. Der Rahmen gibt dem durch die Auszeichnung als Studienobjekt in die Anonymität versunkenen Fötus seine Individualität zurück und zeichnet ihn als Menschen aus und nicht als Objekt.

Kamila Adamowicz

[1] Brunke, 1996, Katalog-Nr. 7.
[2] Ebd., 28.

Annet van der Voort | still-life | 1992-94 | Fine-Art-Print

Platten-Rahmen | 1. Hälfte 17. Jh. | Norditalien
Außenmaß 102 x 128,5 cm | Lichtmaß 69,5 x 96,5 cm | Profilbreite 10 cm

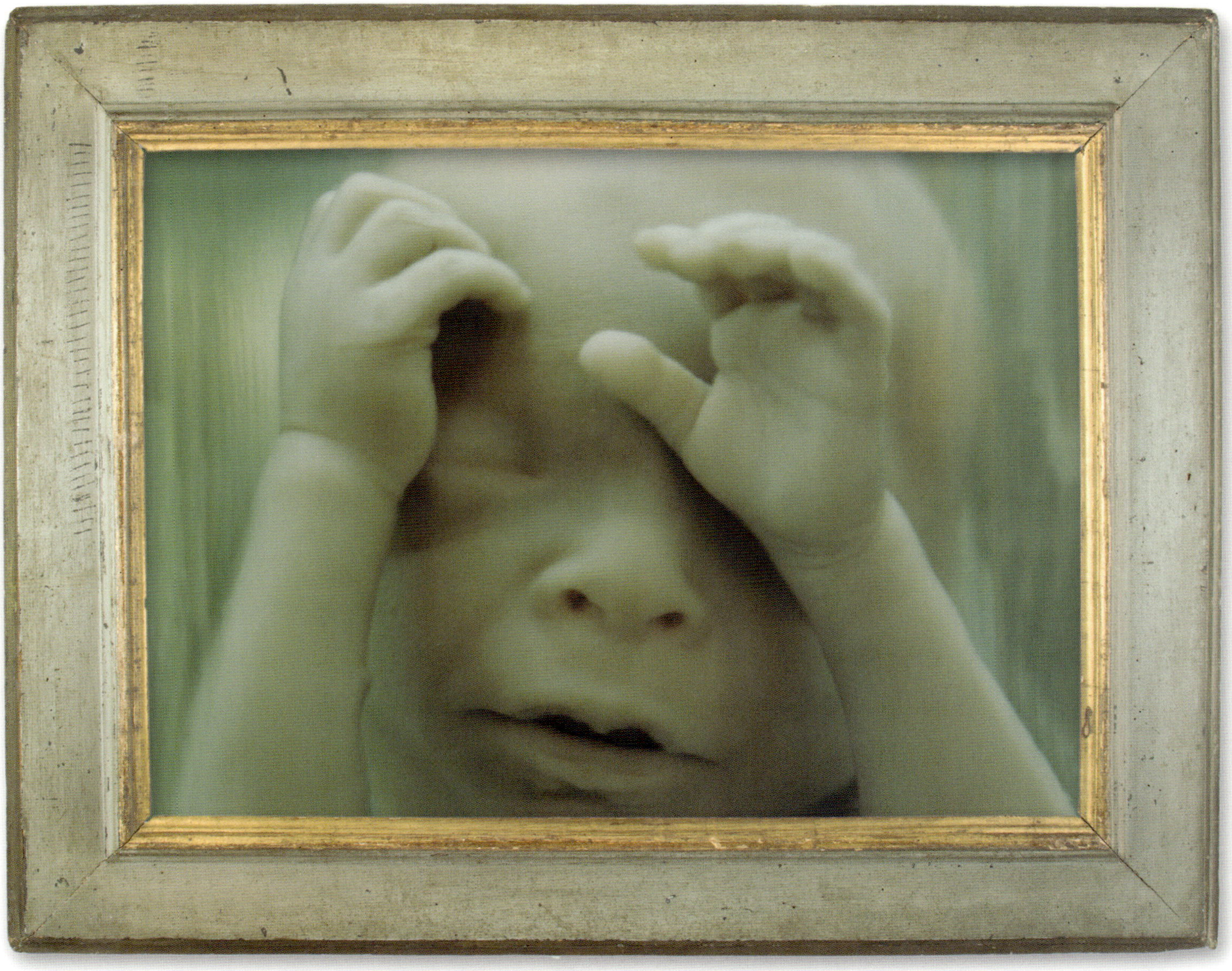

132

Ein dunkel bemalter, monochromer, aus Holz gefertigter Profilrahmen, vermutlich aus dem 18. Jahrhundert,[1] umschließt ein weiteres Bild aus Annet van der Voorts Stilllebenserie. Der Rahmenaufbau beginnt mit einem „nach außen ansteigenden und mit Blattspitzen besetzten Karnies",[2] welcher mit quer zum Profil verlaufenden plastisch herausgeschnitzten Blattspitzen verziert ist. Darauf folgt eine breite Kehle, die in eine nach außen ansteigende stark unterkehlte Rahmenplatte übergeht. Der Übergang wird durch einen „schmalen Schraubstab"[3] verziert. Das von einer Holzkehle dominierte, stark untergliederte Profil sowie der einzelne in das Profil eingestreute Schmuckstab erinnern an einen im spätbarocken Italien entstanden Rahmentyp, den Salvator-Rosa-Rahmen.[4]

Die ausgestellte Fotografie zeigt eine extreme Nahaufnahme des Gesichtes einer in Formalin konservierten asiatischen Frau mittleren Alters. Es handelt sich um ein anatomisches Präparat, das Anfang des 20. Jahrhunderts in den Niederlanden präpariert wurde. Der Bildausschnitt zeigt ihr Gesicht in einer Großaufnahme, von den Augenlidern ausgehend bis zur Mundpartie, und zieht den Betrachter so in das Bild hinein. Im Dreiviertelprofil wendet sie ihren Kopf dem Betrachter zu. Ihre blasse, grünliche Haut lässt sie auf den ersten Blick wie eine Maske erscheinen. Menschlich wirkt sie erst bei näherer Betrachtung. Sichtbar werden Merkmale einer menschlichen Haut. Kleine Poren verteilen sich auf ihren Wangen und um ihre Nasenpartie, Spuren der Zeit liegen in Form von Falten auf ihren Augenlider, ihr Kinn ist von einer Narbe gekennzeichnet. Aus ihrem ebenmäßigen, von unten beleuchteten Gesicht treten lediglich Nasen- und Mundpartie stark hervor. Augen und Mund sind verschlossen. Ihr Gesicht wirkt ausdruckslos. In ätherischer Stille schwebt sie im grün-bläulichen Licht hinter dem Glas eines Konservierungsbehälters, welches sich deutlich auf der rechten Bildseite zu erkennen gibt. In früheren Jahrhunderten erhielten derlei Präparate Eingang in die Forschung und dienten dort zu Ausbildungszwecken.[5] Großes Interesse an solchen Besonderheiten zeigten nicht nur Wissenschaftler und Studenten, sondern auch Zeichner und Maler der damaligen Zeit. Nicht nur in anatomischen Sammlungen, sondern auch in sogenannten Kunst- und Wunderkammern wohlhabender Sammler wurden diese Präparate ausgestellt.

Der dunkle Rahmen lässt ein Spannungsverhältnis zwischen Rahmen und Fotografie entstehen. Durch die dunkle Farbigkeit wie auch das Material des Holzes passt er sich dem von Glas umschlossenen, grünlich schimmernden Gesicht nicht an, sondern wirkt eher wie eine Öffnung, durch die man einen unmittelbaren, wenn auch kleinen Einblick in einen Bereich der Wissenschaft erlangt, zu dem man sonst ohne Weiteres keinen Zugang hat. Die in einem sehr großen Format ausgestellte Fotografie zieht den Betrachter nah an das Bild heran, durch den Rahmen entfernt sie sich jedoch zugleich von ihm. Der breitschenklige, dunkle Rahmen verhindert die unmittelbare Konfrontation des Beobachters mit dem Bild und mit dem konservierten Leichnam.

Angela Sigreki

[1] Schmitz, 2003, 180.
[2] Ebd.
[3] Ebd.
[4] Ebd.
[5] van der Voort, 2011, 6.

Annet van der Voort | Still-life | 1992-94 | Fine-Art-Print

Profilrahmen | vermutlich. 18 Jh.
Außenmaß 66,3 x 77,1 cm | Lichtmaß 48,8 x 59,5 cm | Profilbreite 8,5 cm

Dieser aus dem 18. Jahrhundert stammende Plattenrahmen[1] hat die Besonderheit, dass seine größte Erhebung im Innenprofil liegt, dass er also nach außen hin abfällt. Das Innenprofil wird von einer schmalen Hohlkehle mit einem darauf folgenden Absatz gebildet und gipfelt in einer schlichten Rahmenleiste, deren Kanten gerundet sind. Durch die abfallende Rahmenplatte schmiegt sich der Rahmen an seinen Hintergrund. Die Rahmenplatte ist gleichmäßig gekörnt und wird von einer weiteren Leiste umgeben. Mit einer schmalen Hohlkehle schließt diese das Außenprofil ab. Der gesamte, wahrscheinlich aus Deutschland stammende Rahmen, ist vergoldet.[2]

In sich trägt der Rahmen eine Fotografie aus Annet van der Voorts Serie *Flow*, die im März 2006 aufgenommen wurde. Zu sehen ist eine diffus gekräuselte Wasseroberfläche in Gold- und Kupfertönen, die wie von feinen Spinnweben zerfurcht erscheint. Helle Lichtreflexionen finden sich besonders im mittleren und unteren Teil des Bildes. Im oberen Drittel der Fotografie überwiegen dunklere Brauntöne, die sich trichterförmig in die hellen Farbflächen ergießen und diese arkadenförmig voneinander absetzen. Die unnatürlich wirkende metallische Farbigkeit des Wassers wurde nicht von der Fotografin beeinflusst. Sucht man nach einem figürlichen Pendant für die sichtbaren Formen, erkennt man in dieser scheinbar abstrakten Fotografie die Gestalt von Bäumen.

Von einem immer gleichen Blickpunkt aus hat die Fotografin über fast drei Jahre den Wandel der Jahreszeiten und dessen Auswirkungen auf die Wasseroberfläche eines Flusses dokumentiert.[3] Jedes Mal spiegeln sich darin die am gegenüberliegenden Ufer stehenden Bäume: Einmal abstrakt schlingernd, ein anderes Mal perfekt konturiert, hier in Kupfertönen glimmend und sich fast zur Unkenntlichkeit kräuselnd. Das Spiel zwischen Figürlichkeit und Abstraktion wird von Annet van der Voort noch erweitert. Sie kehrt die in der Spiegelung auf dem Kopf stehenden Bäume um und präsentiert sie uns auf einer gedrehten Fotografie „richtig" herum. Damit ergibt sich noch eine weitere Assoziation. Als Betrachter kann man sich vorstellen, vor schmalen, spitzbogigen Fensterflächen im Inneren einer gotischen Kathedrale zu stehen. Man vermag sogar die Ansätze eines Maßwerkfensters mit Vierpass im Fenster rechts außen zu erkennen. Das Licht scheint blendend hell hereinzuscheinen, sodass die genauen Konturen der Architektur verschwimmen.

Hier kann der Rahmen als weiterführender Kommentar zur Fotografie verstanden werden. Genauso wie die Wasseroberfläche „kräuselt" sich die Rahmenplatte über die gesamte Fläche. Diese Ähnlichkeit kann den Betrachter dazu verleiten, sich den Rahmen als Weiterführung der Fotografie vorzustellen und die plastisch ausgestaltete Körnung des Rahmens als eine dreidimensionale Nahaufnahme der Wasseroberfläche auf dem Bild zu begreifen. Weist die Fotografie nämlich leichte Strömungen auf und lässt daher einen größeren Ausschnitt vermuten, so bleibt der Rahmen ohne Furchen und Richtungsweisungen gleichmäßig gekörnt. Während man bei der Fotografie auf das Schauspiel eines größeren Ausschnitts blickt, scheint der Rahmen - wie ein Mikroskop auf die sich bewegenden Wassermoleküle zoomend - eine größere Nähe zur Fotografie zu ermöglichen.

Rahmen und Bild stellen beide eine reizvolle Schicht zur Schau, die eigentlich etwas verbirgt. Auf der Rahmenplatte ummantelt ein an manchen Bruchstellen sichtbarer Film aus Gips eine darunter liegende Schicht aus grobem Sand oder Bimsstein.[4] Nach der Trocknung wurde darauf die Vergoldung gelegt. Der Betrachter kann die zugrundeliegende Schicht der Körnung nur noch erahnen und nimmt die entstandenen Formen nun als unabhängiges Gestaltungsmuster wahr. Genauso verhält es sich auch mit der Wasseroberfläche auf der Fotografie. Steine und Unebenheiten, die vielleicht darunter liegen, bleiben dem Betrachter verborgen. Sowohl die netzartigen Furchen, die an die Oberflächenspannung erinnern, als auch die unnatürlich metallische Farbigkeit des Wassers machen die Wasseroberfläche zum undurchsichtigen Film, der dazu reizt, genau betrachtet zu werden. Die Verortung der Fotografie in der Natur wird in diesem Sinne zweitrangig. Ihr dokumentarischer Charakter geht weitgehend verloren. Am Faszinierendsten – genauso wie bei der Rahmung – wird die Ästhetik der präsentierten Oberfläche.

Patricia Kretzer

---

[1] Aufschrift auf der Rückseite des Rahmens.
[2] Ebd.
[3] Vgl. van der Voort, 2011, 9.
[4] Friedrich G. Conzen jun. in einer E-Mail vom 28.06.2013 an die Verfasserin.

Annet van der Voort | flow | 2006/08-09 | Fine-Art-Print

Profilrahmen mit Sandelierung | 18. Jh. | Deutschland, Außenmaß 29 x 34,2 cm | Lichtmaß 15,3 x 20,5 cm | Profilbreite 7 cm

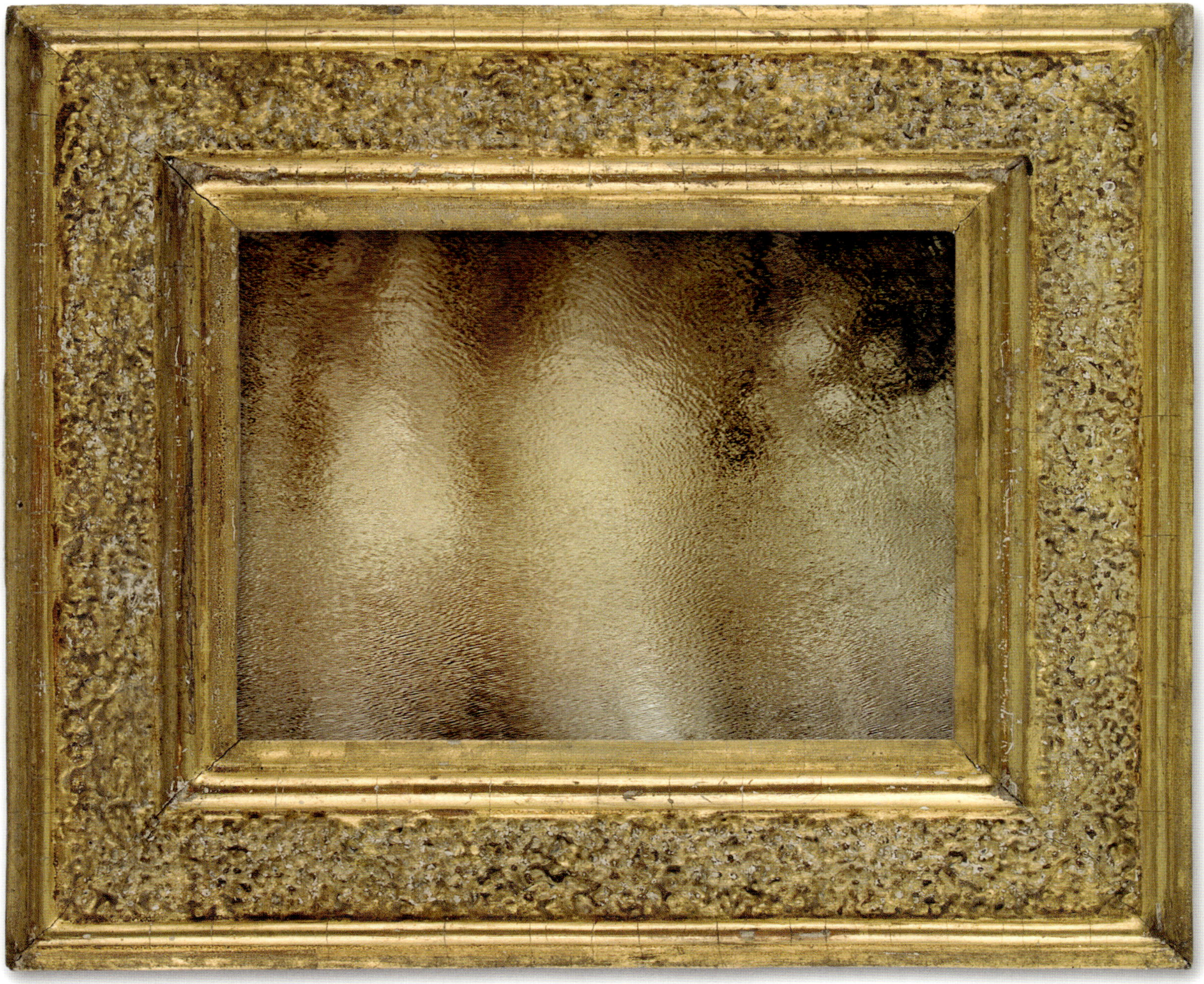

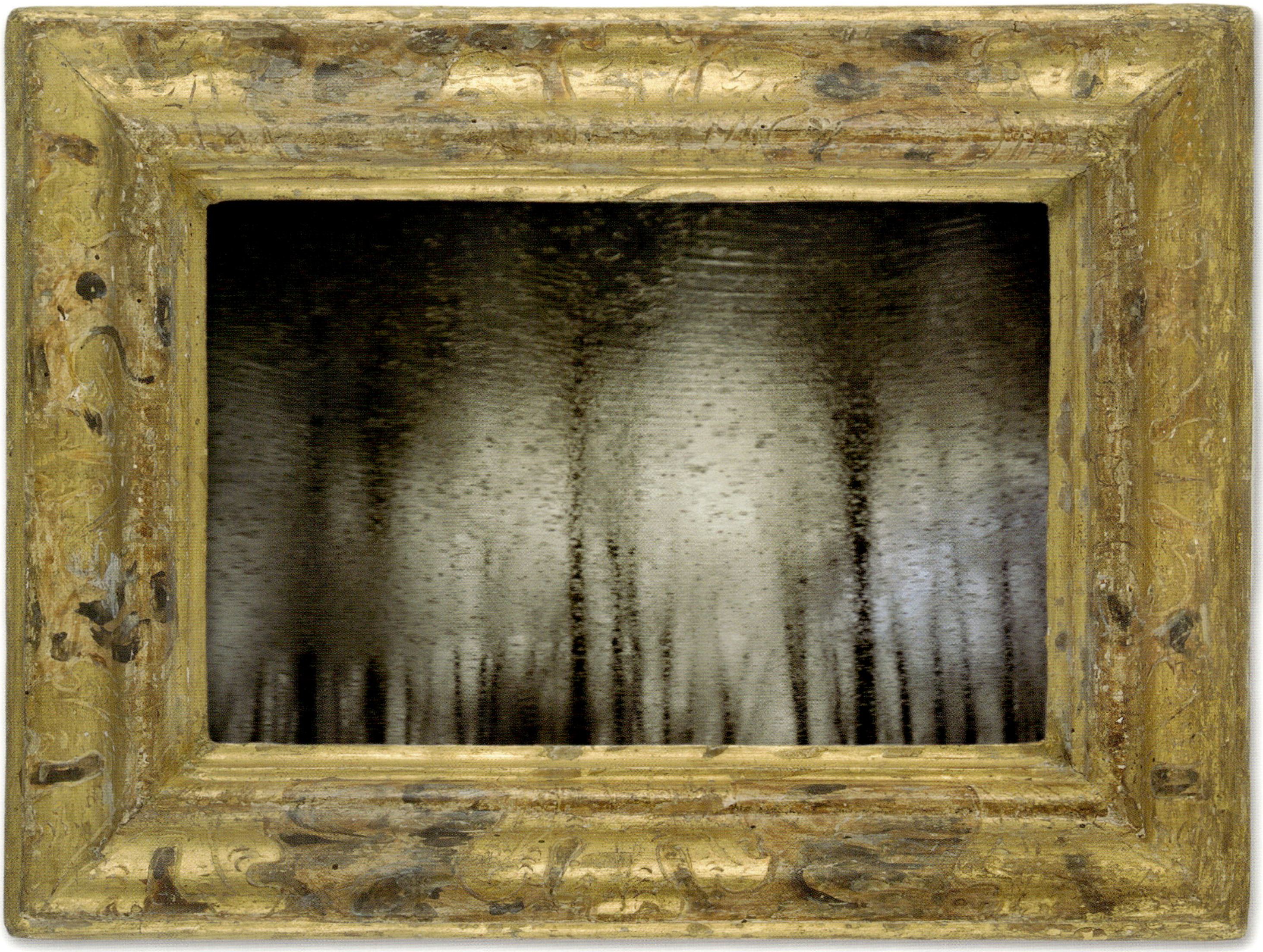

Ausgestellt wird ein aus Holz geschnitzter vergoldeter Profilrahmen aus der zweiten Hälfte des 17. Jahrhunderts.[1] In Bologna hergestellt, veranschaulicht er eine kleinformatige Variante des bolognesischen Blattrahmens.[2] Das Innenprofil des Rahmens wird durch eine am Bild ansetzende glatte Kehle eingeleitet und von einem „karniesartig ansteigendem Innenwulst"[3] fortgeführt. Das Außenprofil wird von einer Kehle aufgenommen, auf die ein nach außen ansteigender unterkehlter Wulst folgt. Ein abfallendes Karnies schließt das Außenprofil ab. Das Dekor besteht aus eingravierten „Akanthusblättern mit runden Blattspitzen",[4] welches die Ecken und Schenkelmitten des Rahmens verziert und sich von der Innenwulst ausgehend symmetrisch über das Profil legt.[5] Während die das Innenprofil einleitende Kehle in einem monochromen Goldton gefasst ist, wird das Gold des restlichen Rahmens durch den unterschiedlichen Einsatz von schwarzer Farbe aufgelockert, wodurch die einheitliche Strenge gebrochen wird, das Ornament hervortritt und an Bewegung gewinnt.

Die hier gezeigte Fotografie porträtiert die „Variabilität des vermeintlich immer Gleichen".[6] Über drei Jahre lichtete die Fotografin das ihrem Haus gegenüberliegende Ufer eines Flusses im Wandel der Zeit und der damit einhergehenden Veränderung von Natur, Farbe, Licht, Wind und Temperatur im Bild des Flusses ab. Die von grau-weißen und schwarzen Farbtönen dominierte Fotografie zeigt einen nebeligen verregneten Tag im April. Das gedrehte Spiegelbild, das ursprünglich aus der Aufsicht entstand, erweckt die Illusion einer Untersicht und lässt von unten hinauf in eine dunkle, sich nach oben hin auflösende Baumlandschaft schauen. Die vertikal nebeneinander und hintereinander gestaffelten Baumstämme ragen schwarz vor einem hellen Hintergrund hoch in einen grauen Himmel. Nicht mehr sichtbar werden jedoch die Baumkronen, die vom Schwarz eines auf den Fluss fallenden Schattens aufgegriffen werden. Lediglich eine hellblaue, am rechten Seitenrand leicht durchscheinende Fläche verweist auf einen sich klärenden Himmel. Durch Regen und Wind in Bewegung gebracht, verwischt die Wasseroberfläche die geraden Konturen der sich im Wasser spiegelnden Baumlandschaft. Schatten- und Lichtreflexe legen sich auf die Wasseroberfläche und führen zu einer starken Verdunklung und Aufhellung, wodurch eine Diffusion entsteht, in der sich die Umrisse der Baumstämme und deren Kronen in der sie umgebenden Farbe auflösen. Durch die Auflösung der Linien tritt die expressive Funktion der Naturszenerie und die dunkle Farbgebung des Tages in den Vordergrund. Die verminderte Konturschärfe erzeugt so eine bildähnliche Wirkung, wie es bereits schon der Piktoralismus um 1900 anstrebte. Während der dokumentarische Charakter der Fotografie in den Hintergrund tritt, wird eine Annäherung an die Gattung der Malerei forciert.

Das durch den Goldton des Rahmens entstehende Kontrastverhältnis zwischen Fotografie und Rahmen lässt die dunkle Farbgebung sowie das Motiv der Baumlandschaft in den Vordergrund rücken. Der Einsatz von schwarzer Farbe auf dem Rahmen greift die Hell-Dunkel-Kontraste und die Farbigkeit der Bäume auf und führt sie auf den Rahmenschenkeln weiter, als würden sie der Fotografie entfliehen und sich in einer neuen Form und Farbigkeit auf Wülsten und Kehlen verteilen wollen. Die eingravierten Akanthusblätter auf den Schenkelmitten und -ecken spiegeln das Thema der Natur wieder und wirken wie eine Ergänzung zu den kargen blätterlosen Bäumen. Durch den schwarzen Farbeinsatz gewinnt auch die Ornamentik des Rahmens an Dynamik, was den Rahmen in Einklang mit der bewegten Wasseroberfläche der Fotografie stellt. Die Aussage der Rahmen-Bild-Kombination zielt auf Bewegung und Veränderung ab und erinnert so an Heraklits Lehre *pantha rhei*: Alles fließt und nichts bleibt, es gibt nur ein ewiges Werden und Wandeln und niemand kann zweimal in denselben Fluss steigen.

Angela Sigreki

[1] Michels, 1996, Katalog Nr. 12.
[2] Ebd.
[3] Ebd.
[4] Ebd.
[5] Ebd.
[6] van der Voort, 2011, 9.

Annet van der Voort | flow | 2006/08-09 | Fine-Art-Print

Profil-Rahmen | 2. Hälfte 17. Jh. | Bologna
Außenmaß 24,5 x 32,3 cm | Lichtmaß 14,4 x 21,5 cm | Profilbreite 9 cm

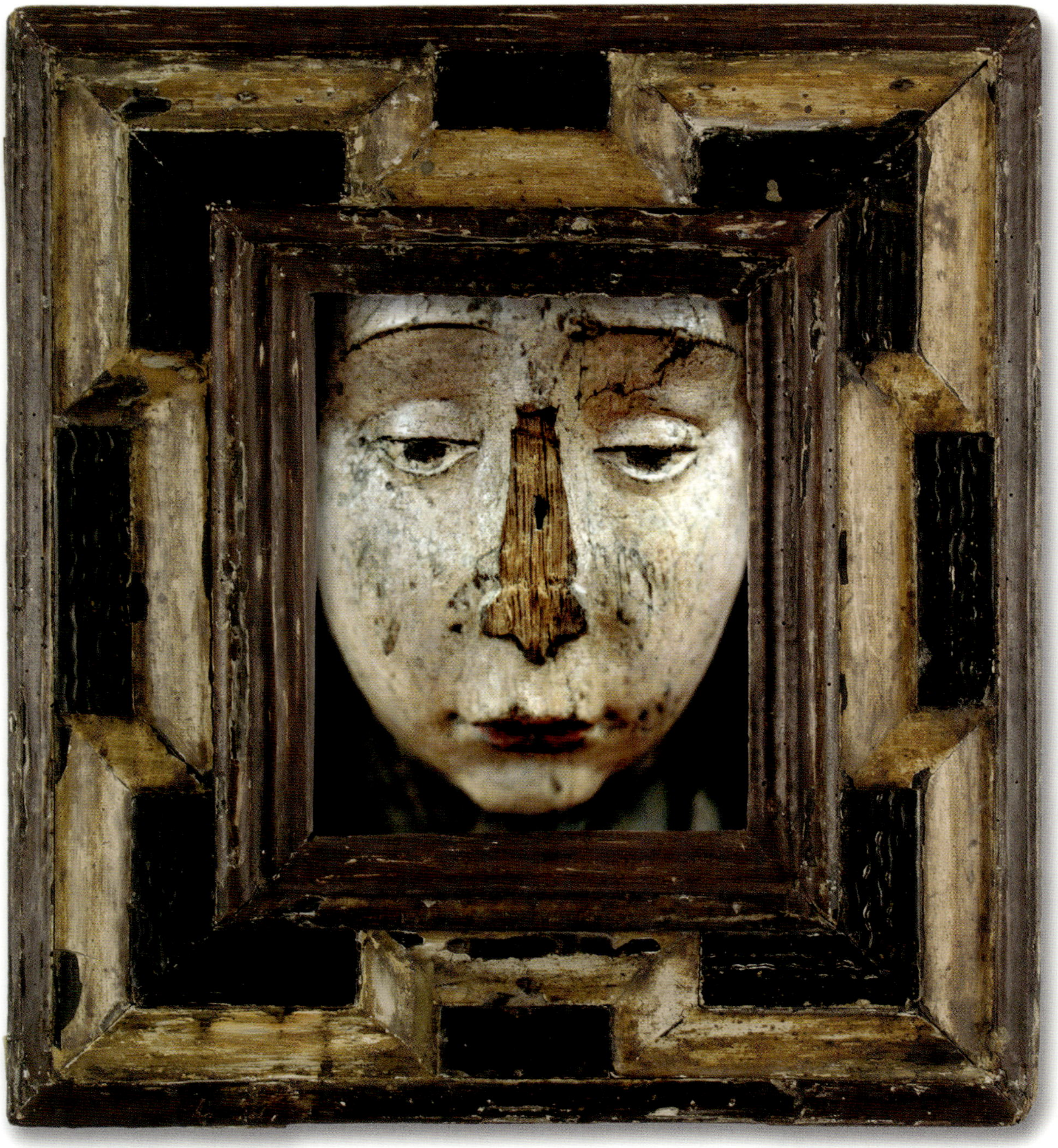

Der aus dem 17. Jahrhundert stammende Barockrahmen aus Genua hat seine größte Erhebung im Innenprofil und fällt nach außen hin ab.[1] Besonders auffällig sind die Verkröpfungen, wie sie im 17. Jahrhundert auch Rahmen aus den Niederlanden aufweisen.[2] Folgt der Blick dem Rahmen von der Fotografie ausgehend, so wandert er zuerst über ein in schmalen Kehlen ansteigendes Profil, das eine ehemalige Dekoration mit Flammleisten erkennen lässt. Das Innenprofil wird abgeschlossen von einem Halbrundstab, der zugleich auch die größte Erhebung des Rahmens darstellt. Die Ecken des Innenprofils werden von dominant auftretenden Verkröpfungen umschlossen, die mit ebonisierten Wellenmustern geschmückt sind. Die größte Dynamik des Rahmens entsteht durch die breite, polierte Kehle, die den Rahmen gezackt umschlingt. In ihrem Tal wurde erneut das dunkle Wellenmuster platziert, wodurch eine schachbrettartige Wirkung entsteht. Das Außenprofil fällt mit mehreren schmalen Kehlen nach außen hin ab und ist, ebenso wie das Innenprofil, in einem dunklen Braunton gefasst.

„Bewohnt" wird der Barock-Rahmen von einer Fotografie aus der Serie *Madonna*, 1995/96. Sie zeigt das Gesicht einer Marienstatue aus dem Jahr 1518.[3] Sie wurde frontal porträtiert. Sofortige Aufmerksamkeit erhält das außergewöhnliche Zentrum des Gesichts: Eine unebene, hölzerne Fläche, deren scharfe Umrisse von der fehlenden Nase erzählen. Das in hellem Ton gefasste Gesicht setzt sich aus schlicht gestalteten Partien reizvoll zusammen. So wird die Stirn von der Augenpartie durch zwei in zarter Bogenform geschwungenen Augenbrauen abgesetzt. Die Augen sind halb geöffnet und die Madonna blickt nachdenklich-konzentriert nach unten. Das obere und untere Augenlid sind von einer feinen Linie umrandet. Iris und Pupille sind in dunkler Farbe gefasst. Die leicht gerundeten Wangen führen hin zum etwas tief liegenden Mund. Die entspannt wirkende Oberlippe formt sich zusammen mit der Unterlippe zu dem leicht verspielt wirkenden Mund eines Kindes. Dieser Eindruck verstärkt sich durch die leicht ansteigenden Mundwinkel und das etwas zurückgesetzte, rundliche Kinn.

Dass es sich um eine Ganzkörperfigur handelt, wird von der Fotografin ausgeklammert. Sie konzentriert sich auf den Ausschnitt des Gesichtes. Annet van der Voort nähert sich der Madonna mit dem Wunsch, ihr individuelles Wesen einzufangen, ganz wie es beim Porträtieren von Menschen üblich ist: „Ich habe diese künstlichen Gesichter mit all ihren Spuren eines wechselvollen Lebens so zu porträtieren versucht, wie ich auch Menschen fotografiere: Nämlich auf der Suche nach Identität, Persönlichkeit, Charakter und durchlebtem Leben."[4]

Der Rahmen thematisiert das Schicksal der so genannten *Maria der sieben Schmerzen*[5] auf seine Weise. Verkörpert die Schmerzensmutter üblicherweise das Mitleiden an der Passion ihres Sohnes Jesus Christus, so manifestiert diese Bild-Rahmen-Kombination ihr eigenes Leid. Die Madonna findet sich durch die Rahmung in einer beengten Situation wieder. Beschränkt auf die schmale Öffnung des Rahmens, wäre es ihr nicht einmal möglich, den Kopf durch das „Rahmenfenster" zu stecken. Der massive Aufbau des Holzrahmens widersteht jedem Drängen und lässt sich nicht verbiegen. Die Verkröpfungen umklammern sie starr, als sei dies der ihr zugedachte Platz, mit dem sie sich abfinden muss. Die Madonna fügt sich an die Rahmenschenkel und blickt melancholisch nach draußen.

Insbesondere aufgrund der möglichen Identifikation mit dem Antlitz der Skulptur tritt dem Betrachter dessen Vergänglichkeit vor Augen. Das Gesicht der Madonna aus Eichenholz[6] ist beschädigt durch die fehlende Nase und trägt in seiner schadhaften Bemalung deutliche Spuren der Zeit. Auf ihren Wangen bahnt sich durch die von Kratzern durchzogene Farbe ein dunklerer Grund seinen Weg. Gerade dieser Verfall, der sich in der Beschädigung des Holzes und der Bemalung zeigt, schafft die ästhetische Verbindung zu dem Rahmen. Der Rahmen offenbart ebenso Stellen der Abnutzung und der Beschädigung. Durch das Abplatzen verschiedener Farbschichten wird der darunter liegende Grund sichtbar. Sein Innen- und Außenprofil wird an einigen Stellen von einem weißen Untergrund durchbrochen. Auch von der hellbraunen, breiten Kehle, die den Rahmen umschlingt, sind Teile der Farbschicht abgeplatzt. Beide – Rahmen wie Madonna – scheinen buchstäblich aus „demselben Holz geschnitzt" und in ihrem Schicksal miteinander verbunden.

Patricia Kretzer

[1] Vgl. Fuchs, 1985, 51.
[2] Vgl. Schmitz, 2003, 68.
[3] Gespräch der Verfasserin mit Annet van der Voort am 22.05.2013.
[4] Annet van der Voort in einer E-Mail vom 13.05.2013 an die Verfasserin.
[5] Ebd.
[6] Gespräch der Verfasserin mit Annet van der Voort am 22.05.2013.

Annet van der Voort | madonna | 1995/96 | Fine-Art-Print

Barockrahmen | 17. Jh. | Genua
Außenmaß 47,5 x 42,7 cm | Lichtmaß 22,3 x 18 cm | Profilbreite 12,5 cm

Bei diesem Rahmen handelt es sich um einen italienischen Blattrahmen aus dem 19. Jahrhundert. Der Rahmen weist Reste einer weißen Farbschicht auf. Akanthusblattwerk schmückt sowohl den Innen- als auch den Außenrahmen, wobei das Blattwerk am stark abstrahiert ist. Dieses ist sehr klein und grob ausgearbeitet und rankt sich von der Mitte des unteren Rahmenschenkels rechts und links den Rahmen hinauf bis zur oberen Schenkelmitte, wo die Rahmenornamentik erneut durchbrochen ist. Die Eckkartuschen des Innenrahmens sind von großen Blättern bestückt, die sich aus der Akanthusranke entwickelt. Um den starren symmetrischen Innenrahmen wächst ein luftiges, sich drehendes, verspieltes Blattwerk. Hierdurch wirkt der Rahmen deutlich leichter, raffinierter und lebendiger. Wie bereits erwähnt, handelt es sich hier um Akanthus. Er ist sehr fein und filigran ausgearbeitet. Das erkennt man vor allem an den Blättern, die sogar einen Blattnerv besitzen. Auffällig ist zudem, dass es eine Wuchsrichtung gibt. Das Blattwerk in der Mitte des unteren Schenkels entwickelt sich langsam aus einer Art Knospe. Aus der zarten Schneckenform wächst üppiges Akanthusblattwerk. Dieses dreht und windet sich entlang des rechteckigen Rahmens nach oben, bis sich schließlich die beiden separaten Blattranken in der Mitte des oberen Rahmenschenkels treffen.

Der Rahmen umschließt eine Fotografie der Künstlerin Annet van der Voort aus der Serie *Vanitas*. Verschiedene Blüten und Insekten werden in verschiedenen Phasen des Zerfalls gezeigt. Die Farben und die Arten der Blüten wechseln innerhalb dieser Serie. Als Vorbild nahm sich die Künstlerin die holländische Stilllebenmalerei des 17. Jahrhunderts. Annet van der Voort hat die kunsthistorischen Vorlagen neu interpretiert und in unsere heutige Zeit übertragen. Das Foto in diesem Rahmen wirkt besonders kontrastreich. Da die Blüten in gedeckten hellen Farben gehalten sind und sich stark vom tief schwarzen Hintergrund abheben. Als Blumen wurden hauptsächlich blasse Pfingstrosen gewählt. Als Farbtupfer dienen magentafarbene Pfingstblüten. Das Blumengesteck ist fast rund angeordnet. Dabei fällt auf, wie weit der Verfall bereits gekommen ist. Die obere Pfingstblüte verliert beinahe ihre äußersten Blätter. Diese fallen langsam in das tiefe Schwarz. Die beiden Blumen, die sich rechts und links im Bild befinden, scheinen langsam auseinanderzubrechen. Auch die kleinen Pfingstrosen, die noch nicht einmal ihre Knospen ganz geöffnet haben, scheinen sich bereits im Zerfall zu befinden. In der Mitte der Fotografie findet man ein leeres Schneckenhaus. Die Leere des Hauses, die man auch als Verschwinden von Leben verstehen kann, verweist auf den *Vanitas*-Gedanken. Der spiralförmige Aufbau des Schneckenhauses erinnert an den endlichen Zyklus von Leben und Tod. Somit bedeutet *Vanitas* hier etwa so viel wie: leerer Schein, Nichtigkeit. Der Betrachter soll sich in Erinnerung rufen, dass alles Irdische vergänglich ist. Dieses Gedankengut wird in diesem Bild durch die Blüten, die sich zwischen Leben und Zerfall befinden, deutlich umgesetzt.

Selene Stephan

141

Der in schwarz-gold gehaltene Profilrahmen aus dem 17. Jahrhundert[1] wurde in Italien hergestellt und zeichnet sich durch plastische Ornamente aus. Das Innenprofil besteht aus einer einzigen markanten halbrunden Wulst, die die gesamte Breite des Profils einnimmt. Dieses wird von dem vergoldeten Schnitzwerk unterbrochen, das die Sicht auf den schwarzen Untergrund frei gibt. Die Schnitzereien bilden Akanthusblätter nach, die um die Wulst gedreht zu sein scheinen. Durch eingeschnitzte Seitenrippen wirken die Blätter profiliert und plastisch. Das vergoldete Ornament wird von einer ebenfalls vergoldeten Kehle umfasst und begrenzt. Zum Abschluss folgt eine schwarze Kehle, die den Blick des Betrachters hinausgleiten lässt.

Vor dem gleichfalls schwarzen Hintergrund der Scanografie sind verschiedene Blumen arrangiert, die gelbe, orangefarbene und rote Blüten tragen. Bei den Blumen handelt es sich um halbverwelkte Tulpen und Rosen. Während von einigen nur einzelne Blätter vorhanden sind, werden andere als ganze Blüte gezeigt. Dem Blumenarrangement wohnt eine eigene Dynamik inne. Von unten nach oben scheinen die Blüten immer mehr zu verwelken. Auf mittlerer Höhe wechseln sich frische Blätter mit halb verwelkten ab, während die Tulpen im oberen Drittel vertrocknet sind. Ausgerechnet über diesen schwebt rechts oben ein gelber Schmetterling. Dieser fasst das Thema des Bildes zum Abschluss zusammen. Durch seine Metamorphose verbildlicht er die Ambivalenz von Vergänglichkeit und Lebendigkeit. Das Blumenmotiv selbst erinnert an barocke niederländische *Vanitas*-Darstellungen, worauf auch der Titel der Serie hindeutet. *Vanitas*-Bilder verweisen auf die Vergänglichkeit aller irdischen Dinge.[2] Die Blumen repräsentieren Lebenskraft und Vitalität, die jedoch durch das Welken dem Tode geweiht sind, wie auch alles andere Lebendige. Sie verbinden in dieser Antithetik die Gegensätze von Schönheit und Verfall.

Besondere Aufmerksamkeit sei auch dem Herstellungsverfahren des Bildes gewidmet. Bei der Serie handelt es sich um Scanografien. Dabei wird das Objekt auf einen Scanner gelegt und digitalisiert. Der Aspekt der Zeit spielt hierbei eine wesentliche Rolle. Zeile für Zeile „tastet" der Scanner das Objekt ab, wobei eine gewisse Zeit vergeht. Diese Zeitlichkeit der Dinge wird somit auch im Herstellungsverfahren thematisiert. An den Rändern entsteht eine Unschärfe der Objekte, die malerische Effekte hervorruft. Hier zeigt sich der Widerspruch von Schein und Sein. Das Werk gibt hier vor etwas zu sein, was es nicht ist, nämlich ein Gemälde. Traditionelle Vanitasmotive werden mittels der modernen Medien neu interpretiert, indem sie das Konzept des Bildes überhaupt hinterfragen.

Mit dem Rahmen geht die Scanografie eine eigenwillige Bildsymbiose ein. Das Bild erscheint in dem Akanthusrahmen als Blütenblätter umhüllt von Blättern. Eine paradoxe Verdoppelung, die dem Rahmen eine zusätzliche Funktion und eine weitere Bedeutungsstufe gibt, indem er das eigentliche Bild bereichert, denn ohne jenen Rahmen käme diese rhetorische Figur nicht zu Stande. Der schwarze Untergrund der Schnitzerei erweitert den Bildraum des schwarzen Hintergrundes der Scanografie. Das abgegriffene Gold des Akanthus korrespondiert mit der Farbe der Blumen. Der durch Schnitzerei nachgeahmte Akanthus täuscht im Schnitzwerk Pflanzliches vor, so wie die Scanografie Malerei vortäuscht. Die plastische Wirkung der Schnitzerei, die durch die Freiräume im Ornament erzeugt wird, findet sich in der Scanografie als Tiefenunschärfe wieder, die dem Blumenstillleben eine räumliche Wirkung verleiht. Diese Korrespondenzen bewirken eine Steigerung der Bildaussage. Bild und Rahmen verstärken sich gegenseitig. Durch die Potenzierung der Nachahmung wird umso mehr deutlich, dass es sich bei der Kunst um Abbildungen der Wirklichkeit handelt. Die eigentlichen „realen" Objekte geraten in den Hintergrund. Das Kunstwerk wird zum selbstständigen Objekt der Betrachtung. Das Gemachte – die Kunst – rückt in den Vordergrund, während das Gewordene – die Natur – längst nicht mehr ist.

Kamila Adamowicz

[1] Vgl. Fuchs, 1985, 61.
[2] Vgl. Gemar-Koeltzsch, 1995, 25f.

Annet van der Voort | vanitas | 2008-09 | Fine-Art-Print

Blattrahmen | 18. Jh. | Italien
Außenmaß 47,5 x 40,5 cm | Lichtmaß 34 x 27 cm | Profilbreite 7 cm

143

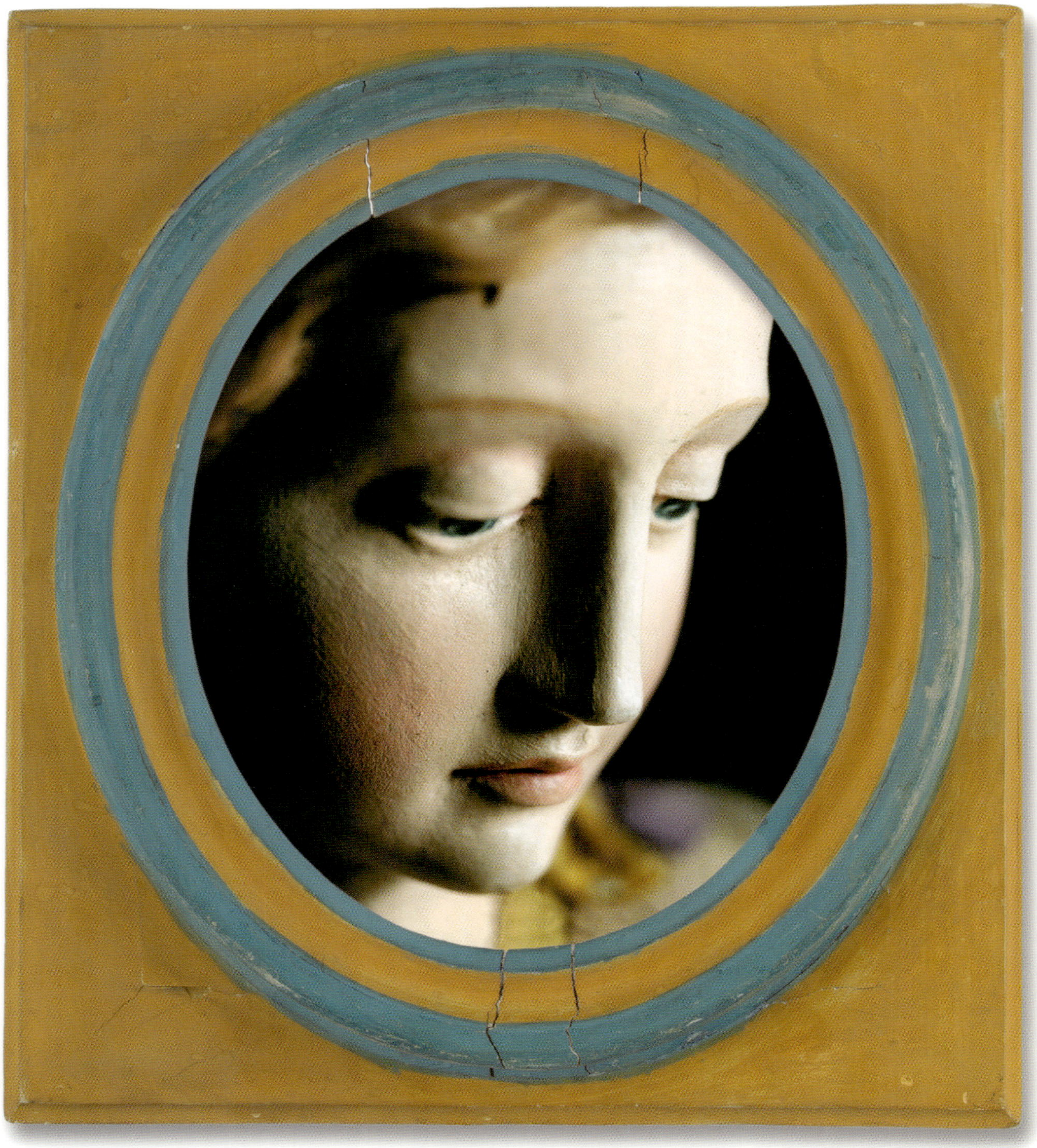

Im direkten Vergleich mit den übrigen Rahmen weist dieser durch seinen schlichten Aufbau und seine Farbigkeit ein Alleinstellungsmerkmal auf. Der Rahmen stammt aus der Zeit des 18. Jahrhunderts und stellt ein Stück einer ehemaligen Wandvertäfelung dar.[1] Zu sehen ist eine fast quadratische, leicht hochformatige Rahmengrundform, deren Öffnung oval ist. Das Innenprofil beginnt mit einer schmalen Hohlkehle, an die eine nach oben strebende Hohlkehle in ungefähr doppelter Breite anschließt. Der darauf folgende, sehr schmale Absatz betont den Höhepunkt des Innenprofils: Ein breiter, hinterschnittener Wulst, der das Innenprofil beschließt. Er endet in unmittelbarer Nähe der Rahmenkante. Der Rest der Rahmenplatte ist schmucklos und wird nur an der äußersten Kante von einer schmalen, abfallenden Kehle abgeschlossen. Besonders besticht der Rahmen durch seine Farbigkeit. Im Kontrast zur dominierenden orange-gelben Fassung sind zwei Ringe des Innenprofils in leuchtendem Türkis gefasst.

Der Rahmen umgibt eine Fotografie aus der 1995/96 entstandenen *Madonna*-Serie von Annet van der Voort. Zu sehen ist ein mädchenhaftes Gesicht im Halbprofil. Die Madonna blickt nach rechts unten. Ihre vom Rahmenrand angeschnittene Stirn ist vom Lichteinfall besonders erhellt, ebenso auch die obere Nasenkante. Der Scheitelpunkt ihrer Haare ist gerade nicht mehr zu sehen. Ihr lockiges Haar wellt sich entlang der ovalen Rahmenöffnung nach links unten bis auf Höhe der in einem hellen Orangeton aufgemalten Augenbrauen. Leicht über der waagrechten Mittelachse des Rahmens liegen die fein ausgearbeiteten Augenlider. Sie umkränzen die im Blick nach unten gerichteten Augen. Im Kontrast zum blendend hellen Nasenrücken ist die rechte Seite der Nase abgeschattet. Genauso verschwimmen die Konturen des Gesichts am linken Außenrand des Rahmens im Schatten. Die Wangen zeugen mit einer leichten Röte von Gesundheit und Jugend. Die Ober- und Unterlippe der Madonna liegen locker aufeinander, eine leichte Öffnung des Mundes ist zu erahnen. Sie lächelt kaum, aber ihr Gesicht ist nicht von Strenge geprägt. Sie bewahrt einen stillen und andächtigen Gesichtsausdruck.

Die Harmonie der Bild-Rahmen-Kombination wird besonders durch sich wiederholende Farben und Formen erzeugt. Blickt man der Madonna in die Augen, erkennt man eine ringförmige, türkisfarbene Iris. Entfernt man sich vom Rahmen, blickt man erneut durch ein ebenso türkisfarbenes, ringförmiges Innenprofil auf die Madonna. Ebenso nehmen die Ecken des Rahmens die leicht kantig geschwungenen Haare in Form und Farbe auf. Beide sind in einem warmen Orangeton gefasst.

Die Fotografin Annet van der Voort hat sich bei der Beschäftigung mit diesem Thema besonders für die Lebendigkeit und Ausstrahlung interessiert. Die Ausschnitthaftigkeit, mit der sie sich dem aussagekräftigsten Teil der Marienstatue - ihrem Gesicht - nähert, bringt dem Betrachter die Stimmung der Skulptur besonders nahe. Die Fotografin stellte sich Fragen wie: „Wer hat vielleicht Modell gesessen? Welche Geheimnisse wurden der Madonnenstatue anvertraut?"[2] Sie fragt nach der Menschlichkeit der Figur. In diesem Fall haben wir es mit einem außergewöhnlich intakten Gesicht zu tun, was das Porträt in einen krassen Gegensatz zu anderen Bildern aus der Serie stellt. Auf anderen Fotografien überwiegen „die Spuren, die Verletzungen eines langen Lebens".[3] Hier herrscht jedoch scheinbar Intaktheit. Der deckende Farbauftrag des Gesichts ist nicht unterbrochen von abgeplatzten Pigmenten. Die Schönheit der Madonna wird nicht beeinträchtigt.

Doch, dass auch in diesem Fall mit der Andeutung von Vergänglichkeit gespielt wird, erklärt sich erst mit dem Wissen um den Restzustand der Skulptur. Beide Arme sind immens beschädigt, die linke Hand fehlt ganz. Der rechte Ellbogen ist an den Oberarm bandagiert. Die Madonna, die einst als Prozessionsfigur diente, bezahlte ihre Funktion mit der Zerstörung von Teilen ihrer Gliedmaße.[4] So kann man die feinen Rissbildungen an den Scheitelpunkten des Innenprofils bereits als eine dezente, aber sichtbare Andeutung auf einen Bruch mit dem idealen Bild der Madonna verstehen.

Patricia Kretzer

---

[1] Gespräch mit Friedrich G. Conzen jun. und Prof. Dr. Hans Körner am 10.05.2013.
[2] Gespräch der Verfasserin mit Annet van der Voort am 22.05.2013.
[3] Ebd.
[4] Vgl. Stiegemann, 1996, o. S.

Annet van der Voort | madonna | 1995/96 | Fine-Art-Print

Teil einer ehemaligen Wandvertäfelung | 18. Jh.
Außenmaß 41,2 x 36,2 cm | Lichtmaß 28,3 x 23,4 cm | Profilbreite 6,5 cm

Glossar der Rahmenstilkunde

Architektonische Rahmen: Rahmengruppe, die sich durch die klare Unterscheidung von oben und unten, sowie von stützenden und lastenden Elementen auszeichnet. Sie orientiert sich am Aufbau antiker Architektur, insbesondere an Tempelfassaden. Über einer breiten Sockelzone erheben sich an beiden Seiten Pilaster oder Säulen, die das Gebälk und zuweilen einen flachen dreieckigen oder bogenförmigen Giebel tragen. Die große Zeit der architektonischen Rahmen liegt im 15., 16. und 17. Jahrhundert, bevor diese von Ornamentrahmen verdrängt wurden.

Ädikularahmen: Ein großformatiger, architektonischer Rahmen, der einen strengen Aufbau und einen Giebel aufweist.

Tabernakelrahmen: Kleinere Ausführung des Ädikularahmens. Er weist Ähnlichkeiten mit dem Aufbewahrungsort der geweihten Hostien der christlichen Liturgie auf. Im Gegensatz zum Ädikularahmen ist der Aufbau des Tabernakelrahmens weniger streng. An die Stelle rahmender Säulen oder Pilaster können verzierte Flächen mit Kandelabermotiven treten; der Giebel wird zuweilen ganz aufgegeben, die Sockelzone hingegen häufig um einen bogenförmig geschwungenen unteren Abschluss erweitert. Gelegentlich werden (der historischen Genese des Rahmentypus entsprechend) die Begriffe Ädikularahmen und Tabernakelrahmen synonym verwendet.

Wasserschlag: Seit dem 15. Jahrhundert nehmen Rahmen den Wasserschlag aus der Architektur auf. Es handelt sich dabei um eine glatte, schräg abfallende Fläche, die die Fußleiste des Rahmens markiert. Die Übertragung des architektonischen Merkmals auf den Bilderrahmen suggeriert den Blick durch ein Fenster. Die starke illusionistische Wirkung des Rahmens wird in einigen Fällen durch die Bemalung seiner Kanten noch gesteigert: die an rigorosem Realismus interessierte Malerei dieser Zeit findet damit im Fensterrahmen eine symbolische Dimension.

Leistenrahmen/Profilrahmen: Rahmen mit gleichmäßig ausgearbeitetem Gerüst, dessen Profilaufbau von den Grundelementen Fläche (Platte, Steg), Kehle, Stab (Viertel-, Halb- und Rundstab bzw. Wulst) und Karnies gegliedert wird. Die Struktur wird bestimmt von auf- und abschwingenden Formen. Ziermotive akzentuieren die Oberflächenstruktur und bleiben der Formgebung der Leiste unter- oder zumindest beigeordnet, was den prägnanten Unterschied zum Ornamentrahmen auszeichnet. Der Profilrahmen kann auch als eine Reduktion des Plattenrahmens angesehen werden, da diesem die charakteristische Platte fehlt und das Gerüst sich lediglich aus einer Verknüpfung des Außen- und Innenprofils zusammensetzt.

Plattenrahmen: Die Oberfläche weist eine breite, von Profilen gesäumte Fläche auf. Die Rahmenform kam zu Beginn des 15. Jahrhunderts in Norditalien auf und verbreitete sich schließlich in ganz Europa. Als Vorformen lassen sich sowohl die schlichten, nur noch durch eine flache Sockel- und Gebälkzone gekennzeichneten Tabernakelrahmen nennen, als auch die mit der Bildtafel noch fest verbundenen Leisten an Altarbildern des 14. und 15. Jahrhunderts. Zumeist wurden diese in einer Kombination zweier Konstruktionstechniken gefertigt. Nach vorn stoßen die Teile im schrägen Winkel (Gehrungsschnitt) aufeinander, auf der Rückseite sind sie verblattet und zuweilen durch Querleisten ineinander verzahnt. Aus der Toskana, aber ab dem 17. Jahrhundert in ganz Italien beliebt, stammt die umlaufende oder punktuelle Akzentuierung der schwarzen Rahmenplatte in Form von Blütenranken, Rosetten und Kandelabermotiven, die aus dem dunkel gefassten Goldgrund radiert oder mit Goldfarbe aufgezeichnet, graviert oder punziert wurden.

Tondo: Meist prachtvoll ornamentierter Rundrahmen, dessen Oberfläche – wie ein Plattenrahmen – von einer breiten Platte mit flachen Kandelabermotiven, zuweilen aber auch – wie beim Profilrahmen – von einem hohen, geschnitzten Blatt- oder Früchtekranz geschmückt ist. Diese kommen ab Mitte des 15. Jahrhunderts in Florenz auf und finden sich hauptsächlich zwischen 1450 und 1550. Sie wurden ausschließlich als Rahmen für sakrale Bilder verwendet und zeigen vornehmlich Darstellungen der Madonna mit dem Kind.

Pastigliarahmen: Rahmen, die mithilfe der Pastigliatechnik ab ca. 1500 in Venedig aufkamen. Die glatte, meist gewölbte Platte wurde mit einer gipshaltigen Masse (Pastiglia) überzogen, in die mithilfe von Schablonen Ornamente gepresst wurden. Es ist eine Ersatztechnik für filigrane Schnitzereien, die es ermöglichte, gleichmäßige Muster herzustellen, die nach der Vergoldung dem Rahmen ein sehr kostbares Aussehen verliehen.

Sonderstellung Frankreichs: Spätestens in den sechziger Jahren des 17. Jahrhunderts wurde Frankreich in Fragen luxuriöser Inneneinrichtung gegenüber Italien tonangebend. Anhand von Zeichnungen und Stichen informierte man sich an ausländischen Höfen über neueste Entwicklungen in Architektur und Raumausstattung, eine Gewohnheit, die im Zuge des Absolutismus seit der Regierung Louis XVI durch Vorlagen bewusst gesteuert werden sollte. In der 1664 gegründeten *Manufacture Royale des Meubles de la Couronne* wurden nach stilbildenden Vorlagen Gobelins, Spiegel, Intarsienmöbel, Leuchter, Porzellan u. ä. hergestellt, die zur Ausstattung der königlichen Schlösser dienten. Dieser Institutionalisierung des Kunsthandwerks ist die Herausbildung einer Reihe von Rahmen zuzuschreiben, die nach den französischen Königen Louis XIII bis Louis XVI benannt wurden. Die Übergangsphase zum Stil Louis-XV wird Régence, eine zweite, zum Stil Louis-XVI, Transition genannt. Die differenzierte Terminologie dieser Rahmentypen darf nicht darüber hinwegtäuschen, dass die Regierungszeit der Namensgeber oft nicht mit der Datierung der Namensempfänger übereinstimmt. Dies gilt vor allem für die sogenannten Louis-XIII-Rahmen, die vermehrt seit der Mitte des 17. Jahrhunderts nachgewiesen werden können, zu einer Zeit also, als Louis XIII bereits nicht mehr lebte.

Louis-XIII-Rahmen: Benannt nach Louis XIII (1601-1643). Der Rahmentyp tritt ab der Mitte des 17. Jahrhundert auf und kennzeichnet die klare Gliederung ornamentierter und schmuckloser Felder, die sich an den norditalienischen Karnies- bzw. Kehle-Wulst-Rahmen orientiert, im Gegensatz zu diesen allerdings den Wulst am äußeren Rand trägt. Italienische Einflüsse lassen sich zudem an Früchten und Lorbeerblättern erkennen, die die Ziermotive beider Rahmentypen bilden.

Louis-XIV-Rahmen: Benannt nach Louis XIV (1638-1715). Der Rahmentyp tritt ab dem späten 17. Jahrhundert auf. Die klare Trennung von Kehle und Wulst bei Louis-XIII-Rahmen wird durch ein sanfteres Ansteigen des Profils zur Außenkante hin verwischt und zu einem kontinuierlich anwachsenden breiten Wulst ausgedehnt. Mit diesem Rahmentyp werden auch die Ecken und Schenkelmitten akzentuierende Ornamente wieder modern. Bandelwerkartige Stiele und plastisch vorkragende Kartuschen in gleichmäßiger Wiederholung bilden das Grundmotiv der feinteilig gravierten Oberflächengestaltung.

Canaletto-Rahmen: Benannt nach dem italienischen Maler Giovanni Antonio Canale, gen. Canaletto (1697-1768). Dieser Rahmentyp tritt seit dem letzten Viertel des 17. Jahrhunderts in ganz Europa auf. Den Rahmen kennzeichnen die auf Ecken und zuweilen auch Schenkelmitten konzentrierten Blüten und Bänder, die bei der italienischen Variante stets von flachen Spiegeln unterbrochen werden. Während die Ornamente in Venedig flach gearbeitet wurden, waren sie in Frankreich vollplastisch ausgearbeitet. Hier verzichtete man auf die Spiegel und gravierte stattdessen die Flächen mit Blüten- und Blattornamenten. Die englische Variante des Lely-Rahmens verbindet die plastischen Schnitzereien der französischen mit den Spiegeln der italienischen Rahmen.

Salvator-Rosa-Rahmen / Carlo-Maratta-Rahmen: benannt nach Salvator Rosa (1615-1673) und Carlo Maratta (1625-1713), wobei keiner der beiden als Urheber des Rahmentypus nachgewiesen werden kann. Diese traten zeitgleich mit den französischen Stilrahmen in ganz Europa auf. Die breite, zum Innenprofil abfallende Hohlkehle, die nach außen tief unterschnitten ist, eine dichte Profilfolge bei vergleichsweise geringer Leistenbreite und das Fehlen von Eck- und Mittelbetonungen kennzeichnen den Rahmentypus.

Régence-Rahmen: Markiert stilistisch die Regierungszeit (1715-1723) von Philip von Orléans (1674-1723). Er tritt zu Beginn des 18. Jahrhunderts auf und zeigt den Übergang vom dominierenden, zuweilen baguetteförmigen Wulst zur Hohlkehle auf. Die flach ansteigende Wulst erinnert bereits an den für den Louis-XV-Rahmen typischen Rundstab. Dieser Stab, der hier noch fest mit dem Grund verbunden ist, wird unter dem Einfluss des Rokoko zunehmend zu einem elastischen Band umgedeutet, das in C-Schwüngen die breiten Eck- und Mittelkartuschen der Louis-XV-Rahmen ausmacht.

Louis-XV-Rahmen: Benannt nach Louis XV (1710-1774). Der äußere typische Rundstab ist nun ein elastischen Band, welches ein- und ausschwingende Momente aufweist. Im Unterschied zum Louis-XVI-Rahmen ist die Grundfläche dieser Rahmen meist glatt belassen; die geschnitzten Blüten- und Blattranken sind punktuell akzentuierend angeordnet. Dies änderte sich mit den um die Jahrhundertmitte entstandenen Spätformen dieses Typs, die vollständig die Form der Rocaille, des im Rokoko beliebten Ziermotivs, annehmen und damit zu den Ornamentrahmen gezählt werden können.

Louis-XVI-Rahmen: Benannt nach Louis XVI (1754-1793). Der Rahmentypus entsteht ab etwa 1770 und markiert die Schwelle zum Klassizismus. Verspielte und bewegte Rokokomotive werden ab diesem Zeitpunkt sukzessive verdrängt und durch strengere, geradlinigere Rahmenführungen ersetzt.

Berliner Leiste: Seit 1830 wurde unter Friedrich Wilhelm III. (1770-1840) und seinem Nachfolger Friedrich Wilhelm IV. (1795-1841) für die Berliner Galerie nochmals ein reiner Profilrahmen ohne plastische oder graphische Ziermotive geschaffen. Aus Sparsamkeit wurden die schlichten Leisten nur versilbert und dann mit Goldfirniss überzogen. Diese durch einen warmen Silberton gekennzeichneten Berliner Leisten prägen bis in die Gegenwart die Vorstellung von klassisch-schlichten Bilderrahmen.

Ornamentrahmen: Rahmentypus, der im Gegensatz zum architektonischen Rahmen und Leistenrahmen steht. Letztgenannte betonen die tektonischen Eigenschaften des Rahmens, so dass die vom Gebrauch bestimmte Funktion durch ihre statische Gliederung, die Assoziationen an Fenster- und Türlaibungen oder Gesimse wecken kann, dominant erscheint. Schmückende Ornamente ordnen sich hierbei der Struktur des Profils unter, ohne die Form wesentlich zu verändern. Ornamentrahmen hingegen dienen der optischen Auflösung des statischen Gerüsts durch Ornamente. Einen reinen Ornamentrahmen kennzeichnet somit eine Rahmenform, die einzig auf geschnitzten Ziermotiven beruht und dabei die Außenkanten des Rahmens zu sprengen vermag und nach den Seiten her zu zerfließen scheint. Diese Rahmenform ist nur minimal an einer tektonischen Grundlage orientiert. Dies ist allerdings nur der Idealfall und wird in der Realität von einer Fülle unterschiedlicher Varianten ausgefüllt.

Sansovino-Rahmen: Zwischen 1550 und 1650 in Venedig gefertigt, hat er wenig mit den plastischen Arbeiten des dort tätigen Architekten und Bildhauers Jacopo Sansovino (1486-1570) zu tun. Im Unterschied zu den tektonischen Rahmenformen charakterisiert den Sanosovino-Rahmen die Auflösung und Sprengung des meist um architektonische Elemente bereicherten Grundgerüsts durch Volutenspangen und Rollwerk. Die Leistenflächen des an den Eckkapitellen und -konsolen noch erkennbaren, architektonischen Gerüsts zerfallen zu einem dichten, scheinbar aus vielen Einzelteilen bestehenden Gemenge unterschiedlich ornamentierter Voluten- und Rollwerkbänder, die bald an gedehnte textile Bordüren, bald an metallische Kettenbänder erinnern. Obwohl sich bisweilen auch untergemischte florale Motive erkennen lassen, wird der Eindruck doch von den geometrisch exakten und scharf konturierten Volutenspangen bestimmt, die an diesem Rahmen zu einer autonomen, vom Trägergerüst scheinbar unabhängigen Existenz gelangen.

Offene Blattrahmen: Entwickelten sich im Verlauf des 17. Jahrhunderts in Florenz und Bologna. Rahmen mit weichen, zuweilen lappig ausgearbeiteten Ornamenten, vornehmlich mit stark stilisierten Blatt- und Volutenkränzen. Sie stehen in klarem Kontrast zu den venezianischen Sansovino-Rahmen des vorherigen Jahrhunderts, deren kantige und geometrische Bänder nun zu fließenden, vegetabilen Formen umgedeutet werden – eine Tendenz, die sich zu Beginn des 17. Jahrhunderts vor allem in Florenz und Bologna und zwar sowohl an Profil- wie auch an Ornamentrahmen nachweisen lässt.

Bologneser Blattrahmen: Entstanden im 17. Jahrhundert löst dieser Stil das bis dahin moderne Ornament des Rollwerks ab und bildet das für diesen Stil typische Knorpelwerk, das durch die fleischige, teigige oder knochige Ausarbeitung von figürlichen Motiven, etwa undifferenzierten Blättern und Fruchtschoten, menschlichen und animalischen Körperteilen, Masken, Muscheln, und – in Italien besonders beliebt – volutenförmig geschwungenen Widderhörnern gekennzeichnet ist.

Galleria Pitti: Die originellsten Beispiele für Knorpelwerkrahmen befinden sich hier in Florenz und wurden für die Gemäldesammlung Leopoldo de' Medici (1617-1675) angefertigt. Der an Kunst und Naturwissenschaften interessierte Kardinal besaß offensichtlich eine Vorliebe für monströse Mischwesen, die an zahlreichen Rahmen der Galerie, aus einem Gewirr vegetabiler Volutenschleifen und muschelartiger Kartuschen auftauchen.

Naturalistische Blattrahmen: Diese Rahmenform entwickelte sich gegen Ende des 17. Jahrhunderts. Für diesen charakteristisch ist die detailgetreu wiedergegebene, vegetabile Motivik, etwa ausschweifendes Akanthuslaub, Weinblätter, Blütendolden u. ä., die schwungvoll um den schmalen Bildfalz arrangiert, und zuweilen von allegorischen Figuren und Putten bevölkert werden. Der in der Ausarbeitung erkennbare Naturalismus konkurrierte zeitweise mit dem Knorpelstil, löste diesen letztendlich aber ab.

Lutma-Rahmen: Dieser Ornamentrahmentyp kam in den Niederlanden des ausgehenden 17. Jahrhunderts auf. Ihr Namenspatron, der holländische Silberschmied Jan Lutma der Ältere (1584-1669), veröffentlichte um die Mitte des Jahrhunderts ein Musterbuch mit Knorpelwerkentwürfen, die sich zwischen 1653 und 1677 als Hilfsmittel bei der Gestaltung von Bilderrahmen größter Beliebtheit erfreuten. Verglichen mit den florentinischen Pittirahmen, erscheinen die niederländischen Rahmen dieser Zeitspanne im Gebrauch von Knorpelwerk noch radikaler: Die Oberfläche lässt kaum noch figürliche Motive erkennen, alles Gegenständliche zerfließt zu einer teigig-zähen Masse. Diese extreme, auch als Kwabwerk bezeichnete Ausformung des Knorpelwerks bedeckt das tektonische Grundgerüst so flächendeckend, dass es nicht mehr erkennbar ist. Einzig die Symmetrie des Linienverlaufs und die in den meisten Fällen durch flache Voluten, Kartuschen oder ornamentale Auswüchse akzentuierten Schenkelmitten verleihen dem Lutma-Rahmen eine zumindest optische Gliederung.

Trophäenrahmen: Rahmentyp, der mit Attributen versehen ist, die auf die Botschaft des Bildes Bezug nehmen. Ausgestattet mit militärischem Formvokabular, Tapferkeits- oder Tugendsymbolen eignet er sich beispielsweise für die Präsentation von Schlachtendarstellungen oder Feldherrenporträts.

Kelly Kazimierczak unter Verwendung von Michels, 1996

Die Geschichte des Instituts für Kunstgeschichte an der Heinrich-Heine-Universität Düsseldorf und des Projektseminars *Begegnung Konfrontation*

An der Düsseldorfer Heinrich-Heine-Universität wurden bereits seit 1981 erste kunsthistorische Veranstaltungen angeboten, als 1987 auf Initiative der Gerda-Henkel-Stiftung ein erster Lehrstuhl für Mittlere und Neuere Kunstgeschichte eingerichtet werden konnte, den zuerst Prof. Dr. Joachim Poeschke und seit dem Wintersemester 1992/93 Prof. Dr. Hans Körner inne hat. Seitdem ist das Institut für Kunstgeschichte stetig gewachsen. Seit 2001 besetzt Prof. Dr. Andrea von Hülsen-Esch eine Professur für mittelalterliche Kunstgeschichte und 2002 habilitiert sich Prof. Dr. Jürgen Wiener, der bereits seit 1990 am Institut tätig ist. Im Jahr 2005 wird mit der Junior-Professur von Dr. Stefan Schweizer, dem im vergangenen Jahr Dr. Christof Baier nachfolgte, ein Studienschwerpunkt zur Gartenkunstgeschichte eingerichtet. Aus einer seit 2008 bestehenden Kooperation mit der Wirtschaftswissenschaftlichen Fakultät zum Schwerpunkt Kunstvermittlung in Museum und Kunsthandel erwächst 2012 eine weitere Juniorprofessur, die Dr. Ulli Seegers übernimmt. Mit der Berufung von Prof. Dr. Timo Skrandies auf die neu geschaffene Professur für Bildwissenschaft und Medienästhetik kann das Institut für Kunstgeschichte der Heinrich-Heine-Universität nun auch einen Schwerpunkt auf dem Gebiet der Gegenwartskunst und der Kunstgeschichte der neuen Medien anbieten.[1]

Ganz besonderen Wert wird am kunsthistorischen Institut der Heinrich-Heine-Universität auf eine praxisnahe Ausbildung der Studierenden gelegt: im Masterstudiengang sind Teamprojekte und Projektseminare fester Teil des Ausbildungsgangs. Aus einem Projektseminar ist auch die aktuelle Ausstellung im Museum der Stadt Ratingen erwachsen. Im Sommersemester 2013 bot Prof. Dr. Körner ein Seminar mit dem Arbeitstitel *Aktuelle Fotografie in alten Rahmen* an, das diese Ausstellung vorbereitete: Der Bilderrahmen trennt im Museum, in der Ausstellung und in der privaten Kunstsammlung Bild und Wand, und er interagiert mit dem Bild und mit der Wand. Die im Projektseminar gestellte Aufgabe war es, diese Interaktion zum Thema zu machen, Bilder von Fotografen der Gegenwart historischen Rahmen auszusetzen und zu beschreiben, was diese Rahmen aus dem Zeitraum von der Renaissance bis zum Jugendstil mit den Bildern tun, bzw. was die Fotografien mit den historischen Rahmen machen.[2]

In der Tradition der Teamprojekte wurden die Seminarteilnehmer in sechs Teams aufgeteilt – eins für jede/n beteiligte/n Fotografin/Fotografen –, um eigenverantwortlich in engem Kontakt mit „ihrem Künstler" und der Rahmensammlung Conzen je zehn Rahmen und Bilder für diese Ausstellung auszuwählen. Dabei mussten die Teams nicht nur ihre eigenen Vorstellungen und die der Fotografen auf einen gemeinsamen Nenner bringen, sondern sich auch mit den anderen Teams abstimmen, damit es zu keinen Überschneidungen bei der Rahmenauswahl kommt.

Rahmensammlung *Altes Haus*, Bilkerstraße 5 - Studierende des Instituts für Kunstgeschichte der HHU Düsseldorf bei dem Aussuchen der Rahmen

Prof. Dr. Hans Körner mit Teilnehmern seines Seminars in der Rahmensammlung Conzen bei der Vorbereitung der Ausstellung. (Foto rechts u. links: Anja Schiller)

Die Studierenden besuchten dafür zunächst mehrfach die Rahmensammlung Conzen und fotografierten, datierten, beschrieben ihre Wunschrahmen und nahmen deren Maße. Ihre Ergebnisse präsentierten sie anschließend im Seminar und an zwei Terminen vor Ort in der Rahmensammlung Herrn Prof. Dr. Körner und den übrigen Teams – dabei konnten letzte Dopplungen bei der Rahmenwahl korrigiert werden. Danach wählten die Teams gemeinsam mit „ihrem Künstler" die Fotografien aus und verfassten die Katalogtexte dazu. Auch diese Ergebnisse wurden wieder im Seminar präsentiert und gemeinsam Änderungen und Verbesserungen diskutiert. Außerdem wurden die von den Teams zusammengestellten Bild-Rahmen-Kombinationen auch zweimal Frau Dr. König vor Ort im Museum Ratingen präsentiert und mit ihr in den Ausstellungsräumen über praktische Probleme bei der Vorbereitung einer Ausstellung diskutiert.

Björn Meiworm

1 Unter Verwendung von http://www.phil-fak.uni-duesseldorf.de/kunst/institut-fuer-kunstgeschichte/institut/geschichte/, 09.09.2013, 11:40 Uhr, beschrieben.
2 Unter Verwendung der Seminarankündigung von Prof. Dr. Hans Körner.

Firmengeschichte F. G. Conzen

Fabrikgebäude, Poststraße 3, erbaut 1904, um 1915 (Foto: Familienarchiv Conzen)

29.06.1854

Die Firmengeschichte beginnt mit der Gründung einer *Spiegel- und Gemälderahmenfabrik* mit angebundener Galerie durch Friedrich Gottlieb Conzen in Düsseldorf.

1880

Auf der *Kunst- und Gewerbeausstellung* in Düsseldorf werden erste Erfolge erzielt und mit einer Goldmedaille ausgezeichnet.

1902

Bei der *Großen Gewerbeausstellung* in Düsseldorf wird das Unternehmen F. G. Conzen u. a. für eine Kopie eines Louis-XVI-Salons besonders geehrt und erhält für die gewerblichen Leistungen eine *Silberne Staatsmedaille*.

1954
Zusammen mit dem 100-jährigen Jubiläum wird auch die Eröffnung der neu errichteten Verkaufsräume in der Kasernenstraße gefeiert.

1959
Das *Alte Haus* in der Bilker Straße wird gekauft. Es beherbergt die *Sammlung Alt Düsseldorf* – eine Kollektion von Ansichten und Büchern vom 16. bis zum 20. Jahrhundert. Von noch größerer Bedeutung ist die Sammlung von Original-Rahmen. Sie ist eine der weltweit größten privaten Rahmensammlungen und bietet Rahmen von der Gotik bis zum Jugendstil.

1960
Mit dem Kauf der Leistenfabrik A. H. Freiberg aus Düsseldorf-Oberkassel erfolgt eine wesentliche Erweiterung des Unternehmens.

1967
Auch der Einzelhandel wird mit dem Kauf der kleinen Galerie im Kö-Center erfolgreich ausgedehnt.

1970
Nach Banklehre und Auslandspraktika in Italien und den USA tritt der jetzige Firmeninhaber Friedrich Georg Conzen in die Firma ein.

1990
Im Jahr der Wiedervereinigung gründet F. G. Conzen in Burg bei Magdeburg mit der F. G. Conzen Leisten und Rahmen GmbH einen Betrieb für die Herstellung von Bilderleisten.

1993
In einem Neubau an der Schanzenstraße erfolgt eine umfassende Erweiterung und Modernisierung der Verkaufs- und Büroräume.

2002
Die Düsseldorfer Werkstätten und die F. G. Conzen Glas GmbH ziehen in die Völklinger Straße um. Im selben Gebäude wird das Einzelhandelsgeschäft F. G. Conzen am Stadttor mit großzügig gestalteten Räumlichkeiten eröffnet.

2003
Nach kaufmännischer Ausbildung und Studium tritt Cecilie Conzen in das Unternehmen ein und leitet den Verkauf. Im Jahr darauf folgt nach Studium und Tätigkeiten in internationalen Beratungsfirmen Friedrich Georg Conzen jun. und vervollständigt die 5. Familiengeneration in der Firmenleitung.

2004
Die Firma F. G. Conzen feiert ihr 150-jähriges Firmenjubiläum. Anlässlich dieses Ereignisses findet erstmals eine Auktion antiker Rahmen statt und begründet eine Tradition, die seitdem jedes Jahr im Herbst fortgeführt wird.

2012
Die Düsseldorfer Werkstätten und das angeschlossene Einzelhandelsgeschäft beziehen, verbunden durch das neue Konzept der offenen Rahmenmanufaktur, Räumlichkeiten in der Fichtenstr.

2013
Innenstadtgeschäft von F.G. Conzen bezieht eine neue Dependance in der Benrather Straße 8 in der Nähe des Carlsplatzes. Neben dem gesamten Serviceangebot stehen hier abwechslungsreiche Ausstellungen im Fokus.

F. G. Conzen GmbH

Vergoldung eines Rahmens in der offenen Manufaktur in der Fichtenstraße 56. 2012
(Foto: F. G. Conzen GmbH)

Literaturverzeichnis

Aimé-Azam, Denise, Géricault und seine Zeit, München 1967.

Baatz, Willfried, Geschichte der Fotografie. Ein Schnellkurs, Neuausgabe, Köln 2008.

Bätschmann, Oskar, Einführung in die kunstgeschichtliche Hermeneutik. Die Auslegung von Bildern, Darmstadt 1984.

Balabanova, Svetlana, Die Bedeutung der Haare in der Kulturgeschichte und in der heutigen Toxologie, in: Laboratoriumsmedizin / Journal of Laboratory Medicine, Band 14, Heft 1, 1990, S. 29-35.

Barthes, Roland, Die helle Kammer. Bemerkungen zur Photographie, Frankfurt am Main 1985.

Barthes, Roland, Der Tod des Autors, in: Jannidis, Fotis (Hg.), Texte zur Theorie der Autorschaft. Stuttgart 2000, S. 185-193.

Baudrillard, Jean, Denn die Illusion steht nicht im Widerspruch zur Realität, in: Stiegler, Bernd, Texte zur Theorie der Fotografie. Stuttgart 2010, S. 50-58.

Bayard, Pierre, Wie man über Orte spricht, an denen man nicht gewesen ist, München 2013.

Bayrische Staats- und Gemäldesammlung, München (Hg.), Rahmenkunst. Auf Spurensuche in der Alten Pinakothek, Ostfildern 2010.

Becher, Ursula A. J., Geschichte des modernen Lebensstils. Essen – Wohnen – Freizeit – Reisen, München 1990.

Boehn, Max von, Biedermeier. Deutschland von 1815-1847, Berlin 1911.

Brunke, Angelika, Der Bilderrahmen als Präsentationsmedium des Gemäldes, in: Michels, Norbert (Hg.), Historische Bilderrahmen. Sammlung F. G. Conzen, Katalog der Ausstellung, Dessau Anhaltische Gemäldegalerie 1996-1997 (= Kataloge der Anhaltischen Gemäldegalerie Dessau, Bd. 4), Dessau 1996, S. 9-17.

Brunke, Angelika, Architektonische Rahmen, Leistenrahmen und Ornamentrahmen. Versuch einer epocheübergreifenden Systematik, in: Michels, Norbert (Hg.), Historische Bilderrahmen. Sammlung F. G. Conzen, Katalog der Ausstellung, Dessau Anhaltische Gemäldegalerie 1996-1997 (Kataloge der Anhaltischen Gemäldegalerie Dessau, Bd. 4), Dessau 1996, S. 19-49.

Cadres revisités. Chefs d'oeuvres de la photographies néerlandaise présentées dans les cadres anciens de la Collection Frits Lugt, Katalog der Ausstellung, Paris, Institut néerlandais, Hôtel Turgot 2005, Paris 2005.

Cecchi, Allessandro, Les cadres ronds de la Renaissance florentine, in: Revue de l'Art, no. 76, 1987, S. 21-24.

Cremerius, Ruth / Fischer, Doris / Schier, Peter, Studentenprotest und Repression in China April – Juni 1989. Analyse, Chronologie, Dokumente. Institut für Asienkunde, Hamburg 1991.

Därmann, Iris, Tod und Bild. Eine phänomenologische Mediengeschichte (= Phänomenologische Untersuchungen, hg. v. Bernhard Waldenfels, Bd. 5). München 1995.

Derrida, Jacques, Die Wahrheit in der Malerei (1978 frz.). Wien 1992.

Dickel, Hans, Kunst als zweite Natur. Studien zum Naturverständnis in der modernen Kunst, Berlin 2006.

Dietrich, Gerhard / Conzen, Friedrich G., Bilderrahmen. Stil-Verwendung-Material, München 1983.

Dobbe, Martina, Fotografie als theoretisches Objekt. Bildwissenschaft, Medienästhetik, Kunstgeschichte, München 2007, S. 129-146.

Ehlich, Werner, Bild und Rahmen im Altertum, Leipzig 1954.

Ehlich, Werner, Bilderrahmen von der Antike bis zur Romanik, Dresden 1979.

Foucart, Jacques, Étude critique de l'encadreament, in: Revue de l'art, no. 76, 1987, S. 7-14.

Fuchs, Siegfried E., Der Bilderrahmen, Recklinghausen 1985.

Galerie Bugdahn und Kaimer, Ingolf Timpner „Black Angels' Playground", 12. März 2010, Pressemitteilung zur Ausstellung.

Geimer, Peter, Theorien der Fotografie, Hamburg 2009.

Gemar-Koeltzsch, Erika, Ursprung und Entwicklung des Begriffs Stilleben. Definition der Stillebenfächer und einzelner Stillebentypen, in: Ertz, Klaus / Nitze-Ertz, Christa (Hg.), Holländische Stillebenmaler im 17. Jahrhundert, Band 1, Lingen 1995, S. 20-33.

Grimm, Claus, Alte Bilderrahmen, München 1978.

Grote, Ludwig, Vom Handwerker zum Künstler, in: Festschrift für Hans Liermann zum 70. Geburtstag, Erlangen 1964, S. 26–47.

vom Hof, Eva Maria, Im Gespräch mit Katja Stuke: Weltmänner und Männerwelten; in: Böhm/Kobayashi: Encyclopedia, August 2011.

Honnef, Klaus, Die Bilder in den Bildern. Eröffnungsrede zur Ausstellung „Andessner-Timpner Collaborations", Galerie Bugdahn & Kaimer, Düsseldorf, Januar 2012.

Jun'ichiro, Tanizaki, Lob des Schattens, Zürich 1987.

Karraker, D. Gene, Looking at European Frames. A guide to Terms, styles, and techniques, Los Angeles 2009.

Kemp, Martin, Der Blick hinter die Bilder. Text und Kunst in der italienischen Renaissance (1997 engl.), Köln 1997.

König, Oliver, Nacktheit. Soziale Normierung und Moral, Opladen 1990.

Körner, Hans, Auf der Suche nach der „wahren Einheit". Ganzheitsvorstellungen in der französischen Malerei und Kunstliteratur vom mittleren 17. bis zum mittleren 19. Jahrhundert, München, 1988.

Körner, Hans, Randfiguren der Kunst. Figur und ornamentaler „Kunst-Stoff" in Rahmendekorationen des 16. Jahrhunderts, in: Hans Körner / Karl Möseneder (Hg.), Format und Rahmen. Vom Mittelaltert bis zur Neuzeit, Berlin 2008.

Kräftner, Johann, Einleitung, in: Kräftner, Johann (Hg.), Halt und Zierde. Das Bild und sein Rahmen, Katalog der Ausstellung, Wien, Liechtenstein Museum 2009-2010, Wien 2009, S. 15-23.

Lange, Susanne / Conrath-Scholl, Gabriele, August Sander. Menschen des 20. Jahrhunderts. Ein Konzept in seiner Entwicklung, in: August Sander. Menschen des 20. Jahrhunderts, hg. v. der Photographischen Sammlung/SK Stiftung Kultur, Köln, Studienband, Köln/München 2001, S. 12-43.

Lehmann, Annette Jael, Kunst und Neue Medien. Ästhetische Paradigmen seit den sechziger Jahren, Tübingen 2008.

Marani, Pietro C., Leonardo. Catalogo completo die dipinti, Florenz 1989.

Michels, Norbert (Hg.), Historische Bilderrahmen. Sammlung F. G. Conzen, Katalog der Ausstellung, Dessau Anhaltische Gemäldegalerie 1996-1997 (= Kataloge der Anhaltischen Gemäldegalerie Dessau, Bd. 4), Dessau 1996.

Müller, Nadine / Gliesmann, Niklas, Reflexion mit Reflexion, Katalog Universität Düsseldorf 2002.

Newbery, Timothy, Frames. The Robert Lehmann Collection XIII, New York 2007.

Olson, Roberta J. M., The Florentine Tondo, Oxford / New York 2000.

Ortega y Gasset, José, Meditationen über den Rahmen, in: Ders., Über die Liebe, Stuttgart 1951, S. 71-85.

Pfeiffer, K. Ludwig, Medienbilder. Sportrituale und das Imaginäre. in: Hüppauf, Bernd / Wulf, Christoph (Hg.), Bild und Einbildungskraft. München 2006, S. 226-240.

Péquègnot-Schwarze, Auguste, Ornament im Laufe der Jahrhunderte, Wuppertal 1976.

Proust, Marcel, Brief an Madame Strauß, 11.05.1915, in: Correspondance générale, Bd. XIV, S. 126f., zit. n. Brassaï, Proust und die Liebe zur Fotografie, Frankfurt am Main 2001, S. 88.

Rewald, John, Von van Gogh bis Gauguin. Die Geschichte des Nachimpressionismus (1956 engl.), Köln 1987.

Sabatelli, Franco, La cornice italiana. Dal Rinascimento al Neoclassico, Milano 2009.

Savedoff, Barbara, Frames, in: The Journal of Aesthetics and Art Criticism, Vol. 57, 1999, No 3 (summer), S. 345-356.

Schmalenbach, Werner, Wenn die Kunst aus dem Rahmen fällt. Festvortrag (…) aus Anlaß des 125jährigen Jubiläums der Firma F. G. Conzen am 7. Oktober 1979 im Palais Wittgenstein, Düsseldorf, o. O., o. J. (1979?).

Schmitz, Tobias, Lexikon der Europäischen Bilderrahmen. Von der Renaissance bis zum Klassizismus, Lippetal 2003.

Schmitz, Tobias, Lexikon der Europäischen Bilderrahmen. Das 19. Jahrhundert, Lippetal 2009.

Schulz, Martin, Photographie und Schattenbild, in: Ackermann, Marion, Silhouetten und Cutouts, Ostfildern-Ruit 2001.

Simmel, Georg, Der Bilderrahmen. Ein ästhetischer Versuch, in: Kramme, Rüdiger / Rammstedt, Angela / Rammstedt, Otthein (Hg.), Aufsätze und Abhandlungen. 1901-1908, Bd. 1, Frankfurt 1995, S. 101-108.

Simmel, Georg, Der Bilderrahmen. Ein ästhetischer Versuch (1902), in: Zur Philosophie der Kunst, Potsdam 1922.

Sontag, Susan, Über Fotografie, München/Wien 2002.

Sontag, Susan, Über Fotografie, Frankfurt am Main 2008.

Spindler, Sabine / Spindler, Klaus (Hg.), Bilderrahmen des Klassizismus und der Romantik, München 2007.

Stiegemann, Christoph (Hg.), Von Angesicht zu Angesicht. Skulpturen im Diözesanmuseum. Schriften und Bilder 3, Paderborn 1996.

Taut, Bruno, Japans Kunst mit europäischen Augen gesehen, Berlin 1934.

Thaysen, Birgitta (Hg.), Birgitta Thaysen - inner ocean, Heidelberg 2009.

Traber, Christine, In Perfect Harmony? Entgrenzungen in der Kunst des frühen 20. Jahrhunderts, in: Mendgen, Eva (Hg.), In Perfect Harnomy. Bild und Rahmen 1850-1920, Ausstellungskatalog, Amsterdam 1995, S. 221-248.

Ulrich, Gerhard, Deutsche Malerei. Die schönsten Bilder der Welt, Bd. 10, Gütersloh 1964.

Volmer, Anke (Julia Stoscheck Collection), Supernatural, unveröffentlicht, 2011

van der Voort, Annet, Window of my Eye, hg. v. Kunstmuseum Ahlen 2011.

Waschek, Matthias, Camille Pissarro. From Impressionist Frame to Decorative Object, in: Mengden, Eva (Hg.), In Perfect Harmony. Picture + Frame 1850-1920, Katalog der Ausstellung, Amsterdam, Van-Gogh-Museum, u. a., Amsterdam 1995, S. 139-148.

Wittmann, Mirjam, „Das Großformat lag einfach in der Luft". Zur Bildwirkung der Fotografie aus Düsseldorf, in: Schulz, Martin / Wyss, Beat (Hg.), Techniken des Bildes. München 2010, S. 277-292.

Wurster, Kurt G., Sport und Frauenleben; in: Singer, Roland (Hg.), Frauen im Sport. 6. Darmstädter Sport-Forum, Darmstadt 1992.

Zdenek, Felix, Der Satyr mit dem Pinsel, in: Francis Picabia, hg. v. Hans-Peter Wipplinger, Krems 2012, S. 117-123.

Zitzlsperger, Philipp, Dürers Pelz und das Recht im Bild – Kleiderkunde als Methode der Kunstgeschichte, Berlin 2008.

Impressum

Die Publikation erscheint anlässlich der Ausstellung **Begegnung Konfrontation**

museum RATINGEN
KUNST UND STADTGESCHICHTE
Museum Ratingen. Peter-Brüning-Platz 1. 40878 Ratingen
T. + 49 (0) 2102. 550-4181 | F. + 49 (0) 2102. 550-9418
museum@ratingen.de | www.museum-ratingen.de

Ausstellungsdauer
11.10.2013 – 26.01.2014

Herausgeber   Alexandra König | Hans Körner

Konzeption | Projektleitung | Organisation
Alexandra König | Hans Körner | Klaus Thelen

Redaktion   Klaus Thelen | Björn Meiworm

Redaktionsassistenz   Rebekka Zajonc | Linda Traut

Gestaltung | Corporate Design | Satz
Simone Reusch und Andreas Wünkhaus, Düsseldorf

Fotografie   Glenn Rehbock, Düsseldorf für die Reproduktionen von Miriam Schwedt und die Reproduktionen der Rahmen

Cover   Fotoausschnitte von Arbeiten von Thomas W. Kuhn und Annet van der Voort

Courtesy   Für alle Abbildungen von Ingolf Timpner bei Galerie Bugdahn & Kaimer, Düsseldorf

Gesamtherstellung | Vertrieb
Pagina Verlag GmbH, Postfach 100154, 47561 Goch
T. + 49 (0) 28 23 / 92 99 8-11 | F. + 49 (0) 28 23 / 92 99 8-94
info@pagina-verlag.de | http://www.pagina-verlag.de

Copyright   © 2013 Museum Ratingen, Ratingen | Pagina Verlag, Goch
Autoren, Künstler und für die Fotografien bei dem Fotografen

ISBN   978-3-944146-19-5

Ausstellung und Katalog wurden gefördert vom Ministerium für Familie, Kinder, Jugend, Kultur und Sport des Landes Nordrhein-Westfalen, der Firma F. G. Conzen GmbH, Düsseldorf und dem Kreis der Freunde des Instituts für Kunstgeschichte der Heinrich-Heine-Universität Düsseldorf e. V.